読んで考える

学校体育 事故裁判

教師が知っておきたい 法的知識

山口 裕貴 編著

共同文化社

読んで考える学校体育事故裁判
── 教師が知っておきたい法的知識 ──

目次

はじめに

　学校の「体育活動」（授業、行事、部活動）は事故が起きやすい。文部科学省は、「障害や重度の負傷を伴う事故を中心に減少傾向にすることを目指す」（「学校安全資料『生きる力』をはぐくむ学校での安全教育」平成31年）というが、現実は甘くない。学校の体育活動に関わる大人たち（教職員、保護者、地域住民）は、子ども（児童生徒）の生命と身体を守るために何をすべきなのか、しっかりと考えなくてはならない。

　安全とは、危険な物を端に寄せておけばよいという単純なものではない。教師や子ども自らが危険を察知し、それを避ける能力を高めなければいけない。そのためには、学校が総力をあげて安全教育に取り組むべきである。

　しかし、学校全体でどれだけ安全教育に努めても、事故の発生を防ぐことは容易ではない。いかに的確な指導、適切な環境管理が行われていたとしても、子どもが学んだ知識をもとに正しい行動をとらなければ、結局、事故は起きてしまう（裁判では、子どもの過失（不注意）を認めて、賠償金を減額（過失相殺）することがよくある）。

　施設管理は、もちろん学校の責任である。一見すると丈夫そうな物でも、子どもが使ったときの負荷で壊れてしまう可能性を考えておかなければならない。子どもたちは、教室から運動場や体育館に出ると、解放的になって、いつも以上の力で走ったり、回ったり、跳んだりすることがあるし、危険な行為をしてしまうこともあるだろう。

　様々な要因が重なり、不幸にも事故が起きてしまったとき、事前の安全教育を行っていれば、教師の法律上の責任はなくなるのだろうか。安全教育だけでは不足であり、具体的な安全対策として、何を、どのくらい行っていれば、免責されるのだろうか。

　本書に掲載した裁判例を読んで、多くの人がこの疑問に何らかのヒントを見つけ出してほしいし、それぞれの事案が、いかに複雑であるかを味わってみてほしい。そして、教師は何をしていればよかったのか、何ができなければいけないのかをじっくりと考えてみてほしい。

　本書は「読みやすさ」を最優先し、なるべく平易な言い方をするよう心がけた。判決文も同様に、堅苦しく、分かりにくい法律用語を〈私の判断で〉簡単な言い方に変えたり、不要な箇所や文字（主に、①遅延損害金、②原告側・被告側の主張、③医学的説明や賠償額の計算式、④多用される「等」「など」の文字や重複している同内容の説明）を〈私の判断で〉削除したりして、多くの人が"スラスラ読める"ように加工した。また、重要な箇所には〈私の判断で〉下線を引いたので、そこだけ拾い読みしてもよいと思う。できれば、かすかな声を出して、音読してみてほしい。そうすると、不思議とリアリティが出てきて、無意識に事故のあった現地へトリップするように感じ、他人事（ひとごと）ではなく、「自分事（わたしごと）」に思えてくるだろう。

第1章
学校体育事故の捉え方

1 本書の立場

　本書でいう「学校体育事故」とは、学校が法的責任を問われうる体育活動中の「重大事故」をさす。学校（および公共団体）と、そこに通う子ども（および保護者）は「在学契約」を結んでいるため、学校は子どもに対して安全配慮義務（債務）を果たさなければならない。これを果たさなかった場合（債務不履行）に、学校は法的責任を問われることになる。

2 学校体育事故とは

　体育活動のほとんどは活発な全身運動を伴うため、傷害を負う危険性が常にある。学校体育事故において学校が法的責任を負う場合は、その事故が「起こるかもしれないと予想できた」ときである。これを「予見可能性」という（教師は一般人より高度な予見をしなければならないとされる）。
　器械運動や柔道は、その活動自体が他の種目に比べて高い危険性をもっているから、活動の前と後にしっかりと注意喚起を行う義務や、立会いの義務の必要性が高まる。部活動への参加は、子どもの自主性が尊重されるものであるから、指導者は常に立会って監視していなければならないものではなさそうである。一般論でいえば、部活動の参加者は、傷害の危険性を認識し、許容したうえでその現場にいるはずだから、たとえケガをしても自己責任ということになる。また、参加者がルールに従ってプレーするなかで他者にケガをさせてしまっても、それは社会的に相当な行為をしただけだから咎められることはない。
　参加者の悪ふざけ、施設管理者の不注意から事故が起きた場合、加害者（裁判になれば被告）は、民事（ときに刑事）上の責任、加害者が公務員であれ

ば行政上の責任が問われる。学校体育事故の「当事者」になるのは、参加者、指導者、施設管理者、用具製造業者、大会主催者で、このなかの誰かに何らかの法的責任（ほとんどは民事上の損害賠償義務）が問われることになる。

3　学校体育事故の法的責任

(1)　民事上の責任

　まず、債務不履行をみていこう。子ども（および保護者）と学校設置者（学校法人）、また、大会参加者と大会主催者との間には「契約」が交わされており、それによって、学校設置者や大会主催者には「安全配慮義務」が課される。教師は、学校業務の履行補助者であるから、子どもにケガをさせた場合、監督責任者である学校法人や大会主催者が損害賠償責任を負う（これを使用者責任という）。

　安全配慮義務の不履行があったかどうかの判断は、以下の12項目から総合的に検討することになる。

① 被害者の年齢、性別、健康状態、運動経験、運動能力
② 種目の危険度
③ 気象条件
④ 実施場所の特徴
⑤ 時間帯
⑥ 学校規模
⑦ 教師（指導者）の年齢、経歴、性別、人格、実際とった言動
⑧ 事故発生前の練習方針・練習方法の経緯
⑨ 事故発生後の対応
⑩ 学校の指導方針（事故防止対策と事故発生時の初動体制づくり）
⑪ 国や公共団体による事故対応マニュアルの存在
⑫ 活動の内在的危険と予見可能性の程度

(2)　刑事上の責任

　刑事責任は、民事上、行政上の制裁だけでは十分に有効性を発揮できないと思われる場合の「最後の手段」に位置づくものである。一般に、体育活動では、他者を負傷させてしまっても、その行為が競技ルールに従ったもので

あれば、それは「正当行為」とみなされて刑事責任を問われることはない。

　学校体育事故で刑事責任が問われるケースは、死傷事故が起きやすい種目で、指導者に「著しい義務違反」があった場合である。たとえば、雪山登山や海上遠泳、酷暑日の激しい練習で起きた重大事故である。これらは、業務上過失致死傷罪にあたる可能性がある。また、故意による犯罪として、体罰（過度のしごき）や、パワハラ、セクハラは、その態様によって暴行罪、傷害罪、傷害致死罪、強要罪、強制わいせつ罪、不同意性交罪にあたりうる。

(3)　行政上の責任

　国公立学校の設置者は、国・地方公共団体（都道府・市区町村）である。したがって、そこで起きた体育事故の損害賠償の請求先（被告）は、国または公共団体になる（履行補助者である教師が公務員だから）。

　最高裁はこういっている。「公権力の行使には、国公立学校における教師の教育活動も含まれる。学校の教師は、学校における教育活動によって生ずるおそれのある危険から生徒を保護すべき義務を負っており、危険を伴う技術を指導する場合には、事故の発生を防止するために十分な措置を講じる注意義務がある」。

(4)　過失相殺

　被害者にも過失がある場合、加害者の負担する損害賠償額を減らすことがある。たとえば、フェイスガードを着けずに主審をしていた野球部員の左眼にファールチップの打球が当たって負傷した事案で、教師は普段から部員に対して審判をする際の危険性を周知するとともに、必ずガードマスクをすることを指示すべき義務はあるものの、中学2年生であれば、ガードマスクをせずに審判をする危険性は十分に認識できたはずであるとして4割の過失相殺を認定した裁判例がある。ほかにも、県立高校1年生が初回の水泳の授業で行った泳力調査で逆飛び込みをしてプール底に頭部を打ち、頸髄損傷を負った事案で、最初の水泳の日に、生徒に対してスタート台からの逆飛び込みを行わせたことは、教師の指導の仕方、注意の方法の不備とともに安全配慮義務を尽くさなかった過失があったとしつつも、被害者の飛び込みの失敗で事故が起こっており、過去に二度、飛び込みの際、プール底に頭部を打った経験があったことも考慮して6割の過失相殺を認定したものがある。

第 2 章
裁判例にみる
学校体育事故の実態

1 広島地方裁判所福山支部
令和5年4月26日判決（組体操）

主文

・原告らの請求をいずれも棄却する。

・訴訟費用は原告らの負担とする。

事案の概要

　P6（当時14歳）は、被告が設置運営する幼小中一貫校である広島大学附属三原学校園（以下「本件学校」）に在籍していたところ、平成28年6月18日、本件学校で開催された運動会（以下「本件運動会」）において、組体操のプログラム（以下「本件プログラム」）に参加し、その後、同月20日、脳内出血により死亡した。

　本件は、P6の親族である原告らが、被告に対し、国家賠償法1条1項に基づき、次の各請求をする事案である。

　〔1〕　原告らが、P6は、本件プログラムで実施された騎馬の演技の際、頭部に外力を受ける事故に遭い、その結果、脳内出血を発症して死亡したのであり、本件学校の教諭らには、その実施によって生ずる生命への危険から同人を保護すべき安全配慮義務の違反があると主張して、原告P1（父）および原告P2（母）については、P6に生じた損害の相続分（各2分の1）および、慰謝料（原告P1は4789万8500円、原告P2は4445万3758円）、原告P3および、原告P4（いずれも弟）については、慰謝料（各自132万円）の支払いを求める。

〔2〕 P1およびP2が、被告ないし本件学校の長は、P6の死亡が本件プログラムにおける事故と関連性があることを探知できたのであるから、その原因を調査し、その結果、知りえた事実を正確に報告し、かつ、これらに際し、遺族の心情を傷つけないよう誠実に対応すべき義務があったのに、これらに違反し、迅速かつ適切な調査報告を怠り、かつ、原告夫婦を傷つけるような言動をし、これらにより原告夫婦は真相究明を求める思いを蔑ろにされ、その心や名誉を傷つけられ、精神的苦痛を負ったと主張して慰謝料、各55万円を求める。

被告は、本件プログラムの際に、P6の頭部に外力が加わる事態は生じておらず、本件プログラムの実施とP6の死亡との因果関係がない、被告に安全配慮義務や調査報告義務の違反もないと主張して、原告らの請求をいずれも争っている。

前提事実

・当事者

ア P6（男性）は、平成28年6月18日当時、本件学校に9年生（中学3年生）として在籍し、本件運動会において本件プログラムに参加した後、同月20日に死亡した者である。

イ 被告は、広島県三原市内で本件学校を設置運営する国立大学法人である。

P7は本件運動会の当時P6の所属学級である9年2組の担任を務めていた教諭であり、P8は同校の校園長を務めていた者であり、P9は同校中学校の校長を務めていた教諭である。

・本件プログラムおよびその際の騎馬の実施

ア 平成28年6月18日、本件学校において「第105回大運動会」と称する運動会（本件運動会）が開催された。本件運動会におけるプログラムの26番目（午後の11番目）として「若い力」と称する5年生（小学5年生）から9年生の男子生徒全員による組体操のプログラム（本件プログラム）が実施された。

イ 本件プログラムの最後に参加生徒らが複数の騎馬を組み、その状態のままグラウンド内の退場門まで移動して退場するという演目（以下「本件演目」）が実施された。

　同生徒らのうち7年生（中学1年生）から9年生までの生徒らは、9名による3段の騎馬（下から1段目が6名、2段目が2名、3段目が1名）を構成した。この騎馬の組み方は、〔1〕まず、1段目の生徒らが前後3人ずつ横並びにしゃがみ、前列の3名は隣の生徒との間で肩を組み、後列の3名は中央の生徒の腕が上になるように隣の生徒の腕と交差させて前列の生徒の肩や腕に手をかける、〔2〕2段目の生徒2名は左側の生徒が左手を1段目の左前の生徒の左肩付近に、右手を1段目の中央前の生徒の右肩付近に置き、左足の脛付近を1段目の左後ろの生徒の右肩付近に、右足の脛付近を1段目の中央後ろの生徒の左肩付近に置き、右側の生徒が右手を1段目の右前の生徒の右肩付近に、左手を1段目の中央前の生徒の左肩付近に置き、左足の脛付近を1段目の中央前の生徒の右肩付近に、右足の脛付近を1段目の右後ろの生徒の左肩付近に置く、〔3〕3段目の生徒1名が左右の脛付近を2段目の生徒それぞれの背中に置き、左右の手を2段目の生徒の肩付近に置く、〔4〕最後に、1段目の生徒らが立ち上がり、一団となって歩行するとともに、3段目の生徒が上体を上げて両腕を左右に広げる姿勢をとることを試みるというものである。

　本件演目の際、P6が加わった騎馬を構成する生徒らの1段目には前列の左からP10、P11、P12、後列の左からP13、P14、P15、その2段目には左からP6、P16、その3段目にはP17がそれぞれ位置していた（以下「本件騎馬」）。なお、本件騎馬を構成する生徒らはいずれも本件学校9年2組に所属する生徒らであった。

・P6の救急搬送および死亡診断書の記載
　ア　P6は、平成28年6月20日、午前3時20分頃、自宅内でP2に頭痛や吐き気を訴え、その後、嘔吐したため、同日午前3時53分頃、社会医療法人里仁会興生総合病院（以下「興生総合病院」）に救急搬送されたが、同日午前5時52分、死亡した。
　イ　興生総合病院のP18医師作成の死亡診断書には、P6の直接死因は「小脳出血、急性肺水腫」とされ、これらの原因は「不詳」とされている。

・P6の死亡後に行われた調査の概要
　本件学校の教諭らは、P6の死亡後、原告夫婦の依頼を受けて本件ブログ

ラムの際P6の頭部に死因となるような外力が生じたか、および本件騎馬が崩落した事実があったかにつき、生徒らに対する聞取り調査を本件学校において行った（以下「本件聞取り調査」）。

・組体操実施に関する通達

平成28年3月25日、スポーツ庁政策課学校体育室は附属学校を置く各国立大学法人担当課に宛て、組体操について平成23年度から平成26年度の間に年間8000件を上回る負傷者が発生し、社会的関心を集めているとして、学校設置者に対し、これを実施するにあたっては下記の事項を踏まえた措置を講ずるよう要請する「組体操等による事故の防止について」と題する事務連絡（以下「本件事務連絡」）を発出した。

〔1〕 各学校においては、組体操を実施するねらいを明確にし、全教職員で共通理解を図ること。

〔2〕 各学校においては、練習中の児童生徒の習熟の状況を正確に把握し、その状況に応じて、活動内容や指導計画を適時適切に見直すこと。万が一、練習中に児童生徒が負傷する事故が発生した場合には、速やかにその原因を究明し、活動内容を見直したり、さらなる安全対策を講じたりする措置を行うこと。

〔3〕 各学校においては、タワーやピラミッドといった児童生徒が高い位置に上る技、跳んできた児童生徒を受け止める技、一人に多大な負荷のかかる技など、大きな事故につながる可能性がある組体操の技については確実に安全な状態で実施できるかどうかをしっかりと確認し、できないと判断される場合には、実施を見合わせること。

〔4〕 各小学校においては、組体操に関しては小学校での事故の件数が相対的に多いことや、小学校高学年は成長の途中で体格差が大きいことに鑑み、在籍する児童の状況を踏まえつつ、事故につながる可能性がある危険度の高い技については特に慎重に選択すること。

〔5〕 各教育委員会においては、段数の低いタワーやピラミッドでも死亡や障害の残る事故が発生していること、具体的な事故の事例、事故になりやすい技の情報を現場で指導する教師に周知徹底すること。

・本件プログラムの際、P6の頭部に外力が加わる事象が発生し、その結果
　P6が死亡したといえるか。（争点1）
・被告の安全配慮義務違反の有無（争点2）
・被告の注意義務違反の有無（争点3）

当裁判所の判断

・認定事実

(1)　本件プログラムの沿革および本件運動会に至るまでの事故の発生状況

　ア　本件学校において、昭和30年代前半、運動会に本件プログラムの前身
となる組体操競技が初めて導入され、昭和40年代には異校種交流が始まっ
たことを契機として、小学校5・6年生と中学生が合同で演技をするように
なり、その後、本件運動会に至るまで児童生徒の体力に応じて内容の変更を
伴いつつも、運動会において組体操競技としての本件プログラムが実施され
てきた。

　イ　P7は、遅くとも平成15年頃には本件学校の教諭であったが、同人の
知るかぎりにおいて、本件運動会の練習開始時までの間に組体操の種目であ
るタワーの練習中、特段の事故は生じていなかった。

(2)　本件運動会における本件プログラムの練習の状況

　ア　平成28年度において、本件運動会の開催までの間に実施された本件
プログラムの練習は、9年生については同年6月3日までに、昼休みにおい
て合計5回の学年別の練習が実施されたうえ、同月6日以後、本件運動会実
施までの間に予行演習のほか各校時（設定時間50分）に8回にわたり、また
これに加え、必要に応じて各校時または放課後に多くて7回、小学生（5・
6年生）および中学生（7年生から9年生）合同での練習、中学生のみの練
習、および学年別練習が実施された。

　イ　本件プログラムの練習においては、小学生および7年生から9年生ま
での学年ごとに、1〜2名の教師が指導担当に指名されるが、P7は9年生
の担当教諭に指名されていた。

P7は、担当教諭として生徒らの指導にあたっていたが、9年生の生徒らに対しては、5年生から8年生までの各学年時に本件プログラムに参加しており、組体操の組み方に一応の理解があることから、本件演目の騎馬についても特段、組み方を改めて指導することはなく、生徒らの配置を決めたうえで実際に組ませ、バランスの悪い騎馬を個別に指導するという方針で指導を行っていた。

ウ　本件運動会では、種目ごとに生徒らによる実行委員会が設けられており、本件プログラムについては各クラス2名ずつ指名された実行委員が担当教諭から指導を受けた内容に基づいて、他の生徒に演技内容を指導した。P6は、本件プログラムにおける9年2組の実行委員に指名されていた。

エ　P7が知るかぎりにおいて、本件運動会に向けた本件プログラムの練習の際、本件演目における騎馬やピラミッドを含め、P6とP17が一緒に構成する組体操が崩れたことはなかった。

(3)　本件運動会当日のP6の参加種目および本件プログラムの状況

ア　平成28年6月18日午前9時より本件運動会が開催された。P6は、本件プログラムまでの間に午前中の「準備運動」、午後の「絢爛乱舞～希望を胸に～」、「PUSHしちゃう！（玉入れ）」、「夢を志に！附属最後の学級対抗リレー」の各プログラムに参加した。

本件学校が設置されている広島県三原市の周辺自治体である、同県福山市の同日午前9時から午後4時までの天気はおおむね晴れで、気温は24.2℃～28.2℃、湿度が55%～71%であった。

イ　本件運動会の26番目（午後の11番目）のプログラムとして、本件プログラムが実施された。

(ア)　代表生徒の笛の合図により、入退場門および家族席・係席テントの各間の計4箇所のいずれかの場所から走ってグラウンド内に入場し、まず、全生徒らにより手足の曲げ伸ばしの準備運動を行う。

(イ)　準備運動終了後、全生徒により、〔1〕3人一組となって扇を組む、〔2〕地面にうつ伏せになった後、後方の生徒の肩に足をかけた状態で腕を立てて

上半身を上げ、ブリッジをつくる、〔3〕立った状態で前方の生徒の肩に手を
かけてウェーブを行う。

　㈡　次に、グラウンドの中央部であらかじめ指名された生徒ら10名が、1
段目6名、2段目3名、3段目1名のタワーを組み、その他の生徒は学年ご
とに異なる演目（サボテン、帆掛け船）を行う。P6は、タワーの1段目に配
置されていた。

　㈢　次に、生徒らが12人一組（1段目5名、2段目4名、3段目2名、4
段目1名）または6人一組（1段目3名、2段目2名、3段目1名）のピラ
ミッドを組む。なお、この際P6は12人一組のピラミッドの2段目に配置
され、その3段目にはP17が配置されていた。

　ウ　本件プログラムの開始から約8分後、本件演目が開始された。本件騎
馬を構成する生徒らは、本部席の前付近において本件騎馬を組むと、先頭か
ら2騎目の騎馬として退場門方向に移動を開始した。本件騎馬が退場門に到
達するまでの間に、3段目に配置されていたP17は、二度、2段目の生徒ら
の肩付近に置いていた両手を離して上体を起こすとともに、両腕を左右斜め
下方向に広げると両手を2段目の生徒の肩付近に置きなおすことをした。本
件騎馬は退場門を過ぎて、ある程度進んで停止すると、<u>1段目の生徒らが
「せーの」といった掛け声とともに、腰を落とし始めるのにやや遅れて、3段
目のP17が、後方やや右に、飛び降りるように降りて解体した。</u>

　エ　本件演目の際、<u>騎馬ごとに教諭が配置されることはなく</u>、退場門付近
に配置された教諭1名が騎馬の通り道を空けるよう保護者らを誘導したり、
退場門に到達した騎馬を誘導したりしていたほか、本件騎馬の複数騎後方か
らP7を含めて、少なくとも4名の教諭らが騎馬の移動に合わせて退場門に
向かって歩きながら誘導していた。また、この際「救護」と記載されたテン
トの前で、養護教諭1名が写真撮影をしていたほか、テント内には2名の養
護教諭が控えていた。他方、<u>本件騎馬が解体する際、教諭らがその側に付い
て補助をすることはなかった。</u>

　オ　P7は騎馬の誘導を行った後、準備係（各種目の準備物の設置、回収を
担当する係）の担当教諭として、退場門のすぐ横の「係席」と表示されたテ

ントに戻ったところ、準備係を務めるP6が同じ準備係のP12に続いてテントに戻った。この際、P12およびP6はP7に対し、本件騎馬が崩れたとか、頭を打ったとか、体調が悪いと発言することはなかった。

⑷ 本件プログラム終了後P6の死亡に至るまでの経緯

ア 本件運動会当日の本件プログラム終了後の状況

㋐ 本件運動会の閉会式において、P6は優勝した白組の代表としてグラウンドに整列した生徒らの前でP8から優勝旗を受け取り、これを持ったままグラウンド内を走って優勝旗を披露した。また、P6は本件運動会終了後、片付け作業に従事したほか、9年2組の生徒らで開催された反省会に参加し、感想を述べたが、その際、本件騎馬が崩れたとか、頭を打ったと発言することはなかった。

㋑ P6は、帰宅後、原告ら家族および、自宅を訪れた母方の祖父母とリビングで夕食をとったが、それまではそのままリビングに残って祖父母らと会話することが多かったにも関わらず、自室に戻って過ごし、P2が途中で声をかけたものの、祖父母が帰宅するまで同室から出ることはなく、そのまま就寝した。なお、この日P6は友人らと夜店に行く約束をしていたが、これに行かなかった。

また、P1は同日P6の自室の前で、P6が、上の子の足が当たって大変だったという趣旨の発言をしたのを聞いた。

イ 本件運動会翌日の状況

㋐ 平成28年6月19日（本件運動会の翌日）の朝、P2はP6と外出を予定していたことから、P6の自室に二度起こしに行ったが、その二度目の際、P6が右手の肘を右膝に乗せ、右手のひらで頭を抱えるようにしているのを見た。P2は、P6が疲れているかもしれないと考え、同人に出かけることができるか尋ねたところ、同人が行けると答えたため、当初の予定どおり広島県福山市内の神社に、高校受験のためのお守りを買いに出かけた。

P6はその道中、自動車内で背もたれに背中をつけて寝ているようにしていたものの、神社に到着して神社内を歩くときに異状は感じられなかった。P2はP6とともに用事を済ませ、昼食にうどんを食べた後、P6に対し、映画を観に行くことやP6がパン好きであることからパン屋に立ち寄ることを

誘ったが、P6はこれを断り、帰宅したいと述べたため、そのまま帰宅した。

（イ）P6は帰宅後いずれかの時点で、近隣（自宅から自転車で5分程度の距離）にある書店に一人で行って漫画本を購入し、自室に戻って過ごした。その後、家族と一緒にステーキ店に出かけて夕食をとったが、変わった様子は見られていない。P6は、帰宅後P1とともに、自室で少なくとも同日午後10時頃まで勉強し、その後、自室で就寝した。同月20日午前0時頃、P2はP6の自室の前を通りかかったとき、同室のドアが少し開いていたが、室内が真っ暗であったことからドアを閉め、そのまま就寝した。

　ウ　体調の悪化から死亡までの経過

（ア）同日午前3時20分頃、P6は原告夫婦の寝室に行き、P2に頭痛と吐き気を訴えた。P2は洗面器を取りに行き、同室に戻るとP6は床にほぼ横になった状態であり、呂律が回っておらず、間もなく激しく嘔吐した。

（イ）救急隊員らは要請に基づき、同日午前3時26分頃、自宅に到着し、同日午前3時52分頃、P6を興生総合病院に搬送した。P6は救急隊員の到着時には意識があったが、その後、急速に意識レベルが悪化し、搬送時には痛み刺激にまったく反応しない対光反射低迷、血圧200〜160・110の状態であった。P18医師はただちにP6の頭部CT検査を実施したところ（以下「本件CT画像」）、小脳出血、脳室内出血、くも膜下出血の存在を認めた。

　P6はその後、心停止を起こし、同日午前5時52分頃、死亡した。なお、P1はP18医師から、P6が頭部に打撃を受けたり、転落したりしたことはなかったかと聞かれたが、P6が本件運動会の際に頭部に打撃を受けた可能性について言及しなかった。

(5) P6の死後の原告夫婦と被告との対応状況

　ア　P6の死後、本件学校による調査の開始に至るまでの経緯

（ア）P1は、同日午前6時頃、本件学校の事務員にP6が死亡したとの連絡をし、その後、同日の午前中にはP8およびP9らに、昼過ぎにはP7に、その旨が伝えられた。また、同日午前中には本件学校により、生徒の保護者らに対してP6が逝去した旨の電子通知が発信された。

　P6の遺体は同日のうちに自宅に運ばれ、生徒およびその保護者ら、P7、P9を含む教諭らが弔問に訪れた。そうしたなか、P17は一人で同宅を訪れ

ると、P6の遺体の頭側に座り、P2やその友人らがいる前で、「お父さんが救急隊員なので、こんなこと言ったらいけないんですけど」「頭と聞いて、脳出血と聞いて、僕のせいだと思って」と言った（以下「本件発言」）。これに対し、P2は「大丈夫よ」と応じたが、それ以上、本件発言の意味をP17に尋ねることはしなかった。

　(イ)　同月21日にはP6の通夜、同月22日には葬儀がそれぞれ執り行われ、葬儀にはP8、P7をはじめとする本件学校の職員らのほかP6と同学年の9年生全員が参列した。P1は遺族代表の挨拶をし、そのなかで、亡くなる前日にP6が肉や野菜をたくさん食べたこと、高校受験のためP1とともに夜遅くまで勉強していたことを話した。

　(ウ)　P1は葬儀終了後、同月24日までのいずれかの時期に、P2に対しP6が本件運動会の日に頭を打ったと話していたと伝えたところ、P2からP17が本件発言をしたことを伝えられた。原告夫婦は本件学校にP17への聞取り調査を依頼することとし、同月24日、P1は本件学校を訪れ、P7らに対し、本件プログラムにおけるピラミッドの配置について質問したり、P17から本件発言があったことを伝えたりしたうえで、P7がP17に対して聞取り調査をするよう依頼した。これを受けP7らはP9と対応を協議し、翌日P17および保護者を来校させたうえで、P17に対する聞取り調査を実施する方針とした。なお、本件学校はこれに先立ち、新聞記者からP6の死亡の原因について取材を受けていた。

　P7はP1からの依頼を受け、同日のうちに事実関係を確認するためP9らとともに本件学校が所持していた、本件学校の付近の山の中腹および本部テント横から、それぞれ本件運動会の様子を撮影した録画映像（以下「本件各映像」）につき、ピラミッドの場面を重点的に確認したが、本件演目が実施された場面も含めて特段の異状があったとは認識しなかった。

　イ　本件学校による本件聞取り調査の状況
　(ア)　P17からの1回目の聞取り
　A　同月25日の午前中、P7はP17の自宅に電話をかけ、同人の父親にP17とともに来校するよう依頼した。
　原告夫婦は教諭らによる聞取りが実施される前に、直接P17の話を聞きたいとの思いを抱き、同人宅を訪れP17に対し、本件発言の内容がどの場面

のことであるかと尋ねたところ、同人は本件騎馬での退場の際P6とP16の体格が異なるためバランスが取りにくく、P6のほうに体重をかけていたが、どこかで前のめりになった際、膝がP6の後頭部付近に当たった旨の説明を身振り手振りを交えてした。

B 同日、P7は本件学校の相談室でP17に対する聞取り調査を実施した。この際、P17はP7に対し、〔1〕本件騎馬を降りた後、P6に肩辺りを押されて、「痛いじゃないか」と言われ、「ごめんごめん」と応じたことがあり、このやりとりから本件騎馬を降りる際に、膝がP6の後頭部辺りに当たったのだと思ってP2に本件発言をした、〔2〕P6とのやりとりの際、険悪な雰囲気ではなく、その後P6もP17もそれぞれのテントに帰ったと説明した。P7はP17に対し、どの場面で、どのように当たったのかをさらに尋ねたが、P17は分からないと答えたことから、同室にあった机を2段目の生徒に見立て、同人が本件騎馬の3段目に上るところから、解体時に降りるところまでの手足の位置について再現をさせて説明を求めたものの、P17は膝がP6に当たる具体的な状況について説明することができなかった。

C 聞取り調査の後、P8、P9およびP7は原告夫婦の自宅を訪れ、聞取り調査の結果を報告した。同月26日、教諭らは初七日への参列のため自宅を訪れた際、原告夫婦との間でP17の聞取り調査時の話が、P17から原告夫婦が受けた説明内容と整合していないことが話題となり、原告夫婦からさらに調査を行うよう求められたため、再度P17に対する聞取りを実施するとともに、本件騎馬を組んでいた他の生徒らへの聞取りも併せて実施することとした。

(イ) 6月27日から7月1日までに実施された聞取り
A P7は、同月27日から29日まで、および同年7月1日に本件騎馬の構成生徒ら全員および本件騎馬の後方の騎馬の3段目に配置された生徒に対し、本件騎馬の解体時に何らかの異状が生じたかどうかについて聞取り調査を実施した。なお、これらの調査にあたり、生徒らの順番はP7が決め、生徒らを個別に別室へ案内して実施された。

　B　P8、P9およびP7は同年6月29日、原告夫婦の自宅を訪れ、同人らに対し、同日までに実施された聞取り調査の結果を口頭で報告したところ、同人らから、P9にも再度P17への聞取りをしてもらいたいとの要望を受けたことからこれを承諾した。そこで、P9は同月30日、P19教諭とともにP17に対する聞取り調査を実施した。

　本件学校の教諭らは原告夫婦に対し、同日、P17に対する調査の結果を、同年7月1日、P7が実施したP20に対する聞取り調査の結果をそれぞれ報告した。

　ウ　聞取り調査実施後の状況

　(ア)　同月4日以降、P9と原告夫婦との間では同月7日に本件学校において開催されるPTA実行委員会において、本件学校がP6の死亡に関して報告を行うかどうかの相談がなされ、同月6日の時点で一旦は報告を行うこととなり、P9は原告夫婦らに対し、報告原稿の原案を示した。この原案はP6の死後、本件学校において本件聞取り調査が行われるに至った経緯およびその調査内容の概要を述べたうえで、P17の足がP6の頭部に当たったということと、P6の死亡との間に関連があるかないかは不明であるものの、来年度以降の本件プログラムについては生徒らの安全に配慮して演目の変更を予定していると説明する内容であった。

　これに対し、同月7日、原告夫婦らはP9に対し、説明原稿案に対する修正案を示した。これにはP6の遺族から、死亡の原因が本件運動会での事故にあり、その責任は主催者の本件学校にあるという強い思いが伝えられているといった説明が付加されていた。また、原告夫婦は、P6の死亡は本件学校の管理体制ができていなかったことによって起きた事故であると認め、学校の責任として対応してほしいという内容のP2自筆の書面を手渡した。

　これを受け、P9は他の職員らと相談のうえ、原告夫婦の求める修正は本件学校として承服することができないと判断し、PTA実行委員会における報告を中止することとし、その旨を原告夫婦に伝えた。

　(イ)　原告夫婦は同月10日、再度P17から直接話を聞こうと考え、同人の自宅を訪ねた。そこでは主にP17の父親が対応し、P6の死因について本件演目において生じた事態によるものではないとの認識を示したが、その中途

で P 17 も、「自分的には、あの時ここに来てくださったときに、自分でも整理があまりできてなくて、確証のないことを言ってしまったんです」、「本番の時に、崩れたって僕は思ったんですけど、崩れてないっていう人もいて、もしかしたら、練習の時と本番の時が食い違ってしまったのかもしれない」と述べた。

（ウ）　P 9 は同年 9 月 14 日、月命日に原告宅へ訪問する意向を伝えるため原告宅へ電話をかけたところ、応対した P 1 から、当時の本件騎馬の状態について生徒らからの聴取内容を記録したものがあれば見せてほしいとの依頼を受けた。そこで P 9 は、P 8 や被告の本部職員と相談したうえで、本件騎馬における各生徒らの配置を図示したものおよび各生徒への聞取り調査における生徒らの供述の内容をまとめた文書を交付することとし、同月 29 日これを原告宅に持参して P 1 に交付した。

（エ）　P 1 は同年 11 月 24 日、本件学校を訪問し、P 8 および P 9 と面談した。この際、P 1 は P 8 らに対し、本件プログラムの際に事故があった可能性があることを認め、謝罪してほしいと求めたが、同人らは事故があったという証拠はないので応じることはできないと回答した。これを受け、P 1 はもう一度 P 17 から聞取りをすることや、本件学校のグラウンド全体を映した映像を開示することを要望し、P 8 らは前者について本件学校の養護教諭による聞取りを実施することとし、後者についても応じることとした。

　　P 9 は同月 25 日、本件学校を訪れた P 1 に対し、本件各映像の全部または一部が記録された USB メモリを手渡した。

　　P 21 教諭は同月 28 日、P 17 に対する聞取りを実施した。

（オ）　P 9 は同月 30 日、P 1 と協議をしたところ、P 1 から同年 12 月 7 日に開催される PTA 実行委員会で話をさせてほしいとの依頼を受けた。

　　同月 5 日、P 1 および P 6 の祖父と P 8 および P 9 は本件学校において面談し、その際 P 6 の祖父は、本件演目における事故の有無について、どう思っているのかはっきり聞かせてほしいと求めたところ、P 8 は事故があった可能性はゼロとはいえないが、証拠がないため認めることはできない、認めると P 17 への対応が難しいし、何を根拠にそのような判断をしたのか問われ

ることになると返答したが、P6の祖父はP17の足が頭部に当たったことが
P6の死因であると確信していると述べた。

　同月6日、P9は本件学校を訪れたP1に対し、PTA実行委員会で発言す
る内容を確認したいと伝えたところ、これに対しP1は同月7日の朝、読み
上げる予定の文案を本件学校に持参した。これは本件騎馬の退場の際にP6
が頭部に打撲を受けた可能性があるとしたうえで、退場時の様子を目撃した
保護者やその様子を撮影した映像を持っている保護者がいたら連絡してほし
いと呼びかける内容であった。

　これを受けP9は、P8や被告の本部職員と協議し、P1が実行委員会で発
言することを認めないこととして、その旨を同日P1に電話で連絡した。

　(カ)　同月9日、P9はP1に電話をかけ、今後の対応についてP8と被告の
本部との協議により結論を出すこととなると伝えた。P8は被告の本部職員
らと連絡をとり、平成29年1月13日、P8およびP9のほか被告の本部の
法務担当職員も参加して協議を行い、その結果、原告夫婦に対して事故があっ
たという証拠がないことから事故があった可能性を認めて謝罪をしてほしい
との原告らの要望に応えることはできない旨を伝えるとの結論に至った。

　同月19日、P8およびP9はP6の月命日に合わせ原告宅を訪れた。この
際P8は、応対した原告夫婦に対し、被告本部の附属学校担当の理事の職員
らに今回の事案を相談したことを伝えたうえで、「大学としては事故があっ
たとは考えていない、で、心情は本当にお察しするけれども、どうかご理解
いただきたい、というのが、向こうの回答でした」と伝えた。P1がその結論
はどのような根拠で出されたものかと問うたところ、P8は本件学校が把握
している時系列や本件聞取り調査の結果を報告したことを伝えたうえで、「で
すから、どういうふうな形で何を根拠としてというのは、私達にはわからな
いです」と述べた。これに対しP1は「もう大学側のほうで決められたこと
を、そのまま先生が聞いてっていう、それをそのまま伝えた、という」と言
うと、P8は「そういうことです」と発言した。

　(キ)　P1は同年6月6日、P2と連名で、P6が本件プログラムにおける演
技の際の事故で亡くなったのではないか事実が明らかになっていないと考え
るとしたうえ、本件学校に対し、本件演目の状況を見ていた教諭らへの聞取

りの実施をする意向や保護者らに情報提供の協力を依頼する意向があるかを質問する内容のP8およびP9に宛てた手紙を作成し、これを本件学校に持参した。これに対し、P8は同月15日、本件聞取り調査の結果、本件演目の際にP6の死亡を起こすような行動ないし状況はなかったと考えていることから、本件プログラムにP6の死亡の原因があるとの主張に賛同することはできず、今後、再調査することは予定していないという内容の回答をした。

(ク) P8、P9およびP7らは同年6月23日、P6の一周忌に合わせ原告宅を訪れた。この際P8らと原告夫婦との間で、本件演目の際に「退場門付近で騎馬が崩れるのを見た」と述べた保護者の話題となり、P8は「そりゃあ、それはP2さんたちの気持ちを分かって、嘘を言ってるかもしれないでしょ。それはね、根拠がないといけませんよね」と述べ、P2が「見た方の言葉までも信じられないって、そうとられるんだったら…」と発言したのに対して、「じゃ、騎馬が崩れた時に、当たったP17くんを犯人にするってことになりますよ。だから、それは、前にも申し上げたけど、こちら側の気持ちはよく分かるから、そうだったんですね、そうかもしれませんねって認めることはできるけど、そうすると、P17くんに罪を与えることになって、逆に、それが裁判になった時に、何を根拠にして崩れたって認めたのかって言われることになるんですよ。結局そういうことです」と述べた。

⑹ **本件プログラムの実施内容の変更**
　本件学校は平成29年度の運動会において、本件プログラムの演目につき、ピラミッドや本件演目と同様の移動式の騎馬の高低差のある演技をとりやめ、集団行動的要素を取り入れた演目に変更した。

・争点1について
⑴ **はじめに**
　本件プログラムの際にP6の頭部に外力が加わる事象が生じたのか、およびその外力が原因でP6が死亡したといえるのかについて争いがある。原告は、騎馬解体時の映像の客観的証拠、本件騎馬の構成生徒らの供述および本件運動会後のP6の状況から、P6の頭部に強い外力が生じる事態が起きたと認められる、または推認されるかという観点（以下「観点〔1〕」）、およびP6

の死因について外傷性の脳内出血によるものといえるかどうかという観点
（以下「観点〔2〕」）から、上記の事項を主張立証するものである。

(2) 観点〔1〕からの検討

　ア　P6の頭部に外力が加わったかについて

　(ア)　原告は本件騎馬の解体時、P17の左膝がP6の頭部に当たったほか、
その後P6が四つん這いのまま地面に落下した際、着地の瞬間にも回転性の
外力が加わったと主張する。

　(イ)　P17は、P6の死亡当日P6の自宅を訪れてP2らに対し、P6の死亡
の原因が自身にあるとの趣旨の本件発言をし、その後、原告夫婦がP17の自
宅を訪れた際にも同人らに対し、本件騎馬が退場した際に前のめりの体勢に
なり、膝がP6の後頭部付近に当たったとする趣旨の説明をしたことが認め
られる。このようなP17の発言は少なくとも、本件発言については自発的
なものであるといえるうえ、P6も本件運動会当日に（時期や具体的な態様
について特定されているわけではないものの）、P1に対し、本件プログラム
の際に上の子の足が当たって大変だったと述べていることや本件各映像によ
ればP17が本件騎馬の解体時に後方に降りる直前、やや前のめりといえる
姿勢をとっていることが見受けられることからも一定程度裏づけられている
といえる。これらを総合すると、本件騎馬の解体時にP17の膝がP6の後
頭部付近に接触した可能性は否定できないというべきである。

　もっとも、本件各映像によれば本件騎馬の解体時、P17は両手を2段目の
P6およびP16の肩付近に置いており、その状態のまま後方やや右に落下し
ていることが認められ、P17の膝がP6の後頭部付近に接触したとしても、
ただちにP6の後頭部付近に強い外力や加速的な回転が加えられた可能性が
高いということはできず、そのような可能性を根拠づける具体的な身体の動
きを特定するに足りる証拠もない。また、本件聞取り調査時の生徒らの供述
内容によれば、P17は自分の身体のどの部分がP6の身体のどの部分に当
たったのかについて自覚はなく、解体後P6から「痛いじゃないか」と言わ
れたことから、本件発言をするに至ったと述べているうえ、本件騎馬を構成
する他の生徒らも、本件騎馬の解体直後にうずくまったり、起き上がれなかっ
たりした者はいないと述べていることが認められる。これらに照らせば、P

17の膝がP6の後頭部付近に接触したとしても、そのときにP6の頭部に強い外力が加わったとは考え難い。

　㈡　他方、原告の主張のうち本件騎馬の解体時、P6が地面に落下したとの部分はその根拠となる本件各映像の鮮明化映像や画像を見ても、それら自体が不鮮明といわざるを得ないうえ、本件騎馬が後続の騎馬に隠れていることから、P17の下でP6が落下した事実の有無やP13が左側に倒れていった事実の有無を確認することはできない。これに加えて、本件聞取り調査において本件騎馬を構成した生徒らおよびその後続の騎馬の生徒からも、本件騎馬の解体時にP6が落下したという発言は出ておらず、原告の主張部分は生徒らの供述内容と整合せず、これを採用することはできない。

　イ　その他の原告の主張についての検討
　㈠　原告は、本件運動会当日から死亡に至るまでの間にP6に普段と異なる様子や動静が見られており、これは頭部打撃の脳内への影響の現れであると主張する。たしかに、P6は本件運動会当日、友人と出かける約束をしていたのに行かなかったり、祖父母が自宅に来ているときは一緒に会話することが多いのに、自室に戻って見送りをすることもなくそのまま就寝したり、その翌日も右手のひらで頭を抱えるようにしたり、P2からの映画やパン屋に行く誘いを断ったりしたことが認められるが、これらはP6が本件運動会を終えて、相応に疲労を蓄積させていたことによるものとみることも、何ら不自然ではない。一方で、P6は本件運動会当日も閉会式で優勝旗を持ってグラウンドを走り、その後も片付け作業に従事したほか、その翌日には一人で外出して漫画本を購入したり、原告ら家族とともにステーキ店に行き、変わった様子もなく夕食をとったりしていることにも照らせば、原告の主張するP6の様子や動静のみをもって体調の急激な悪化に至るまでの間に頭部打撃が脳内に影響したというべき状態が生じていたとは評価できない。

　㈡　原告は、P17の左膝がP6に当たった際の衝撃度は95％が中等度の頭部外傷を負う程度のものであると主張するが、P24意見書に依拠してP6の頭部に強い外力が加わったと認めることはできない。

(ウ) 原告は、本件聞取り調査の際の生徒らの回答はいずれも誘導によるものであって信用できないと主張する。しかし、証人P7によれば、〔1〕P7が平成28年6月25日に実施したP17に対する聞取りに際して、相談室にあった机を用いて当時の状況を再現させたのは、当時P17が膝がP6の後頭部に当たったことを示唆する発言をしたものの、それがどの時点でのことであるかや当たった具体的状況について分からないと答えたため、騎馬を組んだ時点から解体までの手足の位置の状況を再現させて記憶を想起させようとしたためであったこと、〔2〕P7は他の生徒らに対する聞取りにあたり、対象生徒を個別に呼び出したうえでその生徒らに対し、P17の足がP6に当たったか否かが問題となっていることについて示唆することなく、本件騎馬を組んだ時点から解体するまでの間の生徒らの動きや騎馬が崩れたり、誰かがうずくまったりしたことがあったかを具体的に質問し、終了後は聞取りの内容を他の生徒に言う必要はないとの注意をしたことが認められる。これらに照らせば、本件聞取り調査に際して、P6の頭部に外力が生じていない方向での不当な誘導や誤導が生徒らに加えられたとは認められない。

(3) 観点〔2〕からの検討

　(略)

(4) 観点〔1〕および〔2〕を総合した判断

　本件騎馬の解体時にP6の頭部に外力が加わる事象が生じた可能性は否定できないものの、その際の具体的状況に照らして、その外力の程度は強度のものとは認められず、原告の主張する小脳出血の発症機序はいずれもそのまま採用することができず、小脳出血が脳動静脈奇形に起因する可能性が比較的高いというべきである。

　そうすると、P6が本件騎馬の解体時において頭部に加わった外力により脳内出血を生じて死亡したと認めるのは困難といわざるを得ない。

・争点2について

　本件では、本件騎馬の解体時にP6の頭部に加わった外力によって同人が死亡したとはいえないから、争点2について判断するまでもなく、被告の安全配慮義務違反に基づく原告による損害賠償請求はいずれも理由がない（P

6への外力は通常受傷を生じさせる程度のものであったとは認められないから、そのような外力がP6の身体に加えられたことによってP6に損害が発生したとは認められない）。

・争点3について
⑴　被告の注意義務違反の有無について
　　ア　調査・報告義務違反について
　　㋐　P8、P9およびP7を含む本件学校の職員らはP6の死後、原告夫婦からP6の死亡が本件プログラムの際に発生した事故によるものである疑いがあるとして調査を求められた後、本件各映像を確認したほか、本件騎馬の構成生徒らに対する本件聞取り調査をただちに行い、各調査終了後の早期の段階で原告夫婦にその結果を口頭で報告したほか、その後も原告夫婦の求めに応じて、同調査における各生徒らの供述内容をまとめた書面や本件各映像の全部または一部が入ったUSBメモリを交付したことが認められる。これらの事実によれば、被告はP6の死亡が本件学校の教育活動によって生じたのではないかとの疑いに対し、適時に合理性の認められる調査を行い、その結果を原告夫婦に適切に報告したものというべきであって、被告に調査・報告義務違反があるとは認められない。
　　㋑　本件騎馬の解体時にP6の頭部に外力が加わったことによって同人が死亡したとは認められず、その死亡について本件指針のいう「登下校中を含めた学校の管理下で発生した事故」とはいえないから、本件指針に基づく調査報告義務に違反したとする原告の主張には理由がない。
　　P6の本件騎馬の解体直後の状況や本件聞取り調査の際の生徒らの供述内容に照らせば、解体直後の時点でP6がただちに救護を要するような状況であったといえないことは明らかであるから、本件学校の職員らがただちにP6を救護しなかったことに違法性は認められない。
　　また、学校事故が発生した疑いがある場合に学校として具体的にどのような調査を行うかについては、その学校が調査の必要性や調査による生徒への影響を考慮し、裁量的判断に基づいてこれを定めるべきものである。原告は、本件学校の職員らが本件演目時に近い状況を再現して聞き取り調査をしなかったり、原告夫婦による他の保護者への情報提供の呼びかけの依頼に応じなかったり、同校におけるPTA実行委員会でP1が保護者らに同様の呼び

かけをすることを拒否したりしたことが不当であると主張するが、本件聞取り調査における生徒らの説明内容や本件発言をしたP17の心情に与える影響を考慮すれば、このような対応をしたことが学校の裁量的判断として不合理・不適切なものであったとはいえない。そして、P7の行った各生徒らへの聞取り調査において、不当な誤導があったとはいえないことは詳述したとおりである。これらによれば、被告に調査義務違反があるとはいえない。

さらに、本件学校の職員らは原告夫婦に対し、本件聞取り調査の結果を口頭で報告し、その結果をまとめた書面や本件各映像を交付しており、そのうえで被告として本件演目の際に事故があったとは考えていないとの見解を伝えたのであって、これらの報告に不適切な点があったとはいえず、被告がP6の死亡につながるような事故が生じてはいないと判断したことの説明が社会通念上、理解困難なものであったとはいえないのであって、被告に報告義務違反があるとはいえない。

したがって、調査・報告義務違反をいう原告夫婦の主張はいずれも採用できない。

イ　誠実対応義務違反について

被告の職員が事実関係を隠ぺいしたと評価すべき事実があるはいえず、このような事実を認めるに足りる証拠はない。

また、原告が指摘する平成29年1月19日のP8の発言については、その発言内容および会話の流れに照らすと、そのような発言をしたことのみをもってP6の尊厳を冒涜し、原告夫婦の人格的利益を侵害する違法性があったとはいえない。同年6月23日のP8の発言についても、「P17くんを犯人にする」とか「P17くんに罪を与える」といった表現は、真実を明らかにしたいという原告夫婦の心情を理解していないかのような、やや不穏当といえる面があることは否定できないものの、その会話の流れを踏まえると、P8は本件発言をしたP17の立場や心情に配慮する必要があることを強調して伝えようとしたものであると解され、そのような発言をしたことをもって原告夫婦の人格的利益を侵害する違法性があったとはいえない。

したがって、原告夫婦の主張は理由がない。

2　岐阜地方裁判所
　令和 5 年 2 月 22 日判決（組体操）

主文

・原告の請求を棄却する。
・訴訟費用は原告の負担とする。

事案の概要

　本件は、被告が設置し、管理する岐阜市立鶉小学校（以下「鶉小学校」）に
在籍していた原告が、組体操のプログラムである俵型 4 段ピラミッドの練習
中にピラミッドが崩壊して、他の児童の下敷きになった事故（以下「本件事
故」）によって脳脊髄液減少症に罹患し、後遺障害が残存したことにつき、ピ
ラミッドの練習に際し、指導および監督にあたった教師らに安全配慮義務違
反があった旨を主張して、被告に対し、債務不履行に基づく損害賠償として
5091 万 1300 円の支払いを求める事案である。

前提事実

・当事者

　ア　原告は平成 14 年生まれの女性であり、平成 26 年 9 月 19 日の本件事
故当時、鶉小学校 6 年 4 組に在籍する児童（当時 11 歳）であった。

　イ　被告は鶉小学校を設置し、管理する地方公共団体である。鶉小学校の
6 学年は平成 26 年度当時、1 組から 4 組までの 4 クラス編成であり、1 クラ
スにつき 1 人の教師が担任を務めていた。原告が在籍していた 6 年 4 組のク
ラス担任は P 3 教諭であった。

・鶉小学校の運動会において予定されていた組体操のプログラム

　ア　鶉小学校では平成 26 年 9 月 20 日に運動会（以下「本件運動会」）の開
催が予定されていた。本件運動会で 6 年生児童が行うプログラムとして組体
操が予定されており、その一内容として 6 年生児童がピラミッド（以下「俵
型 4 段ピラミッド」）を作ることが予定されていた。

　イ　俵型 4 段ピラミッドは 10 人 1 組に分かれて作られる。その組立て方
は、〔1〕 1 段目に 4 人の児童が両手および両膝を地面について土台となり、
〔2〕 2 段目に 3 人の児童が 1 段目（最下段）の児童の背中の上に両手および

両膝をついて乗り、〔3〕3段目に2人の児童が2段目の児童の背中の上に両手および両膝をついて乗り、〔4〕4段目に最後の1人の児童が3段目の児童の背中の上に両手および両膝をついて乗ることで組立てが完成する。

　ウ　原告は、原告が振り分けられた10人組のグループ（以下「本件グループ」）において俵型4段ピラミッドの最下段である土台の役割を担当していた。

・本件事故当日における俵型4段ピラミッドの練習

　原告は平成26年9月19日（本件事故当日）、翌日に開催予定の本件運動会に向けて、正課授業における組体操の練習の一環として鶉小学校運動場にて俵型4段ピラミッドを作る練習（以下「本件練習」）をしていた。

・原告は平成26年9月20日に開催された本件運動会に参加した

争点

・本件事故発生の有無（争点1）
・被告の安全配慮義務違反（争点2）
・損害の発生および相当因果関係の有無（争点3）
・原告の損害額（争点4）

当裁判所の判断

・認定事実

　(1)　原告は鶉小学校3、4年次に在籍中の頃から中学校に進学した平成27年4月頃までの間ダンススクールに通っており、また同中学校のハンドボール部に入部し、活動していた。

　(2)　鶉小学校では毎年開催される運動会で6年生による組体操が行われ、俵型4段ピラミッドが組体操を構成する一つの技とされていた。平成26年度においても本件運動会での組体操の披露に向けて、遅くとも同年9月から5回以上、6年生の正課授業において俵型4段ピラミッドを作る練習が行われた。

　(3)　P3教諭は俵型4段ピラミッドの練習を開始するにあたり、1段目の児童に対しては、隣の人と隙間をあけずに手を交差するように組ませるよう指導し、2段目、3段目の児童に対しては、下段の児童の上にいきなり乗るのではなく声を掛けてから乗り、手足が背骨に当たらないように肩や腰の辺

りに乗せるように指導し、3段目および最上段の児童に対しては、後ろから
よじ登ると下段の児童を引っ張り落してしまうおそれがあるから、ピラミッ
ドの横から階段を登るように登ればピラミッドが崩れないことを指導した。
また、ピラミッドを崩すときは、一斉に降りるのではなく教師の笛の合図で
最上段の児童からその下段の児童と順番に降りるようにすることを指導し
た。

　俵型4段ピラミッドを作る練習における指導教諭は4人（P3、P4、P5ほ
か1名。以下「鶉小学校教諭」）であり、うち1人は朝礼台で俵型4段ピラミッ
ドの組立ての合図を出し、他の3人は運動場を巡回しながら指導していた。

　(4)　原告が所属する本件グループは9月に組体操の練習を開始した後、本
件練習に至るまで一度も俵型4段ピラミッドを完成したことはなかった。原
告は俵型4段ピラミッドを失敗しても、鶉小学校教諭から付き添って指導を
受けたり、倒れるのを防いでもらったりしておらず、鶉小学校教諭はピラミッ
ドが崩れるのを見ていただけであった。

　(5)　本件練習時の状況

　ア　本件練習では朝礼台に立つ教諭の合図に従って4クラスの全児童が一
斉に俵型4段ピラミッド（合計16基）の組立てを行う形式で行われた。俵型
4段ピラミッドの組立てを行うとき、巡回する教諭が各ピラミッドの近くに
付き添うことはなかった。

　イ　原告は、俵型4段ピラミッドの土台（4人）のうち右から2番目の土
台部分を担当していた。

　本件練習において、原告が所属する本件グループも他のグループと同様に
俵型4段ピラミッドの組立てを開始した。組立て開始後、下から3段目の児
童らが2段目の児童らの上に乗るまでの間は俵型4段ピラミッドが崩壊する
ことはなかった。しかし、4段目（最上段）の児童が3段目の児童らの上に
乗る際に俵型4段ピラミッドのバランスが崩れて崩壊した。これにより、3
段目の児童あるいは4段目の児童のいずれかが土台部分まで落下し、同部分
で四つん這いの姿勢を取っていた原告の背部に衝突した（本件事故）。

　(6)　原告は本件事故後、本件事故が起きたことをP3教諭に対して申告し
なかった。また、原告は本件事故後も引き続き本件練習に参加し、翌日に開
催された本件運動会にも参加したほか、本件運動会以降、一度も学校を欠席
することがなかった。

(7)　原告と同学年の児童が「鵜小学校平成26年度卒業記念文集」に掲載した作文には、「運動会の組み立て体操は、はじめてやることばかりで全然できませんでした」、「何回もピラミッドの練習をしても成功することはかなり少なかったです」、「初めの大技ピラミッドは失敗が多くて不安だった」などの記載が認められる。

(8)　俵型4段ピラミッドの最大荷重は各児童の体重を1とした場合2.21となるのに対して、立体型4段ピラミッド（三角錐型ピラミッド。最下段は台形の形状で四つん這いとなり、立ち上がる最上段を除き、残りの者は中腰に似た姿勢をとり、背中に他の者が乗る技）の最大荷重は1.05となる。俵型ピラミッドの最大荷重は立体型ピラミッドの約2倍となる。

(9)　平成26年度の組体操の事故による医療費支給件数は合計8592件であり、そのうちピラミッドは1133件（13%）、タワー（1241件）、倒立（1167件）に次いで3番目に多い技であった。ピラミッドで負傷した児童生徒がいた段については、最下段が44%、中段35%、最上段21%であり、最下段が最も多くの割合を占めた（この統計は平成28年3月25日にスポーツ庁が発表したものである）。

(10)　原告の診療経過

ア　こいし整形外科

原告は本件事故から3日後の平成26年9月22日、背部痛を訴えて、こいし整形外科を受診した。胸腰椎移行部の単純レントゲン撮影の結果、明らかな骨傷は認められず、腰背部挫傷と診断され、経過観察となった。同日に医師により作成された診療録には、原告の主訴として「背部痛」との記載が、また経過として「9/19組立て体操崩れて腰部打撲」と記載がある。その後、原告は平成27年6月22日にも左股関節痛を訴えて再度こいし整形外科を受診した。

イ　加納渡辺病院

原告は平成27年6月30日、加納渡辺病院を受診した。原告は同月27日は「部活（ハンドボール）から帰ったら頭痛、ダンス行けず夕食とった」と、同月28日は「気持ち悪い、体温37.3度」と、同月29日は「学校に行った、年に一回はこんな風になる」と医師に訴えた。

加納渡辺病院の医師は原告の傷病名または主訴を「倦怠感、持続蛋白尿」としたうえで、精密検査のために朝日大学病院および岐阜県総合医療セン

ターに原告を紹介した。

　ウ　朝日大学病院

　原告は平成27年7月8日、加納渡辺病院の紹介を受けて朝日大学病院の腎臓内科を受診し、同年6月27日から、だるい、眠い、クラクラする症状がある、学校の検尿で異常はなかったが、倦怠感があり、蛋白尿を指摘されたと訴えた。なお、朝日大学病院の診療録には原告の頭痛に関する記載は一切認められない。

　エ　岐阜県総合医療センター

　原告は平成27年7月13日、加納渡辺病院の紹介を受けて岐阜県総合医療センターを受診した。原告は調子が一日中悪い旨を訴えたほか、OD（起立性調節障害）問診において「頭痛をしばしば訴える」ことはないと答えた。また、同月22日の医師が作成した経過記録には血液検査でははっきりした異常所見を認められなかったこと、および起立試験も明らかな所見がないことが記載されている。

　オ　まつなみ健康増進クリニック

　原告は平成27年7月29日、まつなみ健康増進クリニックを受診した。原告は平成27年6月26日から、身体がだるい、やる気がしないと訴えたが、診療録には頭痛に関する記載は一切認められない。

　カ　岐阜市民病院

　原告は平成27年7月28日、岐阜市民病院を受診した。原告は同年6月27日からの全身倦怠感のほか、吐気、頭痛の症状がある旨を訴えた。岐阜市民病院の平成27年7月28日の診療録には「2014.4月 倦怠感持続するなど今回と同様の症状あり」、「倦怠感・頭痛の日内変動なし」の記載がある。

　原告は平成28年7月25日から同月28日まで脳脊髄液減少症の疑いがあるため、脳層シンチグラフィー検査を実施する目的で岐阜市民病院に入院した。入院時の主訴も全身倦怠感であった。また、原告は同月26日には、「体はだるい。後頭部に少し痛みがある。めまいや吐き気はない」、「変わりないよ。頭もいたくないよ」と話した。

　脳層シンチグラフィー検査の結果は、「R1投与後1時間後にて膀胱の早期描出がみられ、脳脊髄腔内R1残存率は24時間で15.4％と低下しています。髄液漏出の部位は明らかではありません。診断 髄液漏出疑い」というものであった。原告は同年8月16日に診察を受けた。その際、医師は「脳層シン

チでは膀胱に早期の漏出みられ、脳脊髄液減少症であることは間違いない。しかし、漏出の部位がはっきりしないので、今後の大きな問題となる」と診療録に記載した。

また、原告は平成29年5月17日の診察の際、「前からあるが、ひどく違う痛みは4月20日より。ほとんど休みなく続き、楽になることはない」、「4月25日から、ふらつき、めまい、吐き気、記憶がないときがある。頭が割れる様に痛い。今までの頭痛と違う。今も症状が続いている」と訴えた。

　キ　中京病院

原告は平成28年10月20日、岐阜市民病院からの紹介により中京病院を受診した。この日の診療録には「小学校6年 組み立て体操で同級生が落ちてきた。この頃からHAあり」、「2014.1倦怠感あり。起立性の悪化は？」、「2015.6下旬から倦怠感」、「起立性のHAあり。5分？」の記載のほか、問診の欄に、「低髄圧 頭痛 起立時の頭痛：4」との記載がある。

原告は平成28年11月9日、脳槽シンチグラフィー検査、CT検査およびMR検査を受けた。それを踏まえて、医師は同月10日に「CT ミエロ 胸椎部で明らかな硬膜外の高吸収域あり この部で漏出明らか 確定か」、「MR ミエロ 頸椎部でも同様の所見」と診断した。

加えて、同月28日の診療録には「小6の時、組体操で同級生が落ちてきた後より背部痛あり整形受診。その後、頭部痛あり。中1の6月頃より倦怠感と頭痛のため朝ベッドから起き上がれず。現在も起床後1、2時間はベッドから起き上がることが困難だが動けるようになると学校にも遅れて登校している。入院時は頭部痛なし」との記載がある。

また、平成29年3月2日の診療録には「学校遅刻毎日、朝がダメ、HA（頭痛）気持ち悪い、起き上がれない」との記載がある。

なお、P6（慶應義塾大学医学部脳神経外科兼担教授）は平成29年3月2日の診療録の記載につき、1回目のブラッドパッチを経た後の診療における所見記載であって、ブラッドパッチの効果が一時的であり、起立による頭痛が持続していることを示唆する記載であるとして、この段階で原告に起立性頭痛が認められる旨の意見を述べている。

　ク　熱海病院

原告は平成29年8月30日、熱海病院を受診した。熱海病院の診療録には過去の診療録から抜粋する形式で「H26.9 11歳 組み体操ピラミッドが崩れ、

一番下にいて背中をいためた。その後、起立性頭痛 H27.6 中1起き上がれなくなり多数病院受診」との記載がある。また、平成30年3月10日の診療録には「頭痛が終日 体位に無関係」、「以前、起立試験で異常なし、背部の漏れを心配している」との記載がある。

(11)　脳脊髄液減少症の原因について

低髄液圧症候群は、脳脊髄液の漏出によって起立時の牽引性頭痛を主症状とする症候群である。最近では、髄液圧が正常ながら、低髄液圧症候群と同様の症状を呈する症例も含めて「脳脊髄液減少症」という用語が用いられている。

脳脊髄液漏出の原因として明らかなものは、腰椎穿刺、硬膜損傷を伴う外傷や手術手技などがあり、それ以外のものは特発性のものとされるが、軽症から中等度の頭頚部外傷後、激しいスポーツ、カイロプラクティック、重いものを持つなどの重労働を契機するもの、いきみ、咳き込み、尻もちなどによって発症する場合がある。

(12)　脳脊髄液減少症の症状

ア　脳脊髄液減少症の症状は、起立性頭痛が最も多く90％以上を占める。頭痛以外の症状は、頚部痛、めまい、耳鳴、聴力低下、倦怠感である。これらの症状は座位、起立位を続けることで短時間以内に悪化することが多いのが特徴である。

イ　小児は硬膜・くも膜が成長途上のため脆弱であること、動きが激しく転倒、衝突、けんか、スポーツなどで強い衝撃が脊柱に加わりやすいこと、小児期は相対的に髄液量が少なく、わずかな髄液量減少で症状が出現することから、むしろ成人より脳脊髄液減少症の発生頻度は高いと考えられている。実際に転倒、スポーツなどのあと頭痛、めまい、吐き気、倦怠の症状が続き、登校が困難になる例がしばしばみられる。

(13)　脳脊髄液減少症の診断基準について

（略）

・争点1（本件事故発生の有無）について

(1)　原告は本件練習において教諭の合図に従って土台を組み、3段目の児童が2段目の児童の上に登った後、4段目（最上段）の児童が3段目の児童の上に登った際にピラミッドが崩れ、3段目または4段目の児童が自身の背

中全体に落ちてきた旨や、それにより肩甲骨から背骨辺りに強い衝撃を感じ
て息ができなくなるような痛みを感じた旨、供述する。

　原告の供述の信用性についてみると、本件練習の3日後に原告が受診した、
こいし整形外科の診療録には「9/19 組み立て体操 崩れて腰部打撲」と記載
されており、原告の供述と整合する記載が認められる。また、本件練習以前
の練習において本件グループが俵型4段ピラミッドを完成させたことがな
かったことや、俵型4段ピラミッドの練習において失敗することが多かった
旨、原告以外の児童が文集に記載していることからすると、本件練習におい
ても本件グループが俵型4段ピラミッドの組立てに失敗したことは十分に考
えられる。なお、本件練習のあった平成26年9月19日は金曜日であり、翌
日、本件運動会が開催されたから、原告は、こいし整形外科を通常受診でき
る最も早い日に受診したことになる。

　以上に加え、原告には少なくとも医師に対して虚偽供述の動機があるとは
うかがわれないこと、および本件事故が生じたことは原告にとって印象の強
い出来事であったと推測され、記憶違いの供述をしているとも考え難いこと
も踏まえると、原告の供述は基本的に信用できるというべきである。

　したがって、本件事故が発生したことが認められる。

　(2)　被告は本件事故が発生したとすればP3教諭の記憶に残るはずである
のにその記憶がないこと、本件事故によって原告が背部を痛めたにもかかわ
らず本件練習や本件事故翌日の運動会に参加していたことは不自然であると
主張する。

　しかし、原告は本件事故が起きたことをP3教諭には申告しなかったから、
P3教諭にとって特別記憶に残りやすい出来事であったとはいえない。ま
た、本件事故から約9年という相応の期間が経過していることからすると、
P3教諭が本件事故について記憶していないとしても何ら不自然ではない。
さらに、原告が本件事故後も本件練習および本件運動会に参加していた点に
ついても、原告は本件運動会当日に自身が所属する本件グループに迷惑をか
けないために、痛みを我慢して運動会に参加した旨、原告が供述するところ、
原告が俵型4段ピラミッドの土台部分を務めていたことも踏まえると、上記
の供述内容が不合理とまではいえず、当時小学生であった原告の行動として
十分にあり得るといえる。そのほか、被告は原告以外の児童が受傷していな

いことを指摘するが、本件事故の発生により、原告以外の児童も受傷しなければ不自然であるともいえない以上、上記の認定を左右するものとはいえない。

　よって、被告の主張はいずれも採用できない。

・争点2（被告の安全配慮義務違反）について

　(1)　鶉小学校を設置し、管理する被告は鶉小学校における学校教育の際に生じ得る危険から児童らの生命、身体の安全の確保のために必要な措置を講ずる義務を負うところ、体育の授業は授業内容それ自体に必然的に危険性を内包する以上、それを実施・指導する教師には、起こり得る危険を予見し、児童の能力を勘案して、適切な指導、監督を行うべき高度の注意義務があるというべきである。

　(2)　鶉小学校教師が負う具体的注意義務の内容

　俵型4段ピラミッドは、10人の児童が四つん這いの体勢で4段のピラミッドを構成するものであるから、最上位の児童は相当高い位置までピラミッドを登る必要があり、最下段の児童の量大負荷は相当のものであって、児童らがバランスを崩してピラミッドが崩れることにより傷害を負う危険性を有する技といえる。このことは、平成26年度の組体操の技別の医療費給付件数におけるピラミッドの事故が全体の13%を占めていたことからも明らかである。この点、被告は俵型4段ピラミッドが崩壊の危険性の小さい技であることを主張するが、上記で述べたところを踏まえると、その内包する危険性の程度は相応に高いというべきであり、採用できない。

　そして、俵型4段ピラミッドを作るにあたり、児童らはピラミッドを組み立てるために四つん這いの体勢をとり、身動きが取りづらく、自ら危険を回避・軽減する措置を十分にとれないと考えられるから、児童らがバランスを崩せばピラミッドが崩れてしまう危険が高いといえる。

　そうすると、鶉小学校の教師は児童に対し、危険を回避・軽減するための指導を十分に行う注意義務があり、これまで成功していないグループのピラミッドについては特に注視して、児童らが安定しているか否かを十分確認し、不安定な場合は登るのを止めさせ、あるいは児童を支えたりして児童を危険から回避させたり、危険を軽減したりする注意義務を負っていたというべき

である。

(3) ア 俵型4段ピラミッドの構造自体からピラミッドが崩壊する危険性は鶉小学校の教諭にとり容易に認識しえたうえ、実際に本件運動会のピラミッドの練習において複数回失敗していたことや、本件グループのピラミッドは9月に練習を開始した後、本件練習に至るまで一度も俵型4段ピラミッドを完成することができなかったことからすると、本件練習の時点において鶉小学校の教諭は、本件グループの俵型4段ピラミッドが崩れる危険性があることを認識でき、本件事故の発生に対する予見可能性に欠くところはなかったと認められる。

イ しかし、鶉小学校の教諭は本件練習において、16基の俵型4段ピラミッドを一斉に作るよう指示し、3名の教諭のいずれもが本件グループのピラミッドの近くに補助につくこともなく、単にグラウンドを巡回して指導していたにすぎなかった。鶉小学校の教諭によるこうした配置では本件グループのピラミッドが崩れそうになった場合に、登るのを止めさせたり、児童を支えたりして児童を危険から回避する措置を十分にとりえなかったといわざるを得ず、注意義務を尽くしていたということはできない。

(4) この点、被告は鶉小学校の教師が俵型4段ピラミッドを作るにあたり、段階に応じて必要かつ十分な指導を行ったことや安全面に不安があるピラミッドを教諭が補助する形で練習を継続して実施していた旨、主張する。

しかし、本件練習の指導にあたったP3教諭を含む鶉小学校の教師が児童に対し、俵型4段ピラミッドを安定して組み立てるための方法論について相応の指導を行っていたことは認められるものの、危険性を内包する俵型4段ピラミッドの技を児童に行わせるにあたっては口頭による方法論の指導のみで足りるとは到底いうことができず、上記の指導をもって被告が尽くすべき注意義務を尽くしていたとはいえない。ことに、本件グループの本件練習以前におけるピラミッドの完成度も考慮すると、口頭による指導のみではなく具体的に作り方を指導すべきであったというべきである。さらには、本件グループのピラミッドが崩壊する可能性が高いことを踏まえて、本件練習においても鶉小学校の教諭は単に巡回するのみではなく、本件グループに所属する生徒の行動を特に注意して監視すべきであったことは明らかであり、これ

が十分であったとは認められない。

　また、被告は鶉小学校以外の他の小学校でも俵型4段ピラミッドの競技が実施されていたことを主張するが、本件においては俵型4段ピラミッドの競技を実施したことそれ自体ではなく、その実施にあたって鶉小学校の教諭が負うべき具体的な安全配慮義務の怠慢が問題となっていることからすると、被告の主張をもってしても被告に安全配慮義務違反が認められるとの判断にただちに影響を与えるものともいえない。

　よって、被告に安全配慮義務違反が認められる。

・争点3（損害の発生および相当因果関係の有無）について

(1)　（略）

(2)　脳脊髄液減少症の診断基準について

　本件で原告が主張するような外傷により発現する脳脊髄液瘻性頭痛につき、頭痛が外傷の時期に一致して発現したことが診断基準の一つとされていることからすると、少なくとも頭痛が外傷受傷後、短期間のうちに発現することが脳脊髄液減少症の罹患における判断の重要な考慮要素と認めるのが相当である。

(3)　ア　原告は本件事故から3日後に、こいし整形外科を受診したが、背部痛のほかは起立性頭痛、倦怠感の随伴症状を訴えなかった。その後、原告は平成27年6月22日に左股関節痛のために、こいし整形外科を受診するまでの約9か月間、医療機関を受診しなかった。すなわち、原告が頭痛を訴えていることを裏づける客観的な証拠は本件事故直後から約9か月間につき存在しないことがうかがわれる。

　次に、原告は平成27年6月30日、加納渡辺病院を受診して頭痛を訴えたほか、同年7月28日に岐阜市民病院を受診した際にも頭痛を訴え、その後の診療でもしばしば頭痛を訴えていた。もっとも、これらの頭痛については体位の変化に伴って症状が増悪、あるいは緩和する起立性頭痛であることをうかがわせる事情は認められない。

　他方、本件事故発生から約2年以上が経過した中京病院および熱海病院の診療録には、本件事故後から倦怠感や起立性頭痛の症状があった旨の記載が認められる。しかし、これらの記載は本件事故直後ではなく、本件事故から

相当期間経過した後に作成されたものであるうえ、原告が本件事故後に、こいし整形外科を受診してから約9か月もの間、医療機関に受診していないことと整合しない内容である。また、原告の加納渡辺病院および岐阜市民病院における診療経過をみても同様の記載が一切見られないことも踏まえると、唐突な記載であり、不自然である。

　したがって、中京病院および熱海病院の診療録の記載によって本件事故発生直後から起立性頭痛および倦怠感等の症状が原告にあったと認定することはできない。

　この点、原告は本件事故発生後である平成27年9月下旬頃から同年10月初旬頃に起き上がると常に頭痛の症状が出るようになった旨を供述するが、その頃に医療機関を受診して、その旨の主訴が記録された事実が存在しないことは上記の判断を覆すに足りない。

　イ　そうすると、原告に起立性頭痛の症状が発現したと診療録上、明らかに認められるのは本件事故から約2年6か月後の平成29年3月2日である。なお、中京病院の平成28年10月20日付け診療録には起立性の頭痛ありとの記載が存在するから、同日の時点ですでに起立性頭痛が発現していた可能性も考えられる。

　しかし、いずれにしても本件事故から少なくとも2年以上経過した時期に初めて起立性頭痛が発現したことに変わりはないことからすると、原告に発現した起立性頭痛と本件事故との間に有意な関連性があるとは認められない。

　ウ　この他に、原告は複数の医療機関で平成27年6月27日頃から倦怠感、頭痛（起立性のものを除く）の症状があることを一貫して訴えている。しかし、これらの症状も本件事故から約9か月後に発症していること、原告には本件事故前から倦怠感が持続する症状が認められていたことを踏まえると、やはり本件事故との関連性は乏しいといわざるを得ない。

　エ　以上からすると、原告の診療経過において脳脊髄液減少症の症状である起立性頭痛および倦怠感の随伴症状は認められるが、いずれも本件事故から相当期間経過後のものであるから、本件事故との間に有意な関連性は認め

られない。

　さらにいえば、<u>脳脊髄液漏出は軽症から中等度の頭頚部外傷後、激しいス</u><u>ポーツ、咳き込み、いきみ、尻もちなど日常的な出来事でも発症する場合が</u><u>あり、小児は成人より脳脊髄液減少症の発生頻度が高いと考えられている</u>ことを併せ考えると、<u>原告が小学校3、4年の頃から中学校入学時頃までの間、</u><u>ダンスやハンドボールをしていたことが原因で脳脊髄液漏出を招いた可能性</u><u>も皆無であるとはいえない。</u>

　オ　これらを総合すると、本件事故と原告の脳脊髄液減少症との間に因果関係を認めるに足りる証拠はないというべきである。

　(4)　原告は、診療録に起立性頭痛の記載がないのは病院側の脳脊髄液減少症の認識が乏しく、起立性頭痛が見過ごされたためであると主張する。しかし、原告は本件事故発生後から起立性頭痛に悩まされており、受診したすべての病院で起立性頭痛を訴えてきた旨を供述するが、仮に病院側の脳脊髄液減少症に対する認識が乏しかったとしても、診療録には起立性頭痛との記載や起立性頭痛という表現が用いられなくとも、体位の変化による頭痛発現の事実に関する記載がなされるのが自然と考えられる。しかしながら、起立性頭痛に関する診療録上の記載が認められるのが、平成29年の中京病院の診療録以降であることからすれば、起立性頭痛が見過ごされたという原告の主張は採用できない。

　そのほか、原告は脳脊髄液減少症につき外傷を契機に発症する場合が70％以上であることや、本件事故により原告の背部に相当の衝撃があったことも主張するが、採用できない主張である。

3　神戸地方裁判所 令和4年11月30日判決（持久走）

主文

・被告は、原告P1に対し、1961万8807円を支払え。

・被告は、原告P2に対し、110万円を支払え。

・原告らのその余の請求をいずれも棄却する。

・訴訟費用はこれを4分し、その1を被告の負担とし、その余を原告らの負担とする。

事案の概要

　平成26年1月9日、被告が設置管理する三木市立緑が丘中学校（以下「本件中学校」）の1年生であったP3が、2限目（午前9時50分から午前10時40分まで）の体育の授業で行われた持久走（以下「本件持久走」）終了後に、本件中学校の校舎4階の教室の窓から中庭に転落し、死亡する事故が発生した（以下「本件事故」）。

　本件は、P3の相続人（母）である原告P1ならびにP3の祖父母である原告P4および原告P2が、〔1〕本件事故の原因はP3が本件持久走により熱中症を発症して、意識障害またはせん妄状態を生じて異常行動をとったことにあるところ、本件中学校の体育教諭には持久走計画策定段階において、〔ア〕生徒に対する事前の教育指導や休憩・水分補給場所確保といった熱中症予防のための準備義務違反、〔イ〕本件持久走実施時の監督態勢構築義務違反の各過失があり、また、〔2〕本件持久走後P3には発熱による意識障害またはせん妄状態が生じ、これによる異常行動もあったことから、その生命または身体に危険が生じることが予見できたところ、体育教諭らにはP3を保健室に連れて行き、保護する義務を怠った過失があり、これらの各過失により本件事故が発生したと主張して、被告に対し、国家賠償法1条1項または在学関係上の安全配慮義務違反に基づく損害賠償請求として、原告P1については合計5956万2399円を、原告P2については合計2200万円の支払いをそれぞれ求める事案である。

前提事実

・当事者

　ア　P3は平成13年生まれの本件事故当時12歳の男子であり、本件中学校の1年3組に在籍していた。

　原告P1はP3の母親であり、原告P2はP3の祖母で、P3の祖父であるP4の妻である。なお、P4は令和3年6月13日に死亡した。

　イ　被告は兵庫県三木市に所在する本件中学校を設置管理する地方公共団体である。

・本件中学校の施設

　ア　本件中学校の施設の配置

　本件中学校の外周南側には正門と南西門があり、東側には東門がある。中央付近に生徒昇降口（以下「昇降口」）があり、校舎にかぎ型に囲まれた部分には中庭がある。

　なお、校舎がある東側敷地とグラウンドがある西側敷地には高低差があり、グラウンド側敷地の方が低いが階段で行き来できるようになっている。

　イ　校舎の構造

　㋐　本件中学校の校舎は4階建であり、主に各学級の教室がある普通教室棟と理科室や音楽室がある棟（以下「別棟」）があり、両棟は各階渡り廊下で接続されている。

　㋑　校舎1階の西側には昇降口があり、普通教室棟1階には保健室がある。普通教室棟4階にはP3が在籍していた1年3組の教室（以下「本件教室」）があり、別棟4階には音楽室がある。

　ウ　本件教室の窓の構造

　㋐　普通教室棟4階には同棟の北側に廊下が、南側に1年生全4学級の教室があり、各教室の中庭に面している壁には左右開閉式の窓が4か所設けられている。各窓は教室の床から76cmの高さに設置され、その開口部は縦約76cm、横約68cmであり、窓枠下部から高さ26cm（床から102cm）と同46cm（同122cm）の2か所に転落防止用の手すりが設置されている。また、各窓が設置されている外壁には庇が設けられている。

　㋑　P3が転落した窓も上記と同様の構造であり、本件事故当時、同窓の直下に足掛かりになるような物はなかった。

・本件持久走の概要

　ア　本件持久走の内容

　本件持久走は平成26年1月9日の2限目（午前9時50分から午前10時40分まで）の体育の授業で行われ、その内容は1周が約780mの本件中学校の外周を反時計回りに4周（約3km）走るというものであった。なお、本件中学校の外周を反時計回りに走る場合、本件中学校の西側と南側の進路は若干の上り勾配、東側と北側の進路は若干の下り勾配となる。

　また、同授業を担当していたのは当時、本件中学校の体育教諭であった亡

P5と体育臨時講師であったP6の2名であった。
　イ　実施状況
　㋐　午前10時過ぎ頃、男子は南西門付近から、女子は東門付近から同時に
スタートした。
　㋑　P3は男子の最後尾を走り、最も早い生徒とは周回遅れで、すぐ前の
生徒からも半周程度は遅れていたが、午前10時30分を過ぎて外周の南西角
付近でゴールし、午前10時37分頃、P5から「先に戻って授業を終わらせて
くるから正門から帰ってきたらいい」と声をかけられた。
　㋒　午前10時40分頃、P5は昇降口付近に戻り、P3以外の生徒らと授業
終了の挨拶をした。その後、P5はP6とともに3限目の2年生の体育の授
業のため昇降口付近で待機していた。

・本件事故の発生
　ア　午前10時45分頃、P5はP3が昇降口に向かって歩いているのを見
て、同人に対し「大丈夫か」と声をかけ、体調が悪ければ保健室に行くよう
に指示した。この際P3の着用していた体操服には汚れがついていた。
　イ　P3はその後、普通教室棟4階の本件教室まで移動し、午前10時52
分から午前10時55分頃までに同教室の窓から中庭に転落し、うつぶせの状
態で倒れた。

・本件事故発生後の経緯
　ア　救護活動の状況
　㋐　上記時刻頃、下の階で授業を受けていた生徒が転落に気づき、授業を
担当していた数学教諭に知らせた。同教諭はP3を発見し、携帯電話で救急
車を要請しようとしたが気が動転していて繋がらなかったため職員室に向か
い、行き会わせた校務員が午前10時59分頃、119番に通報した。
　㋑　救急車到着までの間、1年3組の担任であったP7や養護教諭であっ
たP8がP3に対し、AEDによる蘇生措置を実施した。その後、P3は救急
車で兵庫県立三木総合防災公園に搬送され、さらにドクターヘリで兵庫県立
加古川医療センター（以下「加古川医療センター」）に搬送されたが、午後0
時頃、死亡が確認された。
　なお、加古川医療センターでは午前11時56分頃、P3の血液を採取して

検査が実施され（以下「本件血液検査」）、午後0時4分から午後0時12分にかけてCT検査が実施された（以下「本件CT検査」）。

　イ　P3の死因

　死体検案書によれば、P3の死亡推定時刻は同年1月9日午前11時であり、死因は前胸部打撲により左右肺臓を挫傷して気道内出血を起こしたことによる窒息死である。

　また、同日午後4時頃に計測したP3の直腸温度は39度であった。

　ウ　髄液検査の実施

　同月10日、P3の髄液が採取されPCR検査が実施された（以下「本件髄液検査」）ところ、インフルエンザウイルスB型が陽性であった。

・事故調査委員会（以下「本件委員会」）による調査報告書の作成

　ア　三木市教育委員会は本件事故の発生を受け、同月17日、「三木市立中学校における事故調査委員会設置要綱」を定め、これに基づき、本件事故の原因を究明するため、第三者委員会として本件委員会を設置し、弁護士、医師および教育関係者の3名に委員を委嘱した。

　イ　本件委員会の委員長は同年2月14日以降、本件事故の原因を究明し再発防止策を検討するため、本件中学校の生徒およびその保護者を対象に本件事故発生日のP3の様子について知っていることを質問事項としたアンケート（以下「本件アンケート」）を実施した。

　ウ　本件委員会は、一般財団法人Ai情報センターに本件CT検査で撮影された画像の読影を依頼した。同センターは同年3月3日付け、画像診断報告書（以下「AiCTレポート」）を作成した。

　エ　本件委員会は、本件事故に関する事実関係や事故原因をとりまとめ、平成26年6月20日付けの調査報告書（以下「本件報告書」）を作成した。

　本件報告書は本件事故の原因の結論として、第三者がP3を故意に転落させたことや自殺は考えられず、医学的な検査結果を踏まえれば、インフルエンザの何らかのウイルス性疾患の脳症状である異常言動によって発生したと考えられるが、本件中学校の安全管理および保健管理に問題があったとはいえないと判断している。

[争点]

・争点1（本件持久走計画策定段階における過失の有無）について
・争点2（本件持久走実施後にP3を保護する義務の有無）について
・争点3（音楽教諭の注意義務違反の有無）について
・争点4（本件中学校の教諭の過失と相当因果関係のある損害の発生および数額）について

[当裁判所の判断]

・認定事実

(1)　P3の体格、健康状態

　ア　平成25年10月時点のP3の身長は168.9cm、体重は99.4kgであり、また死亡時の体重は104kgであった。

　イ　P3に大きな病歴はなく、小学校5年生までは無欠席であった。小学校5年生以降に発熱することはあったが、学校を休むことは少なかった。

　ウ　P3は3歳からスイミングスクールに通っており、大会にも出場したことがあり、本件中学校では水泳部に所属して日々の練習に取り組んでいた。

　P3は本件事故が発生する前の冬休み期間中、平成26年1月5日にクラブの泳ぎ初めに参加したが、それ以外は特に運動していなかった。

(2)　本件事故当日朝のP3の状況および授業日程

　ア　本件中学校では、冬休み終了後の平成26年1月7日に始業式が行われ、翌8日には学力試験、翌9日には各教科の試験の返却、持久走、音楽のテストを行うことが予定されていた。

　イ　同月9日朝、P3は自宅でいつも通りに朝食を食べ、原告P1からみて特に変った様子はなかった。また、原告P2は車でいつも通りにP3を自宅まで迎えに行き、本件中学校の近くまで送った。P3は車内でも元気でよく喋っており、原告P2からみて特に変わった様子はなかった。

　ウ　P3は午前8時過ぎ頃に登校した。1年3組の担任教諭のP7は午前8時35分頃から朝のホームルームを5分間実施して健康観察を行ったが、その際P3からは体調不良の申出はなく、その後、午前8時50分から午前9時40分まで1限目の国語の授業が行われたが、それまでの間、P3に特に変わった様子は見受けられなかった。2限目（午前9時50分から午前10時40分まで）には1年3組・4組合同の体育の授業として本件持久走が実施され

た。3限目（午前10時50分から午前11時40分まで）には音楽の授業が予定されており、1年3組の生徒は本件教室に戻って着替えをした後、同階別棟にある音楽室に移動することとなっていた。

(3) **本件事故当日の三木市内の天候**

平成26年1月9日午前9時50分から午前11時00分までの三木市内の気温は6.4℃～7.4℃であり、雨は降っていなかった。

(4) **本件事故発生の経緯**

　ア　本件持久走開始前の状況

同日午前9時50分頃、生徒らは昇降口付近に集合し、グラウンドが前日の雨でぬかるんでいたため、正門までの軽いジョギングを2往復、縄跳び、柔軟、腹筋の運動を約10分間行った。P3は本件持久走開始前には体調不良を訴えておらず、P5およびP6からみて体調が悪い様子も見受けられなかった。また、P5らは生徒らに対し、途中でしんどくなったら申し出るように伝えていた。

　イ　本件持久走実施時の状況

　(ア)　午前10時過ぎ頃、P3は南西門付近からスタートした。本件持久走の実施中、P5が外周の南西角、P6が外周の北東角付近に立って、生徒らが一生懸命に走っているか、倒れている生徒がいないかを見ていた。

　(イ)　P3は最も早い生徒とは周回遅れとなり、最後から2番目の生徒からも半周程度遅れていた。P3は、しんどそうな様子で歩くのと変わらないくらいの速度ではあったが、P6からみて一生懸命走ろうとしており、頑張れという同人の声かけにも無心で走っている様子であった。

　なお、P6はP3が4周目の北東角付近を通過した後、本件中学校の敷地内に戻って女子生徒の集合場所へ行き、女子生徒らに整理体操をさせた。

　ウ　P3のゴール直後の状況

　(ア)　P3は午前10時30分を過ぎて外周4周を走り終え、南西角付近でゴールした。この時点では、P3は半袖シャツと半ズボンを着用しており、P5はそれらが汚れていないのを見た。P5はP3と南西門付近まで一緒に歩いて戻り、P3に対し「大丈夫か」と声をかけたところ、P3は「大丈夫です」と答えた。

　㈣　P5は午前10時37分頃、P3に対し「先に戻って授業を終わらせてくるから、正門から戻ってきたらいい」と声をかけ、P3は「ありがとうございます」と答えた。この時点では、このときP3の長袖上着および長ズボンは南西門の門扉にかけられたままであった。

　㈥　P3は南西門からグラウンド内に入り、コンクリートと雨でぬかるんだ地面の境付近に座り込んだ。P5はP3との別れ際に同人が座り込む様子を見た。

　㈦　P3はP5が立ち去った後、雨でぬかるんだグラウンドの地面に着ていた体操服が触れるような場所で仰向けやうつぶせの体勢で寝そべった。

　エ　P3が本件教室に戻るまでの経緯

　㈠　午前10時40分頃、P5は昇降口に戻ってP3以外の生徒らと授業終了の挨拶をし、その後、P6とともに3限目の2年生の体育の授業のため昇降口付近で待機していた。

　㈡　P3は南西門付近から真っ直ぐ昇降口には向かわず、正門またはそれを行過ぎて東門から本件中学校敷地内に入った後、同敷地の東側にある体育館、金工室および体育館の北側にある職員駐車場付近を歩くなどしてから昇降口へ向かった。

　㈢　午前10時45分頃、P5らはP3が半袖シャツと長ズボンを着用し、手に長袖上着を持ちながら正門の方角から歩いて来るのを確認した。

　㈣　P5はP3を追いかけ、昇降口付近において同人に対し、「大丈夫か」と声をかけると、P3は「大丈夫です」と答えた。また、P5がP3に対し、「しんどなったら保健室に行ったらいいからな。保健室には言っとくから」と伝えたところ、P3は「ありがとうございます」と答えた。この際、P3は近くにいたP6から見て、疲れている様子であった。

　㈤　このときP3の着用している半袖シャツおよび長ズボンは前面および背面ともに雨で湿った土が付着して泥だらけになっていた。P5はP3の衣服が汚れているのを見て、P3が本件持久走後に疲れて寝転んだのであろうと考えた。

　㈥　午前10時46分頃、P5は養護教諭のP8に携帯電話をかけて、P3が保健室に行く可能性があることを伝えようとしたが繋がらなかった。そこで、P5は昇降口を通って中庭に行き、保健室の窓からP8に対しP3が保健

室に行くかもしれない旨を伝えた。なお、P8は本件中学校の前にP5と同じ中学校に勤務しており、その勤務当時2回ほどP5から生徒が保健室に行く旨の事前連絡を受けたことがあった。もっとも、本件中学校でP5からそのような連絡を受けたのは本件が初めてであった。

　㈮　P3は3限目の体育の授業で昇降口付近に集合していた2年生の生徒から、「ドロドロやんか」、「どうしたんだ」と声をかけられたが、「気づいたらこうなった」という趣旨の発言をしたり、ぶつぶつ独り言を言ったり、薄笑いを浮かべたりしていた。P3は上履きを履かずに4階へと上がっていった。

　　オ　本件教室でのP3の状況

　㈠　午前10時48分頃、P3は本件教室に戻った。1年3組の生徒らはP3の体操服が泥まみれであったことから同人に対し、「どうしたん？」、「大丈夫？」と声をかけたところ、P3は「気づいたから大丈夫」という趣旨の発言を何度も繰り返した。また、このときP3は震えている様子であった。

　㈢　P3以外の生徒らは3限目の音楽の授業に向かうため別棟4階の音楽室に移動し、午前10時52分以降、本件教室にはP3が一人残った。

　　カ　本件事故の発生状況

　㈠　P3は午前10時52分から午前10時55分頃までの間に、床からの高さ122cmの転落防止用の手すりを乗り越え、窓の外側に出て下の階の窓の庇に足を着けるなどした後、中庭に転落した。なお、本件事故発生時のP3の服装は上半身が肌着、下半身は体操服の半ズボンに靴下であった。

　㈢　P3の使用する机は廊下側から2列目の教卓側の一番前の席であった。その机には長袖上着が置いてあり、机の横には長ズボンが落ちていた。また、机と転落した窓の間の床には廊下側から窓側に向かって裏返しになった半袖シャツ、制服のズボンが順に落ちていた。

　　キ　P8の行動

　㈠　午前10時50分頃、P8はP3が保健室に来ないことから、保健室を出て本件教室まで様子を見に行くこととした。

　㈢　P8は本件教室に向かう途中、各階の男子トイレを確認しながら4階

まで上がり、午前10時55分頃に本件教室に入ったが、教室内には誰もいなかったため同教室を出た。

　ク　音楽教諭の行動

　1年3組の音楽の授業を担当していた非常勤講師は、同組の大半の生徒が3限目の始業時までに別棟4階の音楽室に来ていなかったことから同教室の入口で遅刻してきた生徒をチェックしていたところ、P3の様子を見た一部の生徒らが、「泥まみれだった」、「体調が悪そうだった」、「しんどそうだった」と言いながら入ってきた。そこで、同講師は別棟の廊下に出て様子を見に行ったが、P3の姿は見当たらなかったため音楽室に戻った。

⑸　P3の衣服の汚れの状況

　原告P1はP3の死亡後、加古川医療センターから透明な袋に入った状態でP3が本件事故当時に着用していた衣類（肌着、半ズボンおよび靴下）を受け取った。また、原告P1は本件中学校からP3の荷物を取りに来るようにとの連絡を受け、本件事故後一つの袋にまとめて入れられていたP3の体操服（半袖シャツ、長袖上着、長ズボン）を受け取った。その日またはその翌日、原告P1の妹はP3の体操服を写真撮影したところ、その具体的な状態は以下のとおりであった。

　ア　半袖シャツ

　半袖シャツは前面の胸部から腹部付近にかけて泥汚れが付着しており、中央から右腹部側により多く付着している。背面にも全面的に泥汚れが付着しており、右側により多くの汚れが付着している。

　イ　長袖上着

　長袖上着の前面には胸部付近、襟および両袖に全体的に泥汚れが付着している。背面は前面よりも汚れが少ないものの、右肩部分や襟の下部分に汚れが付着している。

　ウ　半ズボン

　半ズボンの前面には左側の腰部分から裾にかけて泥汚れが多く付着し、右側の内股部分にも泥汚れが付着している。背面は汚れが少なく、右側に少し付着している。

　エ　長ズボン

　長ズボンの前面には左右の腰部から大腿部や膝部分にかけて多くの泥汚れ

が付着している。また、背面には腰部から臀部付近に全面的に泥汚れが付着しており、左右の大腿部付近の側面にも付着している。

(6)　本件中学校の保健管理態勢

本件中学校では、毎朝のホームルーム時に生徒一人ずつの健康観察を必ず行い、担任教諭が確認した後、その結果を保健室に報告する流れになっている。また、体調不良時には生徒からその旨の訴えがあった場合や担任教諭が保健室に行く必要性があると判断した場合に、その生徒が独力で保健室に行くことが可能であれば、その生徒のみを保健室に行かせ、独力で保健室に行くのが難しいようであれば、付添の者がその生徒を保健室まで連れて行くことになっている。

(7)　本件事故の原因に関する本件委員会の検討

本件委員会は何らかのウイルス性疾患の脳症状である異常言動によって本件事故が発生したと判断しているが、その理由はおおむね以下のとおりである。

　ア　相当な高熱が出ていたと考えられること

P3の本件事故時の体温は41.1℃であると考えられる。30分間の持久走後には深部体温が39℃程度に上昇するが、本件事故は本件持久走終了から約15分経過後に発生しており、深部体温は下降途中であり、肥満により下降速度が遅いことを考慮しても、本件事故時の体温は38℃程度となるはずである。したがって、本件持久走による生理的な体温上昇という仮定は本件事故時の体温と矛盾するものといえるため、何らかの疾患による病的な高熱であると考えなければ説明がつかない。なお、発熱が始まったのは本件教室内でP3が震えていたとの目撃があり、これが発熱初期にみられる悪寒戦慄と考えられること、昇降口付近でP3が震えていたとの目撃はないことから、P3がP5と別れて校舎内に入り、本件教室に向かって階段を昇っていた頃であると推察される。

　イ　本件血液検査の結果がウイルス感染を示唆していること

本件血液検査の結果については、白血球のうち好中球減少とリンパ球が著明に増加していることが特徴的であり、これはウイルス感染が強く示唆される所見である。また、炎症反応CRPが軽度上昇している点もウイルス感染の初期にみられる所見である。

　ウ　AiCT レポートが脳の浮腫を示唆していること

　AiCT レポートでは、転落したことによる多発外傷の影響とは無関係と思われる所見として「脳白質/灰白質境界、脳溝それぞれの不明瞭化が、死後 1 時間の経過にしては目立つ」ことが指摘されている。これは死亡前にすでに脳の浮腫が起きていたことを示唆するものであって、本件事故直前の P 3 の脳には何らかの炎症による病変があったことが推測される。

　エ　病理検討の結果

　中枢神経系 11 か所の標本を作成し、病理専門医に病理検討を依頼したところ、中枢神経系に明らかな炎症細胞浸潤は認められず、浮腫の所見のみであり、これはウイルス性脳症としても矛盾しない所見である。また、明らかな炎症の根拠には乏しいが、脳炎のごく初期である可能性は否定しきれない所見であった。

　オ　P 3 に異常言動があったこと

　P 3 の異常言動としては、〔1〕上履きを履かずに教室へ戻ったこと、〔2〕他の生徒から声をかけられた際に「わかっているから大丈夫」「気が付いたから大丈夫」と意味不明のことを何度も繰り返しつぶやいていたこと、〔3〕明らかに音楽の授業に遅れるタイミングで行動していたこと、〔4〕胸の高さまである防止柵を乗り越えて能動的に窓から飛び降りていることの 4 点が確認された。なお、P 3 の体操服が泥だらけになっていたことは、持久走後に寝転ぶことはあり得るから異常言動とはいえないと思われる。

　カ　インフルエンザによる異常言動の可能性

　㋐　異常言動という脳症状がみられるウイルス性炎症性疾患としては、インフルエンザ（脳症）、ウイルス性脳炎・脳症、急性辺縁系脳炎、ウイルス性急性胃腸炎に合併する脳炎・脳症の 4 種類にほぼ限られる。保存された血液、髄液を用いた複数種類の検査では、明らかな原因ウイルスが同定できるような検査結果は得られなかった。

　㋑　上記 4 種類のうち、急性辺縁系脳炎およびウイルス性急性胃腸炎に合併する脳炎・脳症については、異常言動発現までの経過から、可能性は限りなく低いと考えられたのに対し、本件事故当日が冬で、三木市内では平成 26

年12月からインフルエンザが発生していたことから、インフルエンザ（脳症）による異常言動の可能性が強く疑われる。インフルエンザは痙攣、意識障害など、中枢神経に悪影響を及ぼす疾患であり、特定の抗インフルエンザ薬使用の場合のみに限らず、インフルエンザの罹患自体によっても異常言動が認められることがあり、インフルエンザ脳症の初期症状として異常言動がみられることもあるが、脳症に進展しなかった症例の中にも異常言動がみられることがある。本件は厚生労働省科学研究「インフルエンザ様疾患罹患時の異常行動研究」報告書の〔A〕インフルエンザ様疾患の臨床的特徴のうち、突然の発現、高熱（38℃以上）、全身倦怠感の全身症状、〔B〕重度の異常な行動（飛び降り）、〔C〕〔B〕の行動をしたインフルエンザ様疾患症例の特徴のうち男児に多いこと（約80%）、年齢が高いこと（中央値9～10歳）、体温が高いこと、発生時期は発熱24時間以内が多いこと、抗インフルエンザ薬未使用の場合（約20%）といったインフルエンザによる危険な異常行動（飛び降り）をとった症例に共通する点が多々あることから、インフルエンザに感染して急激な高熱が出現し、異常言動を来した可能性が考えられる。

(8) **本件事故の原因に関するP9医師の意見（以下「P9意見」）**

　P9医師は原告らから依頼を受けて本件事故の原因に関して検討を行い、平成28年6月28日付け「三木市立緑が丘中学校転落死亡事故に関する意見書」および平成30年3月13日付けの「三木市立緑が丘中学校転落死亡事故に関する意見書（第2報）」を作成した。その内容はおおむね以下のとおりである。

　ア　熱中症について

　(ｱ)　熱中症の発症には環境の因子、労働やスポーツの強度、個体要素が関係しており、ある一つの因子が大きいと他の因子が強くなくても発症しうると考えられている。症例は多くはないが、熱中症診断ガイドライン2015では冬場のスポーツでも熱中症による死亡例がある旨の報告がなされている。11月の気温16℃で行われた10kmの長距離走や11月に行われた9kmのロードレースで熱中症が発症した事例もある。

　(ｲ)　意識障害は、何か少し言動がおかしいということから昏睡（最も重度）まで含む幅広い概念である。JCSは意識障害を〈1〉：刺激しなくても覚醒している状態、〈2〉：刺激すると覚醒するが刺激がなくなると寝てしまう状態、

〈3〉：刺激しても覚醒しない状態の3レベルに分類し、各レベルの中でさらに3段階に分かれている。他方で、せん妄は注意力の障害や意識の障害が短期間の間に発生して、短期間の間に重症度が変化するということを意味している。せん妄も意識障害を伴うが、単なる意識障害とは短期間で発症・変動する点が異なる。

　(ウ)　異常行動とは意識障害、幻覚・妄想、病的感情によって起こる異常な行動のことを意味する。熱中症の場合でもせん妄による異常行動が生じることはあり、熱中症の脳神経障害では幻覚・妄想を伴うせん妄状態や奇異行動を前駆行動とすることが少なくないとされている。

　イ　本件は熱中症による異常言動により発生した

　(ア)　本件事故時のP3の深部体温は41.1℃であったと推測される。P3は体重104kgの肥満体型であり、冬期休暇を終えて運動に慣れていないなか、初めての持久走を行ったもので、熱中症を発症しやすい状況にあった。特に肥満の場合、重く大きな身体を動かすのに循環器・呼吸器系および運動器に過大な負荷がかかるため、通常人には軽い運動強度でも肥満小児には高強度にあたることもある。そのうえ、熱産生も多く、皮下脂肪のため、うつ熱しやすい。そのため、本件持久走が1月の気温4.3℃～6.1℃の環境で行われたとしても熱中症が起こりうる。

　(イ)　心肺停止後、短時間内に採血された血液を用いた本件血液検査ではP3が本件事故前に著明な肝機能障害を起こしていたということができ、熱中症を発症していたことを示唆する所見である。

　(ウ)　P3は本件持久走を「しんどそう」に走っており、持久走後の異常行動として、ぬかるんだ地面に倒れて、体操服が前後ともに泥だらけになったにもかかわらず、これに対しては無頓着であること、本件持久走を非常に疲れた状態で走っていたにもかかわらず、南西門から昇降口に戻ってくるまでに遠回りをしていること、昇降口付近で3限目の2年生の生徒らとすれ違う際に異常に疲れた様子で薄笑いを浮かべたり、ぶつぶつと独り言を言ったりしていたこと、上履きを履かずに本件教室に向かったこと、本件教室では「気が付いたから大丈夫」という言葉を連呼していたことが挙げられる。これらを整理すると、P3は本件持久走中にかなりの疲労状態になり、本件持久走直後には、すでに正常な判断ができない状態、意識障害があったと思われ、

その後「飛び降りる」という突発的な行動を起こしたと考えられる。なお、本件報告書によれば、P3はP5から話しかけられた際「大丈夫です」と答えたとされているが、意識障害が生じている状況で、状態が改善していなくとも、話しかけられた時だけ我に返ったように受け答えをすることはあるため、意識障害があったことと矛盾しない。

　(エ)　このように、P3の個体要因、「著明な疲労感（熱中症の症状）」から「意識障害・せん妄、異常行動（熱中症の症状）」へと変化した症状の経過、肝機能障害、横紋筋融解症の検査結果を踏まえれば、冬季である点でかなり特異なケースであるものの、P3は本件持久走中に熱中症を発症した可能性が高いといえる。

　ウ　インフルエンザの可能性が低いこと

　(ア)　インフルエンザでは初発症状として発熱の頻度は高く、悪寒を伴う高熱が急に出現するが、高熱以外に咳嗽や鼻汁などの随伴症状を伴うことが多く、異常行動の時にはそれらの症状がみられる頻度は高くなる。異常行動は少なくとも発熱から数時間は経過して起こる。したがって、本件持久走前（1時間前）にまったく症状のなかったP3に、持久走中に急にインフルエンザの症状が出現し、異常行動を来したとは考えにくい。

　(イ)　P3は本件髄液検査でインフルエンザウイルスB型が陽性となっている。PCR検査は特異度も感度も高い検査法であるが、少量のウイルスが混じっても陽性となるものでコンタミネーション（混入）の可能性がある。また、インフルエンザ脳炎の場合、髄液を用いたPCR検査の結果はほとんど陰性であり、平成26年1月当時の兵庫県内でインフルエンザB型が流行していなかったことからも、同検査結果は誤りである可能性が高い。

　(ウ)　AiCTレポートは外傷性の変化の可能性をまず指摘するものに過ぎない。4階から転落すれば縦隔挫傷・腸間膜挫傷が生じるのは当然であり、臨床経過からみて本件持久走開始前に症状のなかったP3がリンパ節炎を起こしていたとは考えにくい。

(9)　P9意見に対するP10医師の意見

　P10医師は被告から依頼を受け、平成29年7月8日付け「意見書」、平成30年7月1日付け「意見書」を作成し、本件事故発生の原因としては発熱を伴うインフルエンザしか考えにくく、熱中症が発症したとは到底考えられな

いとの意見を述べる。その要旨は、以下のとおりである。

ア 暑熱環境

熱中症は暑熱環境や運動の影響で体内での熱産生が熱放散を上回り、深部体温が上昇することにより発症するところ、P9意見はP3が熱中症を発症したとしながら暑熱環境について一切触れていない点で問題がある。本件では、冬の気温10℃以下の屋外で約3kmを45分程度のランニング（普通に歩く速さ）を行ったものであるが、P3が肥満体型であったとはいえ、このような運動で「熱産生＞熱放散」となり、体温が41℃まで上昇することは常識的に考えられない。文献上たしかに、夏でなくても熱中症を発症する場合が稀にあるが条件は限られている。

このことから、真冬のランニングでは体温上昇すら起こらないことは明らかであり、インフルエンザにより体内環境の体温上昇が生じ、41℃程度に達したとしか考えられない。ただし、いつから発熱があったかまでは判断できない。

イ 本件血液検査の結果

P9医師は本件血液検査の結果について、死亡時に少なくとも腎機能障害、肝機能障害を認めていたと考えられ、ミオグロビンの上昇、トロポニンＩの上昇も一定の生前病態を反映していた可能性があるとして、同結果は熱中症を発症していた所見であるとするが、同意見のうち「熱中症を発症していた」という点を「41℃以上の体温上昇」と読み替えれば、この指摘は是認できる。ただし、その原因は熱中症ではなくインフルエンザによる発熱である。

ウ P3の異常行動

P9医師は、熱中症によりせん妄状態になり、異常行動をとる場合があると指摘する。たしかに、熱中症による体温の異常上昇があればその原因に関係なく、せん妄がみられるものの、熱中症でせん妄がみられた症例の中に真冬に発症した例はない。仮に、P3にみられた異常行動の原因がせん妄であったとしても、それはインフルエンザによる高熱が原因であって熱中症が原因ではない。

・争点1（本件持久走計画策定段階における過失の有無）について

(1)　P3の熱中症発症の有無

　原告らはP9意見に基づいて、P3が本件持久走中に熱中症を発症して高熱に伴う意識障害を生じたとして、P5らに本件持久走計画策定段階における過失があると主張する。

　しかし、本件髄液検査の結果、インフルエンザウイルスB型が陽性となっていることに加えて、P10医師の意見書の記載内容によれば、当時のP3の状態や本件血液検査および本件CT検査の各結果は本件事故発生当時、P3がインフルエンザウイルスに罹患していたとして矛盾しない。そして、本件持久走の実施時期や当日の気温からみて本件持久走中やその終了後にP3が暑熱環境下に置かれていたとは認められず、そのような環境のもとで熱中症を発症することは稀であると考えられることなどに照らせば、P3はインフルエンザウイルスに罹患し、これによる発熱で約41.1℃まで体温が上昇し、高熱による異常行動を起こして本件事故に至ったと認めるのが相当である。

　これに対し、P9意見は本件髄液検査の結果についてコンタミネーションの可能性を指摘するが、具体的な根拠を伴うものとはいい難い。また、P3の年齢や同人が肥満体型であったことを踏まえても、上記の環境下で実施された本件持久走の運動強度が冬場に熱中症が発症した事例としてP9医師が挙げるものと同程度に高かったとただちに認めることもできない。したがって、P9意見に基づきP3が熱中症を発症していたとの原告らの主張は採用できない。

(2)　本件持久走の計画策定段階の義務違反の有無

　原告らはP3が本件持久走中に熱中症を発症したことを前提として、〔1〕熱中症対策（指導や休憩・水分補給の場所の確保）を講ずる義務、〔2〕体調不良者をただちに保護できる監視態勢を構築する義務の各違反があると主張する。

　しかしながら、本件持久走の実施の時期や内容からみて熱中症が発症することは稀であると考えられることからすれば、P5らに本件持久走の実施を計画するに際して上記〔1〕の熱中症対策を講じる義務があったとはいえず、また本件持久走実施時の監視態勢に不備があったともいえない。

　したがって、原告らの主張は採用できない。

・争点2（本件持久走実施後にP3を保護する義務の有無）について
(1)　判断枠組み

　　ア　原告らはP5とP3が昇降口付近で会話をした時点でP3に意識障害が生じていたから、P5には遅くとも同時点でP3を一人にせず保健室に連れて行く義務があったと主張するのに対し、被告は〔1〕同時点でP3に意識障害が生じていたことを争い、〔2〕仮にP3に意識障害が生じていたとしても、P5においてP3に付き添って保健室に連れて行かなければ重大な結果が生じることまでは認識できなかったと主張する。

　　そこで、以下では〔1〕客観的に同時点でP3に意識障害が生じており、保健室に行く必要のある状態であったと認められるかを検討し、これが認められた場合には、〔2〕同時点で通常の体育教諭が学校教諭としての注意義務を尽くせばP3が何らかの体調不良により保健室に行く必要のある状態にあることを認識することができ、P3を一人にせず、保健室に連れて行くとの判断をすべきであったといえるかについて検討する。

　　イ　なお、本件事故はP3が本件教室において、転落防止用の手すりを乗り越えて窓の外に出るというP3の異常行動によって発生しており、通常このような事故が発生することを予見するのは困難である。

　　もっとも、過失とは結果回避義務に違反したことをいう。結果発生の具体的危険の予見可能性が要求されるのは行為者に対し結果回避のための行為をすることが期待可能な状況が存在しなければ発生した結果について帰責することができないためである。本件で原告らの主張する結果回避義務の内容は、意識障害の生じているP3を一人にせず、保健室に連れて行き、養護教諭に引き渡すというものである。学校教諭において、担当する生徒に意識障害が生じていることが認識できれば、その生徒を一人にしてその行動を監視しえない状況下に置けば、その生徒が障害された意識の下で出歩いて転倒したり、階段から転落したりするほか、不穏な行動をとってその生命・身体に危険の及ぶ事態が発生する可能性が当然に想定されるといえる。

　　そうすると、P5においてP3が窓から転落する可能性という具体的な本件事故の発生を予見することまでは不要であり、P3に意識障害が生じており、このまま一人にすればその生命・身体に危険の及ぶ可能性があるという程度の認識で足りると解される。

⑵　昇降口付近でP5とP3が会話した時点におけるP3の心身の状態

　ア　P3の意識障害の有無およびその発生時期

　㋐　本件事故当日、本件持久走開始前までP3に体調不良は見受けられなかった。P3は本件持久走を、しんどそうな様子で歩くのと変わらない速度で走り、午前10時30分過ぎ頃、最後から2番目の生徒からも半周程度遅れてゴールして、P5と南西門付近まで歩き、同所でP5から「大丈夫か」と声をかけられて、「大丈夫です」と答え、P5が同所を離れる際に地面に座り込んでいる。

　このように、P3は30分以上かけて約3kmを完走しているが、そのタイムがP3の通常時の記録とどの程度異なるかは不明であり、P3がしんどそうに走っていたことやゴール直後に座り込んだことも疲労によるものとみて不自然とはいえないから、これらの点からみてただちにP3に意識障害が生じていたと断定することはできない。

　㋑　もっとも、P3はP5が同所を離れた後に体操服が汚れるのを意に介さず、雨でぬかるんだグラウンドに仰向けやうつぶせで寝そべって着ていた体操服の半袖シャツを泥まみれにし、南西門付近から真っ直ぐ昇降口には戻らずに体育館、金工室および職員駐車場付近を歩くなど遠回りをして午前10時45分頃に昇降口に戻っており、昇降口付近ではP3は他の生徒から体操服が泥まみれであることを指摘されると、「気づいたらこうなった」と答え、ぶつぶつ独り言を言ったり、薄笑いを浮かべたりし、その後、上履きを履かずに本件教室に戻っている。

　そして、約3kmを走り終えた生徒が疲労を感じて地面に寝そべるといった行動を取ることはあり得なくもないが、そのような場合でも、通常は雨でぬかるんだグラウンドの地面に身体や衣服が触れることは避けるであろうし、そのような状態の地面にうつぶせのような体勢をとることも通常の意識状態のもとで行うとは考え難い。また、P3が昇降口まで遠回りをしたことも、本件持久走で疲労し、体育の授業終了の挨拶にも間に合っていない状況下での行動であることからすれば、被告が主張するようなクールダウンとして行ったものとは考え難い。そのうえ、P3が昇降口付近で「気づいたらこうなった」、「気づいたから大丈夫」と発言をしていたことからすれば、P3自身なぜ体操服が泥まみれになったのかを理解していなかったと認められる。そして、P3が独り言を言ったり、薄笑いを浮かべたりしていたことや上履

きを履かずに本件教室に向かうという状況に適した行動をしていないことも
踏まえると、P3には昇降口付近でP5と会話をした時点ですでに発熱によ
る意識障害が生じていたと推認される。

　(ウ)　他方で、P3は昇降口付近でP5から「大丈夫か」と声をかけられる
と、「大丈夫です」という趣旨の発言をし、P5から、しんどくなったら保健
室に行ったらいいと言われると、「ありがとうございます」と答えており、そ
の場の状況に応じた受け答えができているようにも思える。しかし、上記の
発言の内容は単純で反射的な返答ともいえ、P9医師も意識障害が生じてい
る状況でその状態が改善していなくとも話しかけられた時だけ我に返ったよ
うに受け答えをすることはある旨を述べていることに照らすと、そのような
受け答えをしたからといってP3に意識障害が生じていなかったとはいえな
い。

　(エ)　午前10時48分頃に本件教室に戻ってからは、P3は1年3組の生徒
らから声をかけられると「気がついたから大丈夫」という趣旨の発言を何度
も繰り返し、身体が震えている状態であり、午前10時52分から午前10時
55分頃までの着替えをしている最中に転落防止用の手すりを乗り越えて窓
の外に出ている。

　このような本件教室内でのP3の言動は明らかに通常の意識状態で行われ
たものとはいえず、同人には発熱による意識障害が生じていたと認められる。
そして、P3がP5と会話をした昇降口付近から本件教室に戻るまでは3分
ほどしか経過していないことからすると、P5と別れた後、P3が4階まで階
段を歩いて昇っていったことを考慮しても、その間のわずか数分のうちにそ
の容態が急激に悪化したものとは考えにくく、昇降口付近でP5と会話をし
た時点においてすでにP3には発熱による意識障害が生じていたとみるのが
自然である。

　なお、意識障害には何か少し言動がおかしいという状態から、最重度の昏
睡状態まで含まれるが、昇降口付近でP3に生じていた意識障害がどの程度
のレベルであったかを厳密に特定するのは困難である。もっとも、P3が体
操服が汚れるのを意に介さず、雨でぬかるんだグラウンドに仰向けやうつぶ
せで寝そべったり、そのような行動をとったにもかかわらず体操服が泥まみ
れになった理由を把握していないこと、昇降口に戻るまでに遠回りをし、昇
降口付近で「気づいたらこうなった」という発言をしたり、ぶつぶつ独り言

を言ったりしていたことからすれば、P3の意識障害の程度は周囲の状況や自身の行動を正しく認識したり記憶したりすることができない程度には悪化していたものと推認される。

　イ　P3の言動に関する原告らの主張について
　(ア)　原告らは被告作成の書面に基づいてP3がゴール直後にP5の目の前で寝そべる状態になったと主張する。しかし、P5からの聴き取り調査を経たうえで作成されたと認められる本件報告書では、P5はP3との会話後にその場を離れる際にP3が座り込むのを見た旨の記載しかない。他方で、上記の書面はP5からの聴き取りをどの程度行って作成されたかは不明であり、その記載内容からも同人の目撃状況は明らかではないから、これらは原告ら主張の事実を認定するに足りない。
　(イ)　また、原告らは生徒らのアンケートに基づきP3が東門から本件中学校の敷地に入った旨を主張し、たしかにアンケートには「公園近くの校門から入ってきた」や「女子のゴールの門から出てきていて、駐車場を歩いていた」との記載がある。しかし、これらの記載をした生徒らの具体的な目撃状況は明らかでなく、P3が東門から入ってきたと認定するのは困難である。もっとも、P3が金工室前や駐車場付近を歩いているのを技術教諭や校務員がみていたことからすれば、P3が昇降口に至るまで遠回りをしたことは明らかである。

　ウ　被告の主張について
　(ア)　被告は〔1〕昇降口付近におけるP3の体操服の汚れについて、泥ではなく砂がついていたにすぎず、汚れの範囲も証拠の写真ほどではなく、体操服が袋に入れられた状態で保管されて時間が経過したことで広がった可能性がある、〔2〕P3がグラウンドに寝そべる状態になった事実はなく、体操服の汚れはP3が汚れの付着した手で触って付いたものにすぎないと主張する。
　しかしながら、〔1〕については、雨でぬかるんだグラウンドの土砂が体操服に付着したものであることは明らかで、この付着物を泥というか砂というかは表現上の違いにすぎない。また、汚れの範囲についても、P6は証拠の写真ほど汚れていなかったと思うと供述するが、記憶が定かではないとも述べているうえ、昇降口付近や本件教室でP3を目撃した大多数の生徒らは「泥

まみれ」であったと表現しており、体操服の前面・背面ともに汚れていた旨を指摘するものも複数ある。そうすると、昇降口付近でのP3の体操服の汚れの状態も証拠の各写真のようなものであったとしても何ら不自然ではなく、写真撮影前まで半袖シャツ・長袖上着・長ズボンが一つの袋にまとめて入れられていたことから汚れの範囲が大きく広がったものとは考えにくい。

また、〔2〕についても本件持久走のゴール時に体操服が汚れていなかったこと、P3が南西門付近で座り込んだこと、体操服の汚れの程度からすれば、P3が雨でぬかるんだグラウンドに着衣が接するような位置で仰向けやうつぶせで寝そべったことにより付着したと考えるのが合理的である。

したがって、被告の主張〔1〕〔2〕はいずれも採用できない。

(イ) 被告は本件教室でP3に震えの症状がみられたのに対し、昇降口付近では震えの症状がないことから、P3が下駄箱を離れ、本件教室に向かう間に発熱し、意識障害が生じたと主張する。

しかしながら、P10医師はP3の発熱がいつからあったかは判断できないとしていることに加え、P3の昇降口付近に至るまでの行動が通常の意識状態のもとで行われていたとは考え難いことに照らせば、インフルエンザでは高熱が急に出現することを考慮しても、P3がP5と別れた後の本件教室に向かう途中で発熱したと認めるのは困難である。

エ 小 括
以上によれば、P3には昇降口付近でP5と会話をした時点で発熱に伴う意識障害が生じていたと認めるのが相当である。

(3) 昇降口付近で会話をした時点でP5にP3を一人にせず保健室に連れて行く義務があったか否か

ア 体育教諭としての注意義務
学校教諭には学校教育の実施により生徒の生命・身体に危険が及ばないように配慮すべき注意義務がある。本件でも本件持久走がその実施内容からして生徒に疲労を生じさせるものであり、走り終えた後に体調不良となる生徒が出ることは当然に予見されるから、授業を担当するP5においては本件持久走の実施中に生徒の様子を監視するだけでなく、走り終えた後の生徒の様子にも気を配り、体調不良者の有無に注意する必要があるといえる。そして、

生徒の体調不良時における本件中学校の保健管理態勢として、生徒からその旨の訴えがあった場合や教諭が保健室に行く必要があると判断した場合に、その生徒が独力で行くことが可能であれば生徒のみを保健室に行かせ、独力で保健室に行くのが難しい場合は付添の者がその生徒を保健室まで連れて行くことになっていることに照らすと、P5においてP3が体調不良であり保健室に行く必要があることを認識した場合には、その生命・身体に危険が及ばないようにする観点からP3の容態確認を適切に行ったうえでP3が一人で保健室に行くことが可能な状態かどうかを判断し、P3への対応を行うべきといえる。

イ　P5の認識事実

P5は本件持久走開始前に体調不良ではなかったP3が本件持久走をしんどそうに走り、最後から2番目の生徒から半周程度遅れてゴールし、この時点ではP3の体操服が汚れていなかったこと、南西門付近でP3に対し「大丈夫か」と声をかけると、P3が「大丈夫です」と答え、先に戻って授業を終わらせるから正門から戻ってきたらいいと伝えると、P3が「ありがとうございます」と答えたこと、P3が南西門付近で座り込んだことを認識していたものである。

また、P5は昇降口付近でP3と会話をした時点のP3の言動・状態として、「大丈夫か」との声かけに対しP3が「大丈夫です」と答え、「しんどなったら保健室に行ったらいいからな。保健室には言っとくから」との声かけに「ありがとうございます」と答えたこと、P3が疲れた様子だったこと、P3の体操服の前面・背面が泥まみれだったことを認識していたものである。

ウ　P3を一人にせず保健室に連れて行く義務の有無

P5は昇降口付近でP3と会話をした際にP3が疲れた状態であり、ゴール直後の時点では汚れていなかったP3の体操服が前面も背面も泥まみれになっていることを認識していたものであるが、こうした事情は医学的知識のない通常人からみてもP3の心身に何らかの異常があることを強く疑わせるものといえ、現に3限目の体育の授業のため昇降口付近で集合していた2年生の生徒らや本件教室に戻っていた1年3組の生徒らもそのようなP3の外見から異常を察知している。

　そして、昇降口付近でP5と会話をした時点でP3に発熱による意識障害が生じていたと認められ、本件持久走時のP3の様子やゴール直後のP3の状態も踏まえると、通常の体育教諭であればP3との会話の時点においてP3の心身に何らかの異常や不調が生じており、保健室に行く必要性のある状態であることを認識できたといえ、そのことはP5がP3に、しんどくなったら保健室に行くように指示するにとどまらず、その直後に自ら保健室に赴くなどしてP8に対しP3の来室可能性を伝えていることからも裏づけられている。加えて、本件教室内でのP3の言動の異常性は顕著で、P3の症状が昇降口付近でP5と会話をした後、4階にある本件教室まで移動した数分ほどの間に急激に悪化したとは認められないことからすれば、昇降口付近でP3と会話をしたP5はその時点においてP3をこのまま一人にした場合にはその生命・身体に危険が生じうる可能性があることを認識しえたというべきである。

　　エ　被告の主張について
　これに対し、被告はP3が昇降口付近まで一人で戻り、受け答えをできていたことから、P5はP3の体調不良を考慮に入れたうえ、一人で保健室に行くことが可能であると判断していたものであり、そのこと自体、P3の様子がP5からみて異常ではなかったことを示すものであって、P5においてP3に意識障害があり、保健室に連れて行かなければ重大な結果が生じることは予見できなかったと主張する。
　しかしながら、P3が昇降口に一人で戻ってきたのを見たP5は、P3の同所に至るまでの行動（南西門付近でP5と別れた後に雨でぬかるんだグラウンドに寝転がった後、遠回りをして昇降口に至ったこと）を具体的には把握していないものの、P3の体操服が泥まみれになっている状況は現認しているのであり、それが単に疲れて横になったというには明らかに不自然な様子であったことは容易に認識しえたというべきである。そして、P3が当時12歳という未だ十分に発達しているとはいえない年齢であったことからすれば、P5がP3の様子からその体調不良を認識したのであれば、保健室に連れて行く必要性のある状態かどうかを判断するにあたっては、P3に対し単に「大丈夫か」と問いかけるだけでは足りず、さらに体操服が汚れている理由を尋ね、P3の容態を確認すべきであったといえる。

　そうすると、被告主張の事情をもってP5の予見可能性が否定されるということはできない。

　オ　小　括
　以上によれば、昇降口付近でP5とP3が会話をした時点でP3にはすでに発熱による意識障害が生じていて、同人が自らの体調を適切に判断して独力で保健室に行くことは難しい状態にあったものである。そして、通常の体育教諭であればそのようなP3の心身の状態を認識することが可能であり、またそのような状態のP3を一人にすればその生命・身体に危険が生じる可能性があることを予見できたと認められる。そうすると、P5には上記の時点においてP3を一人にせず、同人を保健室に連れて行き、養護教諭に引き渡すという注意義務があったと認められる。

(4)　体育教諭の過失
　P5はP3と昇降口付近で会話をした際、同人に対し、自分で体調を判断して保健室に行くよう指示し、保健室にいた養護教諭にはP3の来室の可能性を連絡したものの、P3を保健室に連れて行くことはしなかったものであるから、注意義務に違反した過失が認められる。そして、P5がP3を保健室まで連れて行き、養護教諭に引渡していれば、P3が本件教室の窓の外に出るという異常行動を起こすことはなかったと認められるから、P5の過失と本件事故発生との間には相当因果関係が認められる。

・争点3（音楽教諭の注意義務違反の有無）について
　原告らは、音楽教諭には本件教室に行ってP3の様子を確認し、応急措置を行う義務があったと主張する。
　この点、音楽教諭は3限目の授業に来た1年3組の生徒らからP3の体調が悪そうだったことを聞いているものの、P3の具体的な様子を直接見たわけではなく、音楽教諭においてP3をただちに保護しなければならない状態にあることを認識することは困難である。
　そのため、音楽教諭に本件教室まで行ってP3の様子を確認しなければならない義務があったとは認められず、原告らの主張は採用できない。

・争点 4（本件中学校の教諭の過失と相当因果関係のある損害の発生および数額）について

　本件事故に関して、スポーツ振興センターから原告 P 1 に対し、死亡見舞金 2800 万円が支給されたこと、およびこれを損害の元本から控除することにつき当事者間に争いはない。

　本件において、被告は P 3 の保護者である原告 P 1 に支給された 2800 万円の限度で本件事故により生じた損害の賠償責任を免れるものと認められるから、同支給の額は P 3 に生じた損害の元本額から控除（損益相殺）すべきものと解される。

4　福岡地方裁判所久留米支部 令和 4 年 6 月 24 日判決（サッカー）

主文

・被告は原告 A に対し、1830 万 0851 円を支払え。
・被告は原告 B に対し、1830 万 0851 円を支払え。
・原告らのその余の請求をいずれも棄却する。
・訴訟費用はこれを 20 分し、その 17 を被告の負担とし、その余を原告らの負担とする。

事案の概要

・事案の要旨

　本件は、被告が設置する小学校において体育の授業としてサッカーが実施されていたところ、同校の運動場に設置されていたフットサルゴールポスト（以下「本件ゴールポスト」）が転倒し、当時小学校 4 年生であった C（以下「亡 C」）が、その下敷きになって死亡した事故（以下「本件事故」）に関し、亡 C の両親であり、亡 C の相続人である原告らが被告に対し、〔1〕主位的に上記の小学校の教師らには本件ゴールポストを適切に固定しなかった安全配慮義務違反があるとして、国家賠償法（以下「国賠法」）1 条 1 項に基づき、予備的に本件ゴールポストには設置または管理の欠陥があるとして国賠法 2 条 1 項に基づき、本件事故により亡 C に生じた損害および原告らの固有の損害の合計としてそれぞれ 1940 万 4936 円の支払いを求めるとともに、〔2〕被

告は原告らと被告との間の在学契約関係上の付随義務として原告らに対し、本件事故について十分に調査を行い、その結果を原告らに報告し、調査に関して原告らの意向を確認し、配慮する義務があるにもかかわらず、被告がこれらの義務を怠ったと主張して、国賠法 1 条 1 項に基づき、それぞれ損害賠償金 220 万円の支払いを求める事件である。

前提事実

(1) **当事者**

　ア　C（平成▲年生まれ）は平成 29 年 1 月 13 日当時、福岡県大川市立 D 小学校（以下「本件小学校」）に在籍していた小学 4 年生（身長 135 cm）であった。

　イ　原告 A（以下「原告父」）は亡 C の父であり、原告 B（以下「原告母」）は亡 C の母である。

　ウ　被告は地方公共団体であり、本件小学校の設置者である。

　　E は本件事故当時、本件小学校の校長であった（以下「本件校長」）。

　　F（以下「F 教師」）および G（以下「G 教師」）は本件事故当時、本件小学校の安全点検担当者であった。

　　H（以下「H 教師」）は原告のクラス担任、I（以下「I 教師」）は隣のクラスの担任であった。

(2) **事故に関する事実経過**

　ア　本件小学校の運動場において、平成 29 年 1 月 13 日午前 9 時 40 分頃、4 年生の体育科の合同授業としてサッカーが実施されていた。亡 C は運動場南側の中コート（東西に使用）でゴールキーパーとしてサッカーに参加していた。

　イ　上記のサッカーの途中、亡 C は味方がゴールを決めたことに喜び、運動場に設置されていた自陣（西側）の本件ゴールポスト（幅約 3.0 m、高さ約 1.99 m、奥行き約 1.15 m、重さ 68.1 kg の鉄製のもの）の上部から垂れ下がったゴールネットのロープにぶら下がったところ本件ゴールポストが倒れ、亡 C は本件ゴールポストの下敷きになった。

　ウ　亡 C は救急搬送されたが同日午後 1 時 54 分、背部打撲による出血性ショックのため死亡した。

⑶ **事故後の事実経過**

　ア　被告は本件事故後、本件事故に関して第三者委員会である大川市学校安全調査委員会（以下「本件委員会」）を設置した。

　イ　本件委員会は次のとおり安全調査委員会を開催した。

　㈠　第1回（平成29年2月2日）

　㈡　第2回（平成29年2月20日）

　㈢　第3回（平成29年2月27日）

　㈣　第4回（平成29年3月23日）

　㈤　第5回（平成29年4月13日）

　ウ　本件委員会は平成31年3月「福岡県大川市立D小学校におけるサッカーゴール事故調査委員会報告書」と題する報告書を作成した（以下「本件報告書」）。

⑷　原告らには本件事故による亡Cの死亡に関し、平成30年6月1日、災害共済給付金2800万円が支払われた。

⑸　本件訴状は令和元年11月28日、被告に対し送達された。

⑹　検察官は本件事故関係者らにつき令和2年4月9日、不起訴処分（嫌疑不十分）とした。

争点

⑴ **本件事故による損害賠償請求権について**

　ア　本件事故に関する被告の責任の有無（争点1）

　㈠　国賠法1条1項に基づく責任（主位的主張）

　㈡　国賠法2条1項に基づく責任（予備的主張）

　イ　本件事故による損害の発生および額（争点2）

　ウ　過失相殺の要否（争点3）

⑵ **本件事故の原因に関する調査報告義務違反による損害賠償請求権について**

　ア　本件事故の原因に関する調査報告義務違反の有無（争点4）

　イ　調査報告義務違反による損害の発生および額（争点5）

当裁判所の判断

・本件事故による損害賠償請求権について

(1) **本件事故に関する被告の責任について**

　ア　国賠法1条1項に基づく責任について（主位的主張）

　(ア)　認定事実

　A　ゴールポストの取扱いに関する通知

　(A)　本件事故以前にゴールポストの取扱いに関し、次のような内容が記載された報告が公表されていた。

　《1》学校施設における事故防止の留意点について（平成21年3月 文部科学省大臣官房文教施設企画部）

　サッカーゴール、バスケットボールゴールやテントが強風や児童生徒の力により転倒しないように杭により固定したり、十分な重さと数の砂袋で安定させたりして、転倒防止のため配慮することが重要である。

　《2》「生きる力」をはぐくむ学校での安全教育（平成22年3月改訂 文部科学省）

　サッカー、ハンドボールのゴールポストの移動施設については特に固定の状態、破損の有無を確かめるとともに、移動した場合、固定状況の点検を実施する。

　《3》学校における体育活動中の事故防止について（報告書）（平成24年7月 体育活動中の事故防止に関する調査研究協力者会議）

　体育科・保健体育科の授業や運動部活動は施設・設備を活用して行われるものであり、活動にあたっては指導者と児童生徒がともに施設・設備の安全確認を行うことが大切である。また、活動内容・方法には一定の禁止事項や制限事項が必要となる。

　最近では、用具については安全性を確保する観点から材質・品質の改善が進められてきているが、それでもなお保管方法や管理方法の周知徹底が不足していたり、点検を怠ったり、使用方法を誤ったりすると事故が発生する。運動やスポーツは施設・設備および用具そのものが事故を起こすわけではなく、それを使用・管理する者が適切に使用しなかったり、点検や確認を怠ったりすることが事故の要因となっていることを再認識することがきわめて重要である。

　学校の施設・設備・備品・用具については継続的・計画的に安全点検を行

わなければならない。これらは常に一定の状態にあるわけではなく、季節に
よっても変化するものである。このため、安全点検は定期的、臨時的、日常
的に確実に実施することが重要である。

(B)　平成25年5月28日、千葉県立J高校において体育の授業中、男子生
徒がサッカーゴールのクロスバー（ゴール前面上部の横棒）にぶら下がった
結果ゴールポストと共に転倒して下敷きになり死亡する事故が発生した。

(C)　文部科学省スポーツ・青少年局参事官（体育・青少年スポーツ担当）
は平成25年9月4日付け「サッカーゴール等のゴールポストの転倒による
事故防止について（通知）」と題する事務連絡において、各都道府県・指定都
市教育委員会学校体育主管課に対し、平成25年度に体育活動、スポーツ活動
中においてサッカーゴールのクロスバーに生徒がぶら下がりゴールが転倒し
たために生徒が死亡するなどの重大な事故が複数発生しているとして、施設
設備の点検や事故防止のための措置に十分に留意することなどを通知してい
る。

(D)　福岡県教育庁教育振興部体育スポーツ健康課長から被告教育委員会学
校教育課に対し、前記(C)の事務連絡は平成25年9月17日頃付けの文書で本
件小学校に配布された。

B　フットサルゴールの安全基準

SG基準にはフットサルゴール（移動式）の安全性品質および使用者が誤っ
た使用をしないための必要事項が定められ、一般消費者の生命または身体に
対する被害の発生の防止を図ることを目的とする基準が定められている。同
基準によれば、ゴールの安全性品質として固定具、打込み杭または重錘が必
須の構成部分とされ、保管上の注意としてゴールにぶら下がったり、よじ登っ
たりしないように注意および指導することが指摘されている。また、ゴール
の使用時の安定性として取扱説明書にて指定する使用時の固定方法（固定具、
打込み杭または重錘）を施すこととされている。使用上の注意として、打込
み杭を使用するゴールにあっては打込み杭がゴール後部に正しく打ち込まれ
ているかを確認すること、重錘を使用するゴールにあっては重錘がゴール後
部に指定された箇所に正しく設置されているかを確認すること、固定具を使
用するゴールにあっては固定具が正しく設置されているかを確認することと
されている。

C　本件事故前の本件小学校における状況

(A)　本件小学校では本件ゴールポストを含む遊具や移動設備の固定状態について平成28年10月までの定期点検において、動かないことの点検はしていたものの固定の確認はしておらず、授業前の点検は本件事故日も含め実施していなかった。

(B)　本件小学校では学校内の施設について、毎月初めに安全教育担当者である教師が安全点検表を点検担当者である教師に配布し、同教師が安全点検を実施したうえで、安全点検表を安全教育担当者である教師が集約して教頭に報告することになっていた。しかし、安全教育担当者であるF教師は平成28年11月以降、安全点検表を配布することを失念しており、点検担当者である教師からも疑問の声がなかったことから安全点検は実施されていなかった。

(C)　本件校長は平成25年5月28日の千葉県立高校でのサッカーゴール転倒の事故およびその後の文部科学省の通知があったことからゴールポストが危険であるという認識を有していたが、本件小学校の他の教師は通知の内容について把握しておらず、本件ゴールポスト以外のフットサルゴールの土台フレームが直接杭で地面に固定されていたこともあって、子どもが乗ったくらいで倒れるという認識がなく、ゴールポストが危険で不安定であるとの認識がなかった。また、児童に対する安全教育としても、教師自身にゴールポストが危険であるという認識がなく、児童に対してゴールポスト転倒の危険性を教えることもなかった。

D　本件ゴールポストの設置状況に関する実況見分の結果

(A)　本件小学校の運動場には本件事故当時、サッカーゴール2台と本件ゴールポストを含むフットサルゴール4台が設置されており、そのうち、本件ゴールポストを除くフットサルゴール3台はすべて杭で固定されていた。他方、本件事故前には固定されていなかったサッカーゴール2台についても本件事故後、杭で固定された。

(B)　本件事故直後に実施された実況見分では本件ゴールポストのクロスバーの右端から約85cmの箇所に破れたゴールネットを固定するためのロープがクロスバー部分から下方に弛んだ状態になっており、弛んだロープの最下端は地面から約168cmの高さであった。本件ゴールポストを倒した

際、ロープの弛みが認められた位置相当部付近に血痕が認められた。本件ゴールポストの土台フレームの後部両端にはロープが結束されていた。このうち、左側土台フレーム後部にはロープがフレームに1回巻き付けてから二結びされていて、ロープの両端が断裂していた。同フレーム後部外側付近には上端が輪状になった鉄杭が埋め込まれていて、輪状部分の内径は約3cmでロープが通せる程度の隙間があった。実況見分の際に結束されたロープを杭に通して、本件事故前の固定状況を再現しようとしたところ、結束されたロープでは約20cm長さが足りず、本件ゴールポストを固定することはできなかった。右側土台フレーム後部にはロープがフレームに3回巻き付けてから二結びされていて、ロープの端は一重の二結びがされ、4か所が断裂しており、ロープの先端に形成された輪の部分の断裂面は他の部位と比較して汚れが少なかった。同フレーム後部外側付近には上端が輪状になった鉄杭が埋め込まれているが、上端の輪状部分は土や草で埋もれており、ロープが通る隙間はなかった。また、鉄杭の周辺の土や草の状況からはロープと地面が擦れた痕、ロープが鉄杭と結ばれていたことをうかがわせる痕跡は認められなかった。実況見分の際に、結束されたロープを杭に通して本件事故前の固定状況を再現しようとしたところ、結束されたロープの長さは足りるが、杭の上端の輪状部分が土で埋もれているため本件ゴールポストを固定することはできなかった。

　⒞　本件事故後の平成29年1月23日に本件ゴールポストの設置状況を再現したところ、本件ゴールポストの土台フレームの傾斜角は2.45度であり、本件ゴールポストの傾斜角は94.85度であって、やや前方に傾いていた。本件ゴールポストのクロスバー部分のロープの弛みが認められた位置に亡Cの体重（25.3kg）に相当する力を地面と垂直方向にかけたところ、本件ゴールポストがより傾くことはなかった。

　⒟　平成29年6月5日実施の実況見分において本件ゴールポストと杭をロープで固定する方法により固定したうえで、本件ゴールポストのクロスバー部分のロープの弛みが認められた位置に亡Cの体重（25.3kg）に相当する荷重を後方に角度をつけて吊り上げて本件ゴールポストの後方から前方に向けて振る実験を実施したところ、本件ゴールポストの左右をロープで固定した場合、および右側のみをロープで固定した場合には約50度後方に吊り上げたときの振りによってもロープが緊張した状態で本件ゴールポストは

傾いて停止し、転倒しなかった。これに対し、本件ゴールポストを固定しな
かった場合には約40度後方に吊り上げたときの振りによって本件ゴールポ
ストは転倒し、本件ゴールポストの左側のみをロープで固定した場合には約
40度後方に吊り上げたときの振りによってロープが緊張した後に断裂し、本
件ゴールポストは転倒した。なお、本件ゴールポストを直接杭で固定する方
法により固定した場合には約50度後方に吊り上げたときの振りによっても
本件ゴールポストは動かず転倒しなかった。

　㋑　判　断
　A　本件事故当時の本件ゴールポストの固定状況および本件事故の状況
　㋐　本件小学校の運動場にはサッカーゴール2台、および本件ゴールポス
トを含むフットサルゴール4台が設置されていた。本件ゴールポストを除く
3台のフットサルゴールは土台フレームが直接杭で地面に固定されていた。
これに対し、本件ゴールポストは土台フレームの左右にロープが結束され、
土台フレームの左右の両外側には鉄杭が地中に埋め込まれていたのであるか
ら、本件ゴールポストの固定方法としては土台フレームの左右に結束された
ロープを鉄杭に結ぶことで固定することが想定されていたといえる。
　本件事故後の実況見分では、本件ゴールポストの左側土台フレームに結束
されたロープを鉄杭に通して本件ゴールポストを固定しようとしたが、ロー
プの長さが約20cm足りず、固定することができなかった（ゴール他方先端
にも結束の痕跡がない）というのであるから、本件ゴールポストの左側はロー
プと鉄杭を結ぶことによる固定がそもそも不可能であり、本件事故当時にお
いても固定されていなかったものと推認される。また、本件ゴールポストの
右側土台フレーム近くの鉄杭は上端の輪状部分が土や草で埋もれており、
ロープなどが通る隙間がなく、右側土台フレームに結束されたロープによっ
て固定することができなかったというのであって、鉄杭の周辺の土や草の状
況にもロープが鉄杭と結ばれていた痕跡は認められない。そうすると、本件
事故当時、本件ゴールポスト右側についても土台フレームに結束されたロー
プと鉄杭を結ぶ方法によっては固定されていなかったものと推認される。
　これに対し、被告は本件ゴールポストの右側土台フレームに結束されてい
たロープの断裂面の汚れが他の部位と比較して少ないことや本件事故後の実
況見分の状況から、少なくとも右側についてはロープと鉄杭を結んで固定さ

れていたのであり、本件事故によってロープが断裂したものと推認されると主張する。しかし、本件報告書では本件ゴールポストについてロープが外れて固定されていない状態であったと記載されているし、本件事故直後の実況見分においても左側の鉄杭まではロープの長さが足りず、右側の鉄杭は上端の輪状部分が土で埋もれ、紐が通る隙間がないことが確認されており、被告が主張するように、捜査機関において土台フレームの少なくとも右側が固定されており、本件事故によってロープが断裂したということを前提にしていたことを認めるに足りる証拠はない。したがって、被告の上記主張は採用できない。

　(B)　実況見分の結果によれば本件ゴールポストのクロスバーの右端から約85 cm の箇所にある破れたゴールネットを固定するためのロープが下方に弛んだ状態であったところ、本件ゴールポストを倒した際、ロープの弛みが認められた位置相当部付近に血痕が認められたというのであるから、亡Cは本件ゴールポストの弛んだ状態のロープにぶら下がり、本件事故が生じたものと認められる。そして本件事故当時、本件ゴールポストは左右とも固定されていなかったものと認められるところ、上記のロープの弛みが認められた位置に荷重をつけた実験では、本件ゴールポストを左右ともロープで固定しなかった場合、約40度後方に荷重を吊り上げたときの振りによって本件ゴールポストは転倒している。その一方で、ロープの弛みが認められた位置に亡Cの体重に相当する力を地面と垂直方向にかけただけでは本件ゴールポストは倒れなかった。これらの実験結果を比較検討すると、亡Cが頭上33 cmの位置に下端がある上部ロープにぶら下がった際に、単純に垂直真下方向に荷重がかかるとは考えにくく、ロープに飛び付いた方向や速度、ロープまでの距離・角度の事情が相まって、コの字型土台フレームのフレームが存在しない先端部分付近に荷重がかかったことにより、本件ゴールポストのバランスが崩れたと認められるに過ぎず、被告が主張するように亡Cが体を50度程度前後に揺らすといった行為があったことを認めるに足りる証拠はない。結局、亡Cは本件ゴールポストのロープに単純にぶら下がったところ、本件ゴールポストが亡Cの体重を支えられなくなって大きく揺れ、亡Cが前のめりに本件ゴールポストから落ちて、その直後、本件ゴールポストが前向きに転倒したものと認められる。

B 本件校長の義務違反について

(A) 本件事故以前に本件ゴールポストのようなゴールポストが転倒しないよう配慮することやゴールポストの固定状況について点検を実施すること、ゴールポストを含む学校の施設・設備・備品・用具について継続的・計画的に安全点検をすることが重要であることが指摘され、平成25年5月28日には本件事故と同様のゴールポスト転倒による死亡事故が生じており、文部科学省は施設設備の点検や事故防止のための措置に十分に留意することを通知していたのである。そして、本件校長は上記の死亡事故や文部科学省からの通知について認識していたというのであるから、本件事故当時の本件ゴールポストの固定状況について正確に把握していなかったとしても、本件事故の発生について容易に予見できたといえる。

(B) 被告は亡Cが本件ゴールポストのロープにぶら下がった際、体を50度程度前後に揺らしており、このような行動について予見することは不可能であったと主張する。しかし、本件事故の状況として、亡Cがこのような行動をとったと認めるに足りる証拠はなく、被告の主張は採用できない。

(C) したがって、本件校長にはこのような予見可能性を前提に本件小学校の安全点検担当教師や点検担当の教師をして、本件ゴールポストの固定状況について点検し、本件ゴールポストの左右土台フレームに結束されたロープと鉄杭を結ぶ方法によって固定しておくべき注意義務があったというべきである。にもかかわらず、本件校長はこの義務を怠り、その結果本件事故当時、本件ゴールポストの左右土台フレームはいずれも固定されていなかったというのであるから、本件校長には国賠法1条1項の過失が認められる。

(D) そして、本件事故後の実況見分における実験によれば、本件ゴールポストの左右土台フレーム両方のロープを鉄杭と結ぶことによって固定しておけば亡Cが本件ゴールポスト上部のロープにぶら下がったとしても本件ゴールポストが転倒することはなかったものといえるから、本件校長の過失と亡Cの死亡との間には因果関係が認められる。

(E) したがって、その他の本件小学校の教師の過失について判断するまでもなく、被告は本件事故によって亡Cおよび原告らに生じた損害について国賠法1条1項に基づく損害賠償義務を負うものといえる。

　　イ　国賠法2条1項に基づく責任について（予備的主張）
　本件ゴールポストの設置および管理に欠陥があったことが認められる。

(2)　損害の発生および額について
　　ア　亡Cに生じた損害
　　㋐　死亡慰謝料　2000万円
　亡Cの死亡時の年齢、本件事故の態様に照らして、死亡慰謝料として2000
万円を認める。
　　㋑　逸失利益　3378万1703円
　　A　基礎収入　549万4300円
　　B　生活費控除　50%
　　C　期間　49年　稼働可能な18歳から67歳まで

　　イ　亡Cの死亡による原告ら固有の損害
　　㋐　葬儀費用　各75万円
　原告らが亡Cの葬儀を行ったこと、その費用は150万円を下らないことが
認められる。そうすると、原告らは各75万円の葬儀費用の損害賠償請求権
を有する。
　　㋑　固有の慰謝料　各300万円

(3)　過失相殺の要否（争点3）について
　　ア　本件ゴールポストのようなフットサルゴールの安全基準によれば、管
理上の注意としてゴールにぶら下がったり、よじ登ったりしないように注意
および指導することが指摘されている。本件事故の状況については亡Cは
ことさらに体を揺すったと認めるに足りる証拠はないものの、安全基準の記
載からすれば亡Cの行為が本件ゴールポストの通常の使用方法を逸脱した
ものであったことは否定できない。

　　イ　しかし、本件小学校の教師は本件校長を除き、千葉県立高校でのサッ
カーゴール転倒の事故やその後の文部科学省の通知について把握しておら
ず、本件ゴールポストを除く3台のフットサルゴールが直接杭で固定されて
いたこともあり、ゴールポストが危険で不安定であるという認識がなかった

というのであって、このことからゴールポスト転倒の危険性について児童に教えることもなかったというのである。

このように、本件校長を除く教師ですらサッカーゴールのゴールポストが危険であるという認識をもっていなかったのであるから、ましてやゴールポストが危険であるという指導を受けていない亡Cを含む本件小学校の4年生の児童が本件ゴールポストが転倒するといった危険性を認識していたとは到底考えられない。そのような亡Cにつき過失相殺を認めることは指導を行わなかった教師らとの関係において、かえって公平さを欠く。

そして、本件ゴールポストは破れたゴールネットを固定するためのロープがクロスバー部分から下方に弛んだ状態になっていたところ、サッカーの試合中に味方がゴールを決めたことに喜んでロープにぶら下がること自体、突発的な行為であって、小学校4年生の児童にとってそもそも非難しうる程度の低いものであるといえる。

ウ　そうすると、当時小学校4年生の児童であり、ゴールポスト転倒の危険性について何ら指導を受けていなかった亡Cにおいて、本件ゴールポストのロープにぶら下がることの危険性を認識できたとはいえないし、行為の性質としても非難しうる程度は低いといえるから、亡Cについて損害賠償額を定めるうえで公平の見地から斟酌しなければならないほどの不注意があったとはいえない。

さらに、安全点検を徹底する義務を負っているのに定期的な安全点検と授業前の安全点検をともに行わず、本件ゴールポストについて必要な固定措置が取られていないことを見逃したという被告の過失の重大性に鑑みると、亡Cの過失を斟酌すべきであるという被告の主張は採用できない。

・本件事故の原因に関する調査報告義務違反による損害賠償請求権について
⑴　被告の責任について
　ア　本件事故の原因に関する調査報告義務に関する以下の事実を認定することができる。
　㋐　学校事故対応に関する指針
　文部科学省が作成した「学校事故対応に関する指針」（平成28年3月作成。以下「本件指針」）には、学校現場における事故発生後の学校、学校の設置者、

地方公共団体による取組に関して次のような記載がある。

　　A　本件指針は学校、学校の設置者、地方公共団体がそれぞれの実情に応じて事故対応のあり方に関する危機管理マニュアルの見直し・充実、事故対応にあたっての体制整備、事故発生の防止および事故後の適切な対応に取り組むにあたり、参考となるものとして作成されたものである。

　　B　学校の管理下において事件・事故災害が発生した場合、学校および学校の設置者は児童生徒の生命と健康を最優先に、迅速かつ適切な対応を行うとともに、発生原因の究明やこれまでの安全対策の検証はもとより、児童生徒に対する心のケアや保護者への十分な説明、再発防止の取組が求められる。

　　C　学校、学校の設置者、各地方公共団体においてはそれぞれの学校の実情に応じ、本指針を参考として事故発生時の適切な対応が行われるよう事故対応に関する共通理解と体制整備を図ることが必要である。

　　D　学校は被害児童生徒の保護者に寄り添い、信頼関係にたって事態への対処ができるよう対応の責任者を決め、常に情報の共有化を図る。

　　E　調査は事実関係を整理する「基本調査」と、得られた情報に基づく、事故に至る過程や原因の分析を行う「詳細調査」で構成される。その目的は事故の状況によって異なる可能性があるが、日頃の安全管理のあり方、事故の原因と考えられることを広く集めて検証し、今後の事故防止に生かすため、被害児童生徒の保護者や児童生徒およびその保護者の事実に向き合いたいといった希望に応えるためなどが挙げられる。調査を実施することによって到達すべき目標についても事案によって異なるが、事故の兆候も含め、その事故に関係のある事実を可能なかぎり明らかにする、事故当日の過程を可能なかぎり明らかにする、これらを踏まえた今後の再発防止への課題を考え、学校での事故防止の取組のあり方を見直すといったことが挙げられる。

　　F　学校における死亡事故について学校は速やかに「基本調査」に着手し、原則として3日以内を目途に関係するすべての教職員から聴取りを実施するとともに、必要に応じて事故現場に居合わせた児童生徒への聴き取りを実施する。基本調査を踏まえ、学校の設置者が必要と判断した場合には外部専門家が参画した調査委員会を設置し、必要な再発防止策を検討することを目的とした「詳細調査」を行う。

　　G　詳細調査への移行の判断は基本調査の報告を受けた学校の設置者が行う。移行の判断にあたっては、学校の設置者は被害児童生徒の保護者の意向

に十分配慮する。詳細調査に移行すべき事案の考え方として、少なくとも教育活動自体に事故の要因があると考えられる場合や被害児童生徒の保護者の要望がある場合には詳細調査に移行する。

　H　公立学校および国立学校における詳細調査の実施主体（調査委員会を立ち上げ、その事務を担う）は学校ではなく、学校の設置者とする。

　I　死亡事故の詳細調査は外部の委員で構成する調査委員会を設置して行う。詳細調査は原因究明および再発防止のための取組について検討するためのものであって、責任追及や処罰を目的としたものではないが、事故に至る過程や原因を調査するには高い専門性が求められるので、中立的な立場の外部専門家が参画した調査委員会とすることが必要であり、調査の公平性・中立性を確保することが求められる。調査委員会の構成については学識経験者や医師、弁護士、学校事故対応の専門家の専門的知識および経験を有するものであって、調査対象となる事案の関係者と直接の人間関係または第三者について職能団体や大学、学会からの推薦により参加を図ることにより、その調査の公平性・中立性を確保することが求められる。小規模の地方公共団体など、設置が困難な地域も想定されることを踏まえ、都道府県教育委員会においてはこれらの地域を支援するため、職能団体や大学、学会の協力を得られる体制を平常時から整えておくことが望ましい。

　J　被害児童生徒の保護者への適切な情報提供として、調査委員会での調査結果について調査委員会または学校の設置者が被害児童生徒の保護者に説明する。調査の経過についても適宜、適切な情報提供を行うとともに被害児童生徒の保護者の意向を確認する。

　(イ)　本件事故後の被告の対応および調査

　A　被告は本件事故後、本件事故について原因の解明、学校および被告教育委員会の対応の調査、検証ならびに今後の再発防止に関する提言を行うことを目的とした本件委員会を設置した。本件委員会の委員は、委員長として前大川市教育長、副委員長として西南学院大学人間科学部教授、委員として福岡教育大学教育学部准教授、医師、大川市体育協会会長、大川市PTA連合会役員2名、小学校長、中学校長、小学校体育担当教諭、中学校体育教諭が選任された。

　B　本件委員会は平成29年2月2日、第1回安全調査委員会を開催した。原告母は同日のテレビのニュースにより本件委員会が設置されたことを知

り、これを原告父に伝えた。同月3日、被告教育委員会の課長および課長補佐（以下「課長」「課長補佐」）が原告らの自宅を訪問し、第1回安全調査委員会の内容を報告した。同月7日、被告教育長（以下「教育長」）および課長が原告らの自宅を訪問し、第1回安全調査委員会の内容を報告したところ、原告らは同委員会の議事録の開示を求めるとともに、本件小学校および大川市内の他校の安全点検の状況報告を希望した。

　C　教育長、課長および課長補佐は平成29年2月14日、原告らの自宅を訪問し、第1回安全調査委員会の議事録を開示するとともに、第2回安全調査委員会の内容について事前に説明した。また、原告らに対し、本件小学校の安全点検表を交付し、記載内容を説明した。

　D　本件委員会は平成29年2月20日、第2回安全調査委員会を開催し、事故前の記載のある安全点検表や事故後に改訂された安全点検表が提出された。教育長および課長は同月21日、原告らの自宅を訪問し、第2回安全調査委員会の内容を報告し、改訂した安全点検表を交付した。このとき、原告らは安全調査委員会への参加を希望したことから、教育長および課長はこれを本件委員会に提案することにした。

　E　本件委員会は平成29年2月27日、第3回安全調査委員会を開催した。同委員会では原告らが傍聴を希望したことから、本件委員会は原告らの傍聴を許可した。同年3月2日、教育長および課長は原告らの自宅を訪問し、第3回安全調査委員会の内容を報告するとともに、第2回安全調査委員会の議事録を開示した。このとき、原告らは第4回安全調査委員会の傍聴を希望したことから、教育長および課長はこれを本件委員会に打診することにした。

　F　本件委員会は平成29年3月23日、第4回安全調査委員会を開催した。本件委員会は原告らの傍聴を許可したことから、原告らは同委員会を傍聴した。同年4月11日、教育長および課長は原告らの自宅を訪問し、第3回安全調査委員会の議事録を開示した。このとき、原告らは第5回安全調査委員会の傍聴を希望したことから、教育長および課長はこれを本件委員会に打診することにした。

　G　本件委員会は平成29年4月13日、第5回安全調査委員会を開催した。本件委員会は原告らの傍聴を許可したことから、原告らは同委員会を傍聴した。原告らは同委員会の後、本件委員会の委員長および副委員長に対し、本当にこれでよいのか、5回で終了してよいのか、納得のいく形になったのか

と話し、調査を続けてほしい旨を伝えたが、委員長および副委員長は何も答えなかった。

　H　教育長および課長は平成31年4月16日、原告らの自宅を訪問し、同年3月に作成された本件報告書について説明し、同報告書を交付した。

　イ　判　断
　㋐　原告らの主張
　原告らは、
　A　被告は児童の保護者との間の在学契約上の付随義務として、学校の管理下において発生した事件・事故によって児童が死亡した場合、必要かつ相当な範囲内において速やかに事実関係を調査し、保護者に対し、その結果を報告すべき義務を負う。
　B　被告は本件委員会による調査に際し、本件委員会の設置や委員の人選、調査内容および方法について原告らと協議するとともに、必要かつ相当な調査が尽くされているかどうかについて原告らの意向を確認し、対応すべき義務があった。
　C　本件報告書において本件ゴールポストと杭をロープで固定する方法が想定されていたと記載しているが、あるべき固定方法は土台フレームを直接杭で地面に固定する方法であるから、本件報告書には虚偽の内容が記載されている
と主張するので、以下検討する。
　㋑　上記㋐のA・Bの主張について
　A　本件指針は、学校が被害児童生徒の保護者に寄り添い、常に情報の共有化を図ること、詳細調査への移行の判断にあたって学校設置者は被害児童生徒の保護者の意向に十分配慮すること、被害児童生徒の保護者の要望がある場合には詳細調査に移行すべきこと、調査結果について調査委員会または学校が被害児童生徒の保護者に説明することや調査の経過について適宜適切な情報提供を行うとともに、被害児童生徒の保護者の意向を確認することを定めている。そうすると、被告は本件小学校の設置者として、本件事故によって死亡した亡Cの保護者である原告らに対し、在学契約上の付随義務として本件事故について原告らの意向に配慮しつつ十分な調査を行い、その結果を報告する義務を負うといえる。

B しかし、本件指針は学校、学校の設置者および地方公共団体がそれぞれの実情に応じて事故後の適切な対応に取り組むにあたり、参考となるものとして作成されたものであり、本件指針が本件事故後の調査に関し、ただちに被告の原告らに対する義務の内容となるわけではないものと解される。そもそも、本件指針の定める調査委員会は公平性・中立性を確保することが求められているところ、学校事故の被害児童生徒の保護者もその事故の利害関係者の一人であることは否定できないところであるから、公平性・中立性を確保しつつ専門的な見地から事故に至る過程や原因について調査する以上、調査委員会の委員の人選や調査内容および方法について保護者の意向に配慮したり、適宜保護者と協議したりすることには限界があるものといわなければならない。

C 以上の理解を前提とすると、学校設置者である地方公共団体は学校内での事故について十分な調査を行い、被害児童生徒に対し、その結果を報告する義務があるというべきであるが、調査委員会の委員の人選や調査委員会による具体的な調査の内容および方法については、事故の内容や調査の目的、学校および地方公共団体の実情に応じて、学校設置者や専門的知識および経験を有する委員によって構成される調査委員会の判断に委ねられているというべきである。

そうすると、被告において原告らが主張するような本件委員会の設置や委員の人選、調査内容および方法について原告らと協議するとともに、必要かつ相当な調査が尽くされているかどうかについて、原告らの意向を確認し、対応すべき義務があったとは認められない。

そのうえで、被告は本件事故について原因の解明を目的とした調査委員会として本件委員会を設置し、第1回から第5回までの安全調査委員会を開催して、詳細調査を実施してその結果を取りまとめた本件報告書を作成し、これを原告らに説明して交付している。また、被告の教育長や課長らは原告らの自宅を訪問し、各安全委員会の内容を報告し、原告らの要望に応じて委員会の傍聴を認めたり、議事録を交付したりするなどの対応を実施している。そして、本件報告書では本件小学校による基本調査および本件委員会による聴取りの調査結果を踏まえ、学校経営・運営の計画・実施に関する事項、安全管理（安全点検）に関する事項、安全教育（学習・指導）に関する事項、教育委員会に関する事項についてそれぞれ具体的な提言を行っている。

　したがって、被告は原告らの要望に配慮しつつ本件事故について本件委員会による詳細調査を実施し、その結果を本件報告書として取りまとめて原告らに説明して報告したというのであるから、被告について、原告らに対する調査報告義務違反があったということはできない。

　D　なお、本件委員会の設置について被告は、事前に原告らに説明していたと主張し、平成29年1月27日、本件校長が原告らの自宅を訪問し、原告らに対し、本件委員会の設置を事前に知らせたとの記載がある。しかし、本件報告書では本件事故発生後3週間の間、本件委員会の設置に関して、その目的や委員の構成が原告らに知らされていないと記載されており、原告父はテレビのニュースによって本件委員会の設置を知ったと陳述しているのであるから、少なくとも原告らが理解できる程度の十分な説明はなかったというべきである。

　もっとも、本件委員会を設置して詳細調査を実施することが原告らの意向に沿わないものであったわけではないし、本件委員会の設置の時点において原告らが本件委員会の設置による調査の実施を拒んでいたわけでもないことからすれば、本件委員会の設置について被告が原告らに対し、事前に十分な説明をすべき義務があったとまではいえない。また、本件委員会の委員の人選や調査方法について事前に原告らに確認し、その意向を配慮するといった義務が認められないことは前述のとおりである。

　E　他方、原告らは本件委員会の委員の人選について、前教育長や体育協会会長、小学校長、中学校長といった委員が選任されており、第三者性に疑問があって、公平性、中立性が確保されているとはいえないと主張する。しかし、本件指針は調査委員会の構成について学識経験者や医師、弁護士といった専門的知識および経験を有する者であって、調査対象となる事案の関係者と直接の人間関係または特別の利害関係を有しない者を確保するよう求めているのであり、このような利害関係を有しない学校関係者を委員に選任することは必ずしも排除されていない。また、本件指針は学校、学校の設置者および地方公共団体がそれぞれの実情に応じて事故後の適切な対応に取り組むにあたり、参考となるものとして作成されたものであるから、結局は調査委員会を設置する地方公共団体の実情に応じて委員を選任するほかない事態も想定されているといえる。そうであれば、本件委員会の委員として大学教師2名、医師1名を超えて、本件指針で例示されているような専門家を委員と

して選任しなかったからといって公平性・中立性が確保されていないとはいえないし、本件指針の趣旨に反するものとも解されないというべきである。

　㈡　上記㈠の C の主張について

　A　原告らは、本件報告書において本件ゴールポストと杭をロープで固定する方法が想定されていたと記載しているが、あるべき固定方法は土台フレームを直接杭で地面に固定する方法であるから、本件報告書には虚偽の内容が記載されていると主張する。

　この点、本件ゴールポストのようなフットサルゴールの安全基準のうち、ゴールの安全性品質や使用上の安定性、使用上の注意についての記載を総合すれば、フットサルゴールの固定方法としては固定具、打込み杭または重錘の 3 つのうち、いずれかを使用することが想定されているといえる。また、平成 21 年 3 月の「学校施設における事故防止の留意点について」においても、サッカーゴールについて杭により固定したり、十分な重さと数の砂袋で安定させたりして転倒防止に配慮することが重要であると記載しており、固定方法として杭による方法および重錘による方法に限定しているわけではない。そうすると、本件ゴールポストの固定方法としては打込み杭による方法が唯一のあるべき方法であるとはいえないし、本件事故後の実験では本件ゴールポストの左右の土台フレームと鉄杭をロープで結んで固定すれば荷重を約 50 度後方に吊り上げたときの振りによっても本件ゴールポストは転倒しなかったというのであるから、このような固定方法は本件事故を防止するうえで不適切な方法であったとまではいえず、上記の安全基準の想定している固定具による固定方法に含まれるものと考えられる。また、本件報告書の記載は本件事故後の状況として本件ゴールポストの左右の土台フレームにロープが結束されており、その周囲に鉄杭が埋め込まれていたという本件事故後の実況見分においても確認された状況を踏まえ、本件ゴールポストの土台フレームと鉄杭をロープで結んで固定する方法が想定されていたものと認定したにとどまるのであって、ことさらに虚偽の内容が報告されたものとは認められないし、本件ゴールポストの固定状況として正確に記載されていなかったとも認められない。

　B　原告らは、本件報告書において本件事故後に実施された実況見分によって明らかになった本件ゴールポストに関する状況や本件ゴールポストを除く他の 3 台のフットサルゴールについては直接杭によって固定されていた

ことについて記載されておらず、被告は本件事故について原告らに十分に報告したとはいえないと主張する。

　しかし、直接杭で固定する方法のみが本件ゴールポストのあるべき固定方法であったとはいえないし、本件ゴールポストと杭をロープで固定する方法が本件事故を防止するうえで不適切な固定方法であったとまではいえない。

　そうすると、本件委員会による調査目的に照らせば、本件ゴールポストについて上記のような固定方法による固定がされていなかった点の指摘を超えて、あるべき固定方法についてまで言及することが本件報告書の記載内容として不可欠であるとは認めがたい。また、本件委員会は本件事故の原因の解明を目的とするものであり、責任追及や処罰を目的としたものではないのであるから、本件事故後に捜査機関によって実施された実況見分により明らかになった事実が本件報告書に記載されていなかったとしても、やはり被告の原告らに対する報告内容として不十分であるとはいえない。

　(エ)　以上のとおりであるから、被告の調査報告義務違反に関する原告らの主張はいずれも採用することができず、原告らの被告に対する、調査報告義務違反に基づく損害賠償請求は認められない。

5　福岡地方裁判所　令和4年3月25日判決（剣道部）

主文

・被告は原告に対し、9万8602円を支払え。

・原告のその余の請求を棄却する。

・訴訟費用はこれを100分し、その1を被告の負担とし、その余を原告の負担とする。

事案の概要

　原告は平成28年8月18日当時、被告の設置するA中学校（以下「本件中学校」）の2年生であったところ、同日から同月20日まで本件中学校の剣道部（以下「本件剣道部」）の部員として熊本県で開催された合同合宿（以下「本件合宿」）に参加し、本件合宿の1日目である同月18日、熱中症になった（以下「本件事故」）。

　本件は、原告が本件剣道部の顧問を務める教諭には本件合宿の1日目に熱中症予防対策を講じなかった安全配慮義務違反、熱中症になった原告に本件合宿2日目の練習をさせた安全配慮義務違反があり、これらによって原告が適応障害を発症したとして、被告に対し、国家賠償法1条1項に基づき、損害金6350万8398円の支払いを求めた事案である。

| 前提事実 |

(1)　当事者
　ア　原告は平成14年生まれの男性で、平成28年8月18日当時、本件中学校の2年生であり、本件剣道部に所属していた。
　イ　被告は本件中学校を設置する地方公共団体であり、F教諭（以下「F顧問」）は本件事故当時、本件剣道部の顧問を務める本件中学校の教師であった。

(2)　本件合宿の開催および本件事故の発生
　ア　原告は本件中学校における本件剣道部の部員として同日から同月20日までの間、熊本県山鹿市に所在する多目的体育館（以下「本件合宿場」）において開催された夏季剣道合同合宿（本件合宿）に参加した。本件剣道部の活動は学校教育の一環として行われるものであり、本件合宿はこのような学校教育の一環である本件剣道部の活動として実施されたものである。
　F顧問は同月18日午前に他の予定があったため、同日午前における本件合宿の引率を本件剣道部の男子の部長であった原告の父および数名の保護者に依頼した。
　イ　原告はF顧問が不在であった本件合宿の1日目（以下「1日目」）である同月18日午前、本件合宿中に熱中症になった（本件事故）。原告は原告の父とともに保利病院を受診し、熱中症との診断のもと点滴治療を受けた。
　F顧問は本件事故について電話で連絡を受け、保利病院を訪れて、原告の父と話をして本件合宿場に行った。
　ウ　原告は同日の本件合宿の練習が終わった頃、宿泊先に着いてF顧問および他の部員らと合流し、他方、原告の父は帰宅した。
　エ　原告は本件合宿の2日目（以下「2日目」）である同月19日および本件合宿の3日目（以下「3日目」）である同月20日の本件合宿に参加した。

(3)　原告の通院状況

原告は朝の倦怠感、ふらつきおよび動悸を主訴として平成29年2月27日から平成30年5月17日まで舞の里内科クリニック、福岡東医療センター、平田ペインクリニック、福岡聖恵病院、夜間診療所、野田クリニックおよび香椎療養所をそれぞれ受診し、起立性調節障害、心身症、抑うつ神経症の診断を受け、同月29日から久留米大学病院への通院を開始し、同年11月1日、同病院精神神経科のG医師（以下「G医師」）から適応障害との診断を受けた。

(4)　原告の登校状況

他方で、原告は平成29年4月頃から本件中学校への遅刻や欠席が増え始め、同年6月から同年9月までの間、一旦出席状況が改善したものの同年10月から欠席が増え、同年11月から登校しなくなった。

原告は平成30年3月、本件中学校を卒業し、同年4月、福岡県立博多青松高等学校に入学した。

(5)　障害者手帳の交付

原告は平成31年1月15日、福岡県から精神保健および精神障害者福祉に関する法律45条の保健福祉手帳における障害等級3級の障害者手帳の交付を受けた。

(6)　独立行政法人日本スポーツ振興センターによる給付金の支給

独立行政法人日本スポーツ振興センターは原告に対する給付金として平成28年8月から平成31年2月までの病院および調剤分の合計20万9792円の支給決定をし、原告はこれを受領した。

また、上記センターは原告について独立行政法人日本スポーツ振興センターに関する省令23条に規定する障害のうち第7級の4「神経系統の機能または精神に障害を残し、軽易な労務以外の労務に服することができないもの」に該当するとして、原告に対し、障害見舞金として1190万円の支給決定をし、原告はこれを受領した。

争点
・1日目に熱中症予防対策を講じなかった安全配慮義務違反の有無（争点1）
・2日目に練習に参加させた安全配慮義務違反の有無（争点2）
・安全配慮義務違反と本件事故の発生および適応障害の発症との間の相当因果関係の有無（争点3）
・過失相殺の類推適用の可否（争点4）

当裁判所の判断
・認定事実
(1)　本件剣道部の状況

　原告は平成28年当時、本件剣道部に所属しており、同年7月の剣道の大会後、本件剣道部の男子の部長になった。同年当時における本件剣道部の2年生は原告を含めて4名であった。

　本件剣道部では休業期間を除き、ほぼ毎日練習を実施しており、平日の練習は本件中学校外の指導者が週に2回指導にあたり、F顧問は土曜日および日曜日午前の各練習の指導を担当した。

(2)　本件合宿の経過
　ア　本件合宿

　本件合宿は熊本県のB中学校およびC中学校の指導教諭が主催し、同年8月18日から同月20日までの2泊3日の日程で熊本県および福岡県内の本件中学校を含む11の中学校、原告を含む生徒115名が参加し、本件合宿場において剣道の合同練習を実施するというものであった。本件合宿に参加した中学校における指導教諭はF顧問を含めて13名であった。なお、本件合宿場では同年当時、室温の管理をしていなかった。

　本件中学校では生徒を校外での合宿に参加させる場合、古賀市立小中学校管理規則所定の校外活動届を提出することとされ、F顧問は本件合宿に本件剣道部の部員を参加させるに際し、校外活動届を提出せず、本件中学校の校長は本件剣道部の部員らを本件合宿に参加させるにあたり教育委員会に届け出をしなかった。

　また、F顧問は同月18日午前に他の予定があり、本件剣道部の男子部長であった原告の父親らの保護者に対し、生徒の引率と1日目の午前中の練習へ

の立会いを依頼した。

　イ　1日目における本件事故の発生

　本件合宿場近くの *a* の1日目の気温は午前9時に29.6℃、午前10時に32.6℃、午前11時に33.1℃であった。本件合宿では熱中症対策として本件合宿の主催学校の保護者によりスポーツドリンクが用意され、また30分ないし40分おきに10分ないし15分の休憩時間が設けられた。本件合宿場にはエアコンが設置されていたものの、本件合宿の主催者は1日目にエアコンの冷房を稼働させなかった。

　原告は1日目の午前11時頃、練習を離脱してトイレに駆け込み、嘔吐し、その後、倒れこみ（本件事故）、冷房の入った控え室において冷却措置を受けるとともに水分を摂取しようとしたものの水分を摂取することができなかった。原告は本件合宿の主催者の一人であったH教諭運転の車両による先導を受け、原告の父が運転する車両で山鹿市内の保利病院へ向かい、同病院を受診した。

　原告は保利病院受診時、意識清明であり、剣道の練習後に体調不良となり、嘔気があり、嘔吐したこと、現在では嘔気は落ち着いたこと、診察前に両下肢がつったこと、診察中に右大腿部につる症状があったことを訴え、熱中症と診断を受けて、ラクテック注（500 ml）3袋の点滴を受けた。F顧問は本件事故について電話で連絡を受け、同日午後0時過ぎ頃、保利病院に到着し、点滴中の原告の様子を確認した後、原告の父から本件事故の経緯および原告が熱中症と診断を受け、点滴治療中であることを聞いた。原告の父は原告を連れ帰ろうと考えたものの、F顧問からせっかくなので無理はさせないので原告を残してはどうかと提案を受け、原告を残し、帰宅することとした。F顧問は原告を診察した医師から直接話を聞くことなく、原告の見守りを原告の父に任せ、本件合宿場へ向かった。

　原告は同日夕方までに下肢の痛みが残存するものの排尿が3回あり、両手の力が十分ある様子であった。保利病院の医師は原告および原告の父に対し、明日の運動は様子を見て実施し、嘔気が出たり、意識レベルに変化があればすぐに受診するよう述べた。

　原告は原告の父の車で宿舎に戻った。原告はこの際、下肢に疼痛が残存しており、足をひきずりながら歩行する状態であった。

　ウ　2日目における練習への参加
　原告は2日目午前6時10分頃における宿舎前での体操の際、F顧問に対
し、体調がすぐれないと述べたところ、F顧問は2日目の朝に予定された宿
舎周辺の駆け足訓練（ランニング）を免除して、周辺を散歩するよう指示し、
原告は駆け足訓練に参加しなかった。もっとも、F顧問は原告に対し、その
後予定された本件合宿場での練習を見学するよう明確な指示をしなかった。
　原告は2日目午前9時から開始された本件合宿場での経験者グループ（本
件合宿は経験者グループと初心者グループの2つに分けて実施された）の練
習に参加し、素振り、すり足、基本打突練習、切り返し、打込み稽古（かか
り稽古。2人一組で、一方が元立ちをして相手方に打たせ、他方が10ないし
15秒間連続して元立ちを打つ稽古）および地稽古（互いに技をかけ合う稽古）
をし、地稽古の際は元立ちをする指導教諭と組み、最後に跳躍素振りをした。
　F顧問は2日目における本件合宿場での練習について、原告が練習に参加
していることを認識していたものの、原告を注視していなかった。
　なお、本件合宿の主催者は2日目、エアコンの冷房を稼働させた。
　エ　3日目における経過
　原告はF顧問の指示を受け、3日目早朝における宿舎周辺での駆け足訓練
（ランニング）に参加しなかった。また、原告は午前9時からの本件合宿場で
の練習において準備運動の駆け足に参加したところ、ふらつく様子が見受け
られたため、F顧問は原告の腕を引いて駆け足をする生徒たちの集団から出
るよう指示し、原告は駆け足以降の午前中の練習には参加せず、防具をつけ
ずに素振りをした。指導教諭との地稽古には参加していない。
　原告は3日目午後の本件合宿場での練習において初心者グループで、比較
的軽い練習に参加した。
　なお、本件合宿の主催者は3日目、エアコンの冷房を稼働させた。
　F顧問は原告が本件合宿において熱中症になったことについて学校事故報
告書を作成せず、また本件中学校の校長は本件事故について教育委員会に報
告しなかった。

(3)　**下腿の筋損傷および通院**
　原告は本件合宿後、主に下肢の疼痛を主訴として平成28年8月21日に、
ちどり整骨院を受診して左下腿および右大腿部について施術を受け、同月22

日から同月29日まで秋山クリニックに通院（実通院日数6日）し、左腓腹筋損傷の診断を受けた。原告は同日、秋山クリニックにおいて、痛みはだいぶ引いてきたと述べ、痛みがぶり返すようであれば再来するよう指示を受けたものの、その後、上記クリニックを再診することはなかった。

　原告は同年8月は本件剣道部の練習を休み、同年9月初旬から練習に参加し、同年10月初旬、本件剣道部から新人戦の剣道大会に出場した。

⑷　原告の母による相談およびF顧問の指導

　原告の母は新人戦敗退後の平成28年10月初旬頃、F顧問に対し、原告が本件剣道部の部長として本件剣道部所属の同級生3名（以下「同級生3名」）に向けて指示をするのに対し、同級生3名が指示を聞き入れてくれない旨の相談をした。なお、原告は同年8月頃に同級生3名のうちの一人に対し注意をしたところ、その同級生がこれに従わなかったという出来事があり、この出来事をきっかけに同級生3名との関係が悪化し始めたものである。

　F顧問は原告および同級生3名に対し、事実を確認したうえ同級生3名に対し、部長である原告はF顧問による練習内容の指示を受けて他の部員らに指示をするのであるから、原告からの指示はF顧問の指示と考えて取り組むように指導するとともに本件剣道部の部員全員に対して同様の指導をした。

⑸　咳を主訴とする通院および冬季合宿への不参加ならびに原告の母による相談

　ア　原告は平成28年12月2日、咳および吐き気を主訴として武市クリニックを受診したところ、血液検査において白血球数が基準値を超えており、急性気管支炎およびマイコプラズマ感染と診断を受けた。

　原告は咳および鼻水を主訴として同月17日に武市クリニック、同月19日に、うえだクリニック耳鼻咽喉科・皮膚科を受診し、それぞれアレルギー性鼻炎と診断を受けた。

　原告は同月22日、舞の里内科クリニックを受診し、鼻水および咳を訴えるとともに体動時に息苦しさがある旨を訴えた。原告は血液検査においてCRPが基準値を超えており、急性気管支炎・頭痛および不整脈（疑い）と診断を受けた。

　イ　原告の母はF顧問に対し、原告の体調が悪いため同月25日から予定

されていた剣道部冬季合宿を休ませる旨を連絡し、原告は同合宿に参加しなかった。F 顧問はこの際、原告の母から合宿を怖がっている旨の話はされなかった。

　　ウ　原告の母は平成 29 年 1 月頃、F 顧問に対し、本件剣道部の活動状況について F 顧問が平成 28 年 10 月に指導をした直後はよかったものの、次第に指導前の状態に戻り、原告と同級生 3 名の関係が不良である旨の相談をした。そこで F 顧問は同級生 3 名に対して個別指導をした。これに対し、同級生 3 名の各保護者が一同に来校し、F 顧問に対し、同級生 3 名だけを一方的に悪いと決めつけて指導するのはおかしい、原告にも非があると反発し、抗議をした。

　　原告と同級生 3 名との関係はなかなか改善しなかった。

⑹　ふらつきや倦怠感を主訴とする通院の開始および本件中学校への欠席の増加

　　ア　原告は F 顧問による指導後、本件剣道部において大人の指導者がいない際、同級生 3 名が原告の指導に従わず練習を怠けるため、一部の下級生の部員とのみ練習をするような状況が続いたことから、同年 2 月頃から本件剣道部の練習に欠席するようになった。

　　そのため、原告の母が F 顧問に再度相談して同級生 3 名との話合いの場が設けられたものの、原告と同級生 3 名との関係はなかなか改善しなかった。

　　イ　原告は平成 29 年 2 月 27 日、朝の倦怠感およびふらつきを主訴として舞の里内科クリニックを受診したところ、自律神経失調症（疑い）との診断を受け、同年 3 月の間、本件剣道部を休部した。

　　原告は同年 3 月 2 日、上記クリニックを受診し、福岡東医療センターの紹介を受けた。上記センター宛ての診療情報提供書には原告について平成 28 年 9 月頃から起床時にふらつき、動悸、めまい、頭痛が出現するようになり、平成 29 年 1 月頃から増悪傾向が認められるようになったこと、平成 28 年 9 月から本件剣道部の部長となり、心因性の可能性も疑われることなどの記載がある。

　　ウ　原告は同年 3 月 2 日、福岡東医療センターを受診し、症状として起床時および急な体動時に動悸がすることを訴えるとともに「もともと偏頭痛持ちで、立ちくらみはときどきあった。2016 年 9 月頃より動悸、めまい、ふら

つきの頻度が増えた。同時期に部活でキャプテンをつとめるようになった。2月下旬、期末テストで10日間部活が休みのときは朝から学校に行き、期末テストも受けることができた。今週に入り、部活が再開したとたんにまた遅刻が増えた」旨を訴えた。また、たちくらみや息切れの訴えのほか、入浴時や嫌なことを見聞きすると気持ち悪くなる旨の症状があると訴えた。

　原告は同年3月6日、上記センターを受診した。同日の診療録には「部活はキャプテンをしている。2年生は4人だが自分の他にふざけて練習中に携帯ゲーム機を持ってくる子がいて注意しているうちにすっかり孤立してしまった。無視されたりもするのでこれまで頑張ってきたが心が折れている状態。担当は教務主任の先生で平日はほとんど来ない。このため他の子への歯止めもきかない。3年生がいたころは彼らとも仲良くできていたのにいなくなってから上手くいかない。この状態に対し、なんで頑張っている自分がこのような目にあったりしないといけないのかと非常に悔しい様子。母も彼に対して間違っていない、そのままでいい、正直に真面目に育ててきたのに、なぜ周りはわかってくれないのかというように思っている」旨の記載がある。上記センターの医師は原告について、起立性調節障害があるものの、心理的な要因が強く、部活に関しては偉い人がいないので歯止めがきかない点、同級生3名のうち原告に反発する子の方が場を支配する能力が高い点、原告およびその家族の融通がちょっと利かない点など、第三者が介入すべき部分が複数あると考えられるものの、当面は、薬を使いながら話を聞きつつ、原告および原告の母へ気づきを促していくほかなさそうである、とした。

　原告は同月13日、予約日より前であったものの上記センターを受診し、学校に行こうとしても「怖い」と述べて震えてしまい、行くことができない状態であると訴えたところ、上記センターの医師は原告に対し、学校へ行かなくてもいいのではないか、気分を緩くしたほうがいいかもしれないと説明し、いじめられている状態では学校へ行かないことも選択肢の一つであるし、そうでないと本件中学校が対応してくれないかもしれない、とした。

　エ　原告は同年3月頃から本件中学校への遅刻や欠席が散見されるようになり、同月の出席状況は授業日数17日に対し、欠席2日、遅刻4日であった。

　オ　原告は同月16日、舞の里内科クリニックを受診し、不安や動悸がある旨を訴え、心身症と診断を受けた。

　福岡東医療センターから舞の里内科クリニック宛ての同月31日付け「御

報告」と題する書面には、原告の症状について「部活で上手くいっておらず孤立無援の状態とのことで心理的に学校に行きたくない、また行かせることが良いとも言えないという非常に難しいことになっており、学校との連携や本人および両親の考え方への介入も必要と考えられました」との記載がある。

⑺　中学3年生への進級および遅刻や欠席の増加ならびに心療内科への通院

　ア　原告は平成29年4月、本件中学校の3年生に進級したところ、クラス替えにおいて同級生3名のうち最も原告との関係が悪い本件剣道部の副部長と同クラスになった。また、F顧問は同月から本件剣道部の顧問を辞め、ソフトボール部の顧問となった。

　原告は先月よりも本件中学校への欠席および遅刻が増え、平成29年4月の出席状況は授業日数18日に対し、欠席8日、遅刻日数2日であった。

　イ　原告は同年4月6日、舞の里内科クリニック漢方内科を受診し、めまいや動悸を訴えるとともに、剣道について平成28年の夏に脱水を起こした旨を述べたものの、脱水後に過酷な練習をした旨は訴えなかった。

　ウ　原告は同月24日、朝の調子が悪く、めまい、脱力および動悸があることを主訴として福岡聖恵病院を受診した。同日の診療録には「明るく真面目な性格で中学校で剣道部のキャプテンをしていた。部活には顧問の先生もほとんど来ず、真面目に部活をしない部員に注意をし、キャプテンとしての負担や重圧が大きかった。平成28年の春に他県の学校と合同で合宿があり、熱中症にかかったが無理をせざるを得ない状況であった。結果的に合宿をボロボロの状態でこなしたが、人前で失敗して自信をなくし、それがトラウマになった。その後も約半年間、他の部員にひやかされたり仲間外れにされたりする状況が続き、平成28年10月頃より部活に行きたくないと訴えるようになった。この頃より性格が変わり、朝起こそうとしたり、外に連れ出そうとしたりすると暴れて抵抗し、感情の起伏が激しくなった。冬の合宿への参加が話題となった際には過呼吸や動悸の症状がみられた。次第に「学校に行くとドキドキする」「外に出るのが怖い」「人（両親含む）と話すのが怖い」「一人になりたい」と訴えるようになり、平成29年2月頃より不登校となっている。その後、舞の里内科を受診後、東医療センターを紹介され、受診。あらゆる検査をしたが内科的にはまったく異常がなく自律神経失調症といわれて現在は舞の里内科で漢方薬を処方されている。東医療センターにて心療

内科の受診も相談したが若いし難しいと言われ、インターネットで調べ、平成29年4月20日、当院への相談に至った。本人も家族も書籍を読んでパニック障害ではないかと考えているとのこと」との記載がある。原告は本件事故について夏の合宿で2泊3日の初日になったもので、意識がなく、その後の合宿では体調が悪いなか、みんなの手本になるよう動かないといけないと考え、足が痛く、体調が悪かったが弱音を吐くことができず、休むことなく全部の練習に参加した旨を述べた。また、本件剣道部の他の部員との関係について同級生3名と原告の3対1の状態であり、相手の子がわかってくれないこと、相手の子をまったく認めていないこと、同年2月の試合では何とかもち直したものの同年4月に顧問の先生が変わってしまったことを述べた。そして、原告は人と会うのが怖い旨を述べたものの、大人のうち特に男性が怖い旨を述べることはなかった。さらに、原告は熱中症で倒れたことでPTSDを発症したかもしれないと述べた。

　同病院の医師は原告について、部活動での出来事に傷つき、不登校となったもので反抗期と混ざった印象を受けるとし、抑うつ神経症と診断した。

　エ　原告は同月26日、夜間診療所の心療内科を受診し、不眠、不安、落ち込み、動悸、めまい、頭痛および脱力といった症状を訴え、問診票においてこれら症状のきっかけとして思い当たることに「人間関係（部活）」と記載したうえ、半年前に本件剣道部の部長になったが本件合宿において熱中症になり、指導教諭に原告の体調に留意してもらえるよう任せたものの体調が悪化してうまくいかずパニックになった旨を記載した。また、診察時に平成28年の夏に本件剣道部の部長になったなかでいろいろなトラブルがあって不適応を起こし、現在、まともに学校に行くことができない旨を述べ、うつ状態および不安神経症との診断を受けた。

　オ　原告の母は平成29年5月8日、古賀市教育委員会学校教育課に出向き、原告が登校できなくなったことについて指導主事に相談した。原告の母はその際、原告が本件剣道部の部長であるところ、同級生の部員が練習を怠り、そこへ後輩を誘い込むため原告が孤立し、みんなが部長である原告の指示を聞かなくなっていること、本件剣道部の顧問から同級生らに対して指導してもらったものの、その同級生らの親が本件中学校に怒鳴り込む事態になり、より関係がこじれたこと、原告に対し、本件剣道部を辞めてはどうかと話したものの、まじめさから練習に復帰したいと考えており、親としても応

援したいと考えていることを述べた。他方で、本件事故および本件合宿での練習への参加状況については述べなかった。

　指導主事は原告の母に対し、古賀市から本件中学校に連絡をすること、状況に応じてスクールソーシャルワーカーを依頼することを告げた。

　古賀市教育委員会を経由して原告の学級編成に対する不満を認知した本件中学校はその頃、原告の担任教諭が本件剣道部の副部長である同級生との接触を最小限にするよう、行事の参加体制や座席への配慮をした。

　カ　原告は同年5月16日、野田クリニックを受診した。原告は問診票において半年前から部活の人間関係がうまくいかず体調を崩したことを記載し、症状が出た頃に起きた特別な出来事として、本件剣道部の部長となり部員をまとめることができず半年間過ごしたことを記載した。また、原告は診察時に、中学2年生のときに本件剣道部の部長に指名され、同級生からいじめを受け、1対3で対立し、教師が同級生3名に対してふざけることを指導したところ、同級生3名の親がこれに対して抗議したこと、同年3月に一旦本件剣道部を休部したところ、その間に顧問が交代したこと、中学3年生になった際、同級生3名の中で一番関係の悪い本件剣道部の副部長と同クラスになったことを述べたものの、本件事故については述べなかった。なお、原告は同日（同年5月16日）にスクールソーシャルワーカーである社会福祉士J（以下「J」）と面談した旨を述べた。

　野田クリニックの医師は原告に対して心理検査を実施し、抑うつ神経症と診断した。野田クリニックの通院は1日で中止となった。

　キ　原告は同年5月17日、朝なかなか起きることができないとして福岡東医療センターを受診した。原告は同年4月から環境が変わったこと、具体的には本件剣道部の顧問が変わったこと、揉めている同級生と同じクラスになったことを述べ、また、朝起きたくても起きられないものの塾には通うことができる旨を述べた。

　また、原告の母は同月31日、上記センターを受診し、原告がふさぎ込んで部屋から出たくないと言うこと、原告が本件中学校の体育祭に欠席し、その後登校したものの教室に行きづらい様子であることを述べた。

　原告の同年5月の出席状況は授業日数19日に対し、出席7日、欠席12日、遅刻6日、早退1日であった。

　ク　原告はスクールソーシャルワーカーのJと、同年5月から定期的に面

談をしたところ、Jから原告の不定愁訴の原因が本件剣道部または剣道自体にあるので本件剣道部を退部したほうがよいと助言を受け、同年6月、本件剣道部を退部した。

　原告の同年6月の出席状況は授業日数22日に対し、出席21日、欠席1日、遅刻1日、同年7月の出席状況は授業日数12日に対し、出席11日、欠席1日、遅刻2日、早退2日、同年8月の出席状況は授業日数3日に対し、出席3日、遅刻早退0日、同年9月の出席状況は授業日数20日に対し、出席19日、欠席1日、遅刻2日であった。

　また、原告は同年6月から同年9月までの間、上下気道炎と診断された同年9月19日の舞の里内科クリニックへの受診まで病院を受診しなかった。

⑻　欠席の増加およびスクールソーシャルワーカーによるPTSDの指摘ならびに通院の再開

　ア　原告は平成29年10月から欠席が増え始めたためJに相談したところ、原告の症状の原因が学校生活にあるのであれば学校に行かない選択もあるのではないかと助言を受けたため、同月下旬頃から本件中学校を欠席して学習塾で勉強するようになった。原告の同月の出席状況は授業日数16日に対し、出席7日、欠席9日であった。

　イ　原告の父は同月頃、Jに対し、原告に聴覚過敏の症状がある旨を相談したところ、Jは過酷な状態に追い込まれるとアドレナリンが過剰分泌して聴覚過敏を引き起こすことがあり、本件合宿中に本件事故が生じたにもかかわらず、厳しい練習をしたことでPTSDを発症したのではないかと指摘した。原告の父は本でPTSDについて調べ、次第に原告の症状について本件事故後の練習に起因するPTSDであると考えるようになった。

　ウ　原告は同年11月2日、本件中学校へ登校したものの早退し、それ以降登校しなかった。原告の父は同月中旬頃、本件中学校に電話をかけ、原告は今後登校しないので給食を止めるよう求めた。

　エ　原告は同年12月6日、保護者とともに約5か月ぶりに福岡東医療センターを受診した。本件中学校に登校せず学習塾に通っていたものの、志望校に関して成績が振るわず、学習塾に行くこともできなくなり自宅にこもる状態となったとのことで、主治医は求めに応じ、九州大学病院心療内科へ紹介状を作成することとした。

　上記センターの医師は同月8日付けで九州大学病院心療内科への診療情報提供書を作成した。診療情報提供書には「中学校2年の9月頃から起床時のふらつき、動悸、立ちくらみもあり、起立性低血圧を疑われ当科紹介となりました。誘因については剣道部のキャプテンになったものの部員がまったく本人の言うことを聞いてくれず、先生も相談にのってくれないことのようでした。空回りしているのですが、自分が正しいことをしていると、空回りなことを認められない様子でした。その本人の気持ちを受け止めつつ、どう適応していけばいいのかを一緒に考えようとしていたのですが数回で受診は途絶えました。他の心療内科を受診され、うつと診断され内服薬を処方されたそうです。副作用が強いとのことでまた当科を受診されたもののすぐに受診が途絶えてしまい、介入が難しいご家庭でした。現在は学校には行かせず、塾にだけ通わせておられたようです。成績が目標の高校に届かないとわかったあたりから調子を崩され、起きられず、塾にも行けなくなったので貴院の受診を希望されています」との記載がある。

　オ　原告の父はJに対し、精神科では単に抑うつ状態と診断されるだけで根本的な治療をしてもらえないと相談したところ、Jは比較的優良な精神科病院としてすぐに予約がとれる香椎療養所を挙げた。

　そこで、原告は同年12月20日、香椎療養所を受診した。原告は症状として聴覚過敏、意欲低下および入眠困難を訴えたうえ、中学1年生時、本件剣道部で女子がいじめられているのをF顧問に伝えたもののF顧問が介入せず、原告自ら仲裁した出来事があったこと、もともと正義感が強いこと、本件剣道部の練習を真面目にやっていたのに対し、不真面目な部員のほうが多く、温度差があったことを述べるとともに、同年10月後半から登校せず、学習塾に通っていたものの課題量が多くついていけなくなったこと、勉強を頑張ったものの自信をなくしたこと、スクールソーシャルワーカーと相談して、志望校を変更したことを述べた。他方で、本件事故や本件事故後の練習については述べなかった。原告は抑うつ状態との診断を受けた。

　原告は平成30年1月5日、香椎療養所を受診し、聴覚過敏が少し改善した旨および塾の重圧がない日には起床できる旨を述べた。

　カ　原告は同月12日、香椎療養所を受診した。原告は本件合宿において倒れて筋痙攣を起こしたこと、本件事故後の厳しい練習、特に熊本県の中学校の指導教諭による練習で死ぬ思いをしたこと、冬季合宿は直前に発熱と過

呼吸を理由に参加しなかったこと、その後から体が思うように動きにくくなり、周囲の友人に相談したものの取り合ってもらえず人間関係がうまくいかないことを述べた。また、原告は原告の父からスクールソーシャルワーカーがPTSDを発症したことにより現在の状態になったのではないかと指摘したと聞き、本を読んで、やはり自己の症状がPTSDであると思うこと、そのきっかけが熊本県の中学校の指導教諭による厳しい練習にあることを述べた。

　キ　原告は同年2月1日、香椎療養所にJの同行のもと受診した。原告の母は原告について、小学校2年生まで落ち着きがなく、検査してもらったところADHDのグレーゾーンと診断を受け、その後も原告がADHDではないかと疑っていたと述べた。原告は同月8日、香椎療養所においてASD（自閉スペクトラム症）特性についての検査を受けた。

　原告は同月15日、香椎療養所を受診した。原告は感覚過敏が少し残っており、ちょっとした物音にびくっとすることがある旨、本件合宿において医師がその後の練習を許可し、F顧問も原告を任せてほしいと原告の父に対して述べたため、かかり稽古や跳躍素振り300回をして体が動かなくなったこと、3日目の本件合宿の練習はF顧問が止めてくれたこと、中学3年生の大会直前まで剣道を続けたこと、本件合宿後に部員が問題を起こして部長である原告が責任をとらされたことを述べた。原告の母は原告について、体調がだいぶよくなってきた様子であり、受験が終わったらやりたいことについて話すようになった旨を述べた。

　原告は同年3月8日、香椎療養所を受診し、本件中学校の卒業式には参加せず、卒業式後に原告の父が卒業証書を取りに行く旨、聴覚過敏は昔からあり、隣の部屋の音が聞こえる程度である旨を述べた。

⑼　卒業および進学ならびに通院の継続

　ア　原告は平成30年3月10日の本件中学校における卒業式を欠席した。
　原告の父は同月16日、原告の卒業証書を受領するため本件中学校を来訪し、本件中学校校長および原告の担任兼生徒指導担当教諭と面談し、一旦は卒業証書を受け取ったものの、〔1〕本件事故に伴う対応、〔2〕本件剣道部の日常の指導に関する対応、〔3〕原告の学級編成に関する対応、〔4〕本件剣道部の指導者の決定に関する対応について文書での回答を求めるとともに、上

記 4 点について明確になるまで卒業証書の受け取りを拒否する旨を述べ、卒業証書を本件中学校校長に返却した。なお、F 顧問はこの際初めて、原告が心身症を発症したのは本件事故後の練習が原因である旨を聞いた。

　これを受け、本件中学校は同月 30 日、F 顧問からの聴取を踏まえ、原告の父に対し、口頭説明をしたところ、原告の父は同年 4 月 2 日、古賀市教育委員会に対し「苦情並びに質問の申し立てについて」と題する書面を提出し、原告が本件合宿の 1 日目に熱中症で倒れ、終日、点滴治療を受けたものの 2 日目に他校の指導教諭から熾烈な稽古を受けたことにより感覚過敏の心身症を発症したとして、指導体制について苦情を申し立てるとともに本件合宿時の状況について調査し、書面で回答するよう求めた。

　イ　原告は同年 4 月、福岡県立博多青松高等学校に進学した。

　ウ　原告は同月 28 日、香椎療養所を受診し、調子があまりよくない旨、聴覚過敏で授業に集中できない旨を述べた。原告の父は原告について PTSD を疑っており、診断のため久留米大学病院を受診したい旨を述べた。

　香椎療養所の医師は同年 5 月 12 日付けで久留米大学病院神経精神医学講座外来担当医宛ての診療情報提供書を作成した。診療情報提供書には原告の初診時の主訴が朝にめまいのような感じがあり、起きることができず、また聴覚過敏があるというものであったこと、平成 28 年の中学 2 年時に本件剣道部の部長になり、やる気があったものの同級生との間にやる気の温度差があったこと、本件合宿の 1 日目に本件事故が生じ、保利病院に搬送され、点滴治療を受け、2 日目に練習に参加したが、きつく、その後稽古に不安や息苦しさを感じるようになったこと、不調であることを周囲の部員に話したがそっけなかったこと、その後「負け犬」と揶揄されることがあったこと、同年 11 月の剣道の試合の日に朝起きられなくなり、同年 12 月の冬季合宿についてその数週前から続く発熱、息苦しさにより不参加としたこと、平成 29 年 2 月頃から朝起きることができず登校できなくなり、同年 3 月に東医療センター小児科を受診し、起立性調節性障害の診断を受けたこと、同年 4 月（中学 3 年時）にトラブルとなっていた副部長と同じクラスになり、しばらく通学したものの起立性調節性障害の症状が増悪し、次第に不登校となったこと、同年 5 月にスクールソーシャルワーカーに相談すると不調の原因は部活と指摘されたため本件剣道部を辞めたこと、同年 10 月後半から完全に不登校となり（同年 11 月から学校に行かないと決めた）、塾のみ通い、やや改善傾向

となったが、意欲の低下、入眠困難、朝の不調、受験への強い不安があり、福岡聖恵病院や野田クリニックを受診し、同年12月20日に香椎療養所を受診したこと、平成30年4月に高校進学後、高校の自由度の高さに慣れるのに時間がかかるようで不安として、（以前からある）聴覚過敏が生じているものの原告の現状についておおむね順調な経過と考えることの記載がある。

　エ　原告は高校入学後、ライフル競技をしたいと述べ、原告の父が連絡をとり、同年5月からライフル競技の練習を始めた。

　原告は同年5月17日、香椎療養所を受診し、同月12日に射撃場で射撃をしたところ、帰宅後に射撃スーツの暑さで本件事故を思い出してフラッシュバックし、その後4日間不眠である旨および聴覚過敏があり就職に不利でないか心配である旨を述べた。

　オ　他方で、古賀市教育委員会は原告の父による質問に対し、同年5月14日付け、同月24日付け、および同年10月23日付けの各書面で回答した。

⑽　久留米大学病院への通院の開始および適応障害の診断

　ア　原告は平成30年5月29日から久留米大学病院精神神経科への通院を開始し、主治医であるG医師の診察を受けた。

　原告は初診時、本件合宿について1日目に熱中症になり、病院で点滴3本を受け、2日目、早朝のランニングを免じられたものの、その後の練習において他県の中学校の指導教諭から「キャプテンだから音を上げるなよ」と言われて、体当たりや竹刀を飛ばすなどの激しい稽古を受け、この際に冷房がついていたためよかったものの冷房がついていなかったら死んでいたのではないかと述べた。また、症状が悪化した原因について、射撃を始めて本格的な射撃スーツを着用した際に、暑くて1時間で練習をやめたところ、その日の夜から苦しいときの症状がぶり返し、大人に対する激しい感情、不眠となり、登校できていた高校を欠席するようになったもので、暑さがトリガーになっていると述べた。

　G医師は原告について、心的外傷的出来事を疑う点は本件合宿2日目の練習にあると考え、熱中症であることに配慮しない厳しい指導を受け、練習を続けたことで身体的、精神的に厳しい状態になったものとしてPTSDの診断に該当すると考え、確定診断が成立するか検討することとした。

　イ　原告は同月31日、久留米大学病院を受診し、本件事故後から怒られる

ことができなくなり、他人が怒られるのを見てもふらついたり、手が震えたりするようになったこと、F顧問および原告を本件合宿場に置いて帰った原告の父に憎しみがあり、2日目以降の練習について「やれるならやってもいい」と言った保利病院の医師を含め、大人のみんなに憎しみがあり、本件合宿により大人そのものが信用できなくなったこと、五感の鋭さは小さい頃からあったもののスクールソーシャルワーカーに相談した際に聴覚過敏に気づいたこと、本件合宿以外にも問題があり、具体的には中学2年時に本件剣道部が荒れ、中学3年時に不仲であった本件剣道部の部員と同クラスになったもので、原告の状況を把握しない本件中学校の対応に対し失望したこと、サウナ状態が最も苦手であり、汗や蒸し暑いところが苦手であるため、梅雨が怖い旨を述べた。また、原告はAQ（自閉症スペクトラム指数）についての検査を受けた。

　G医師は原告について、ASD（自閉症スペクトラム）を疑わせる所見が認められることから、このような発達特性を含めて脆弱性を診断すべきとしたうえ、PTSDのトラウマ体験に本件合宿の2日目における練習が該当しない可能性が高いとして、原告の傷病名を適応障害に変更した。

　ウ　原告は久留米大学病院において同年6月26日に、ちょっと暑いだけで大量に汗をかき、落ち着きがなくなり、じめじめした日は具合が悪く、単に暑いのではなく蒸し暑いのがよくない旨、同年7月3日に、暑いと情緒不安定になる旨を訴え、同月10日以降、家族への不満を訴えた。

　原告は同年6月頃から次第に高校への欠席、遅刻および早退が増え始めた。

　なお、原告は同年8月7日、久留米大学病院耳鼻咽喉科において耳内に器質的な異常はないとの診断を受けた。

⑾　原告に対する診断

　ア　原告の父は平成30年10月頃、本件中学校に対し、原告が高校に入学したものの登校できておらず、これは本件事故が原因で発症した傷病によるものであるとして、本件中学校において原告が受診した各病院に対し、原告の症状の原因が本件事故ないし本件合宿にある旨の診断書を作成してもらうよう求めた。

　そこで、本件中学校の養護教諭は同月、福岡聖恵病院、福岡東医療センターおよび野田クリニックに対し、それぞれ原告が本件事故に起因して傷病を発

症した旨の診断書を作成するよう求めたものの、いずれも<u>診断書の作成に至</u><u>らなかった。</u>

　イ　他方で、G医師は同年11月1日、原告について本件合宿での体験をストレス因とみなし、熱中症による意識障害だけでなくその後、体調不良に対する配慮を受けずに過酷な稽古に曝されたことへの心理的影響によりフラッシュバックを含む再体験症状、関連する物事を避ける回避症状、過度の警戒心、集中困難、睡眠障害など外傷後ストレス障害の症状と類似した症状を呈し、さらに抑うつ気分、聴覚過敏の症状も加わっており、<u>適応障害であると</u><u>の診断</u>をした。

⑿　**障害者手帳の交付および独立行政法人日本スポーツ振興センターによる**
　　給付金の支給

　ア　原告は平成31年1月15日、福岡県から精神保健および精神障害者福祉に関する法律45条の保健福祉手帳における障害等級3級の障害者手帳の交付を受けた。

　イ　独立行政法人日本スポーツ振興センターは原告に対する給付金として平成28年8月から平成31年2月分までの病院および調剤分の合計20万9792円、障害見舞金として1190万円の支給決定をし、原告はこれらをそれぞれ受領した。

　障害見舞金の内容は独立行政法人日本スポーツ振興センターに関する省令23条に規定する障害のうち第7級の4「神経系統の機能または精神に障害を残し、軽易な労務以外の労務に服することができないもの」に該当するとされた。

⒀　**熱中症について**

　熱中症とは暑熱環境で発生する障害の総称で、熱失神、熱痙攣、熱疲労、熱傷病に分類され、重篤な場合は死に至るところ、近年スポーツ中の熱中症が問題となるようになり、平成6年に熱中症予防のためのガイドラインが作成されるに至った。

　熱中症の発生には気温、温度、風速、輻射熱（直射日光）が関係するとされ、これらを総合的に評価する指標としてWBGT（湿球黒球温度）が挙げられる。

　熱中症の予防のための運動指針として、運動は乾球温度が35℃を超える場合に原則禁止、31℃を超える場合に厳重警戒（激しい運動は中止）、28℃を超える場合に警戒（積極的に休息）とされる。また、熱中症の予防には環境条件に応じた運動、休息や水分補給をすることが必要とされる。さらに、皮膚からの熱の出入りには衣服が関係するため、暑い際には軽装にし、吸湿性や通気性のよいものを着用し、防具を着用するスポーツでは休憩中に衣服をゆるめ、できるだけ熱を逃がすべきとされる。

　F顧問は熱中症予防のためのガイドラインをまとめたガイドブックを読んでいた。

⒁　PTSD について

　PTSDとは外傷後ストレス障害をいい、生死にかかわるような実際の危険にあったり、死傷の現場を目撃したりする体験によって強い恐怖を感じ、それが記憶に残って心の傷（トラウマ）となり、何度も思い出されて、当時と同じような恐怖を感じ続ける病気であり、大規模な災害および犯罪だけでなく、交通事故、家庭内暴力および虐待によっても生じるとされる。

⒂　適応障害について

　適応障害とはストレスになる出来事に対して心が反応し、様々な症状が起こる病気であり、これらの症状は通常、ストレス性の出来事から1ないし3か月以内に生じ、原因となるストレスから解放されると3ないし6か月以内に消失するとされる。適応障害はストレス性の疾患であるため、ストレス因から遠ざかることが最も効果的であるとされる。

・争点⑴（1日目に熱中症予防対策を講じなかった安全配慮義務違反の有無）について

　⑴　原告は、F顧問が熱中症の予防のための具体的な対策を講じる義務に違反したと主張する。

　⑵　本件合宿は本件剣道部の活動として実施されたところ、中学校の部活動は学校教育の一環として行われるから、学校設置者である地方公共団体は部活動に際し、生徒の生命、身体の安全を確保するよう配慮すべき義務を負い、この義務は教育委員会による監督を受けつつ、各学校の校長および教師

が行うことになる。そのため、各学校の校長および各部活動の指導教諭は学校設置者の履行補助者として部活動中の生徒の生命、身体の安全確保に配慮すべき義務を負う。そして、本件合宿は学校教育の一環である本件剣道部の活動として実施されたものであり、かつ、熱中症は重篤な場合、死に至るものであるから、本件中学校の校長および本件剣道部の指導教諭であったF顧問は安全配慮義務の一環として熱中症の予防に努める義務を負う。

　本件合宿では主催者によってスポーツドリンクが用意され、また、30分ないし40分おきに10分ないし15分の休憩時間が設けられていたことから、環境条件に応じた水分補給および休息をとるという熱中症の予防策が一応講じられていたということができる。

　(3)　しかし、近時スポーツ中の熱中症が問題とされ、熱中症の予防についてのガイドラインが作成され、熱中症予防のための運動指針として気温により運動の可否が分類されたことに照らせば、部活動の指導者にはこの指針を順守する前提として、少なくとも乾球温度を把握する必要があったというべきであり、本件合宿における熱中症の予防に努める義務を負うF顧問には本件合宿中、温度を把握しうる環境を整備すべき義務があった。

　本件合宿場では室温の管理をしていなかったのであるから、F顧問はこの義務を怠った。

　(4)　これに対し、被告はF顧問が本件合宿の主催者ではないため、本件合宿場に乾球温度計を設置して室温を管理する義務がないと主張する。しかし、F顧問には熱中症の予防に努める義務があったのであり、主催者に対し、乾球温度計の整備の有無を確認し、その設置を求め、室温を管理させることができたから、被告の主張を採用することはできない。

・争点(2)（2日目に練習に参加させた安全配慮義務違反の有無）について
(1)　争点(2)に関する事実認定の補足説明
　ア　原告は2日目において宿舎周辺での駆け足訓練を除き、本件合宿場での午前9時からの練習すべてに参加したうえ、熊本県の中学校の指導教諭により、体当たりされるなどの過酷な稽古をされたと主張し、これに対し、被告はF顧問が2日目の朝に原告に対し、見学を指示したため原告が2日目に過酷な稽古をしたはずがないと主張する。
　イ　証拠によれば、本件合宿の主催者の一人であるH教諭は2日目また

は3日目に原告と地稽古をしたと陳述し、他方で、原告が3日目に指導教諭との地稽古に参加していないことに食い違いがないこと、原告が医療機関において2日目の練習に参加した旨を述べたことに照らせば、原告は2日目において地稽古に参加したと認めるのが相当である。

　そして、証人Fは2日目の早朝に原告に対し、宿舎周辺での駆け足訓練に参加しなくてよい旨を指示した記憶はあるものの、それ以後の稽古について見学を指示したかどうかの記憶はなく、原告について特に気を留めることなく、原告が2日目に稽古に参加する様子を見た記憶はないと証言する。これに照らせば、F顧問が2日目において原告に対し、稽古を見学するよう指示したということはできない。

　そうすると、F顧問は2日目、原告に対し、稽古を見学するよう明確に指示せず、原告は2日目において本件合宿場での午前9時からの練習に参加したと認めるのが相当である。

　さらに、証拠によれば、原告を含む本件剣道部の部員らは休憩の度に一か所に集まり、そこにF顧問が集合することがあったと認めることができることに照らせば、F顧問は当時、休憩中の原告の様子を認識していたというべきであり、そうであれば原告が見学ではなく稽古に参加していることを当時認識したといえる。

　ウ　他方で、証拠によれば、本件合宿に参加した指導教諭4名は指導教諭が他校の生徒に対し、罵声を浴びせたり、体調不良ないしふらつく生徒に対し、無理やり稽古をつけたり、体当たりするような指導はしない旨を供述し、原告主張の過酷な稽古があったことを否定する。また、原告は1日目に熱中症になったことから2日目において熱中症の影響で通常時よりも身体的・精神的に負荷を感じやすい状況であったことが推認されるところ、証拠によれば、原告は平成30年5月31日の久留米大学病院での診察時、2日目の練習内容について内容自体は普通であったものの筋肉がこわばって動かない状態であったにもかかわらず普通の稽古をさせられた旨を述べたことが認められる。これらに照らせば、原告は2日目に熱中症による下肢の疼痛が残存し、身体的・精神的に負荷を感じやすい状況のもと、特段の配慮を受けないまま通常の稽古に参加したため、通常の負荷の稽古であったにもかかわらず負荷の大きいものと感じたというのが相当であって、他に原告が2日目において体当たりされるなどの過酷な稽古をされたと認めるに足りる的確な証拠はない。

　したがって、2日目の稽古の内容に関する原告の主張を採用することはできない。

(2)　争点(2)（2日目に原告を稽古に参加させた安全配慮義務違反）の検討

　ア　本件事故後に原告を診察した保利病院の医師は原告について、翌日以降の練習を禁止するのではなく、様子を見ながら練習をするよう述べたことに照らして、原告は2日目において必ずしも運動が禁じられる状態であったものではないということができる。そうすると、F顧問が2日目において原告に対し、すべての練習を見学するよう指示すべき義務があったとまでいうことはできない。

　しかし、原告は1日目において熱中症となり、1500 mlの点滴治療を受け、宿舎に着いた際、足を引きずる状態であったうえ、原告は2日目の朝、体調がすぐれない旨を述べたことが認められる。

　イ　指導教諭は部活動を行う生徒の生命および身体の安全に配慮すべき義務を負うところ、証拠によれば、部活動の指導者は生徒が自分の限界や心身への影響について十分な知識や技能をもたないことを前提として、各生徒の発達の段階、体力、習得状況を把握し、無理のない練習となるよう留意するとともに生徒の体調の確認に留意すべきとされることが認められる。

　原告は1日目の終了時には熱中症による筋損傷の影響が残存する状態であり、2日目にどのような運動が許容されるかは2日目の原告の状態を確認して判断する必要があり、F顧問には2日目には原告の状態を注視し、体調がすぐれない様子が見受けられれば、原告に見学や休息を指示すべき義務があった。

　しかし、F顧問は原告の2日目の早朝の体調不良の申出を受け、2日目の早朝に予定された宿舎周辺の駆け足訓練（ランニング）を免除して周辺を散歩するよう指示したものの、その後の練習について見学するよう明確な指示をせず、原告が見学ではなく練習に参加していることを認識しつつも、原告を注視しなかったのであるから、上記の義務に違反したということができる。

　ウ　これに対し、被告は原告が2日目の稽古に自発的に参加したにすぎず、F顧問に安全配慮義務違反はないと主張する。しかし、仮に原告が自発的に稽古に参加したとしても、指導者には生徒が自分の限界や心身への影響について十分な知識や技能ないし判断能力をもたないことを前提として、無理の

ない練習となるよう留意することが求められるのであるから、F顧問には原告が自己の状態について的確に判断できないことを前提として、原告を注視する義務があったということができる。したがって、被告の主張を採用することはできない。

　エ　なお、原告は学校組織全体としての安全配慮義務違反を主張する。

　しかし、証拠によれば、部活動の顧問の教師は生徒の活動に立会い、直接指導することが原則であるものの、教師に任せきりにならないよう、その負担軽減も考慮しつつ、外部指導者の協力や他の教師との連携・協力のほか、顧問の教師と生徒との間で約束された安全面に留意した内容の方法で活動をさせ、部活動日誌により活動内容を把握して、直接練習に立ち会えない場合にも安全確保を図るとされることに照らせば、F顧問が本件合宿のすべてに必ず立ち会わなければならないということはできない。そして、本件合宿はF顧問以外に指導教諭が12名おり、個々の指導教諭が全体の生徒を指導する立場であったのであるから、本件剣道部はF顧問以外の指導教諭による指導を受ける状況であったことに照らして、F顧問が本件剣道部における1日目午前の稽古に立ち会わなかったことがただちに学校組織全体の安全配慮義務違反にあたるということはできず、他にこれを認める的確な証拠はない。

　また、F顧問は校外活動届を提出しなかったものの、原告は2日目において必ずしも運動が禁じられる状態であったものではないから、仮にF顧問が本件事故について本件中学校の校長に報告したとしても、そのことからただちにF顧問が原告に対して見学や安静を指示したということはできない。さらに、F顧問は本件合宿後、本件事故について事故報告書を提出しなかったものの、このことが原告の本件合宿中の出来事を左右するということはできない。

　したがって、原告の主張を採用することはできない。

・争点(3)（安全配慮義務違反と本件事故の発生および適応障害の発症との間の相当因果関係の有無）について

(1)　本件事故の発生との間の相当因果関係の有無

　1日目の気温は午前9時に約29℃、午前10時に約32℃、原告が倒れた午前11時に約33℃であり、熱中症の予防のためのガイドラインに照らせば、午前10時には31℃を超える厳重警戒（激しい運動は中止）とされる気温で

あったところ、原告が嘔吐した際、原告は剣道の面を着用していた。そして、部活動の指導者は少なくとも乾球温度を把握すべきであったから、仮に、本件合宿場に温度計が設置され、指導者が気温を把握したとすれば、気温が31℃を超え、厳重警戒の状態になったときには熱中症の予防についてのガイドラインに従い、面を着用しない、より軽装での練習や負荷の軽い練習を指示したり、本件合宿場に設置されたエアコンの冷房を稼働させて室内温度を下げたりする対処をとっていた、ないしすべきであったということができる。

こうした対処がとられていれば、原告が実施した稽古は本件事故時より負荷が軽いか、室内温度が低い状況下でのものとなったのであるから、原告が熱中症にならなかった可能性が高い。

したがって、F顧問による安全配慮義務違反と本件事故の発生との間には相当因果関係があるというべきである。

(2)　適応障害の発症との間の相当因果関係の有無

ア　原告は2日目に経験者グループに入れられ、死にかけるような状態のなか、他校の指導教諭から過酷な指導を受け、適応障害を発症したと主張し、これに沿う診断書および意見書がある。

イ　(ア)　本件合宿直後の部活動（平成28年8月から同年9月まで）

しかし、適応障害の症状は通常ストレス性の出来事から1ないし3か月以内に生じるとされるところ、原告は本件合宿後、下肢の疼痛が軽減された同年9月から同年10月初旬の新人剣道大会までの間、本件剣道部の練習に参加し、原告がこの間、剣道の練習について辛いと述べたり、体調不良を訴えたりしたことはうかがわれず、剣道の練習に対する否定的な反応を示したことはうかがわれない。仮に、原告がその頃、本件合宿2日目の稽古について死ぬような過酷なものであったと捉えていた場合、本件合宿から1か月足らずしか経過しておらず、気候がけっして涼しいということのできない9月に面や胴着を着用するという本件合宿2日目とほぼ同じ状況下（2日目にはエアコンの冷房が稼働し、本件合宿場の室内温度が下げられた状態であったのに対し、本件剣道部が活動する道場ではエアコンによる室内温度管理がされていたという事情は認められない）で、剣道の練習をすることについて否定的な反応を示したり、本件合宿時の過酷さを想起したりするのが自然だが、原告がこのような反応を示したことはうかがわれない。

　そして、9月頃は気候的には1年のなかでも比較的暑いということができるが、原告がその頃、暑さや湿気が苦手であると訴えたことはうかがわれない。

　そうすると、原告の同年9月から同年10月初旬までの間の状態は2日目の稽古がストレス因となるほど過酷であったという原告の主張と整合しないというべきである。

　(イ)　同級生3名との不和および体調悪化ならびに本件中学校への欠席の増加（平成28年10月から平成29年3月まで）

　原告は平成28年8月頃から同級生3名との関係が悪化し始め、本件合宿後の同年10月頃から同級生3名が本件剣道部の部長である原告の指示を聞き入れない旨を訴え始め、F顧問が同月に同級生3名に対して指導したものの、平成29年1月頃、同級生3名の状態は指導前の状態に戻って原告の指示を聞き入れないようになり、F顧問が原告の母の相談を受け、再度同級生3名に対して指導したところ、かえって同級生3名の母が反発する状況であった。このように、原告はF顧問の指導以降も同級生3名との関係の改善がさらに困難となっただけでなく、保護者間の関係性にまで問題が生じたのであり、このような本件剣道部に関する出来事は部長であり、責任感の強い当時中学2年生であった原告にとって心理的負担の大きいものであったことが推察される。また、本件剣道部の練習はほぼ毎日行われており、原告は関係のうまくいかない同級生3名に対し、ほぼ毎日接し、部長として指示をする必要があり、ほぼ毎日心理的負担にさらされたということができる。

　そして、原告は同年2月頃から本件剣道部の練習を欠席するようになるとともに同月27日から朝の倦怠感およびふらつきを主訴とする舞の里内科クリニックないし福岡東医療センターへの通院を開始し、主に本件剣道部における人間関係について述べ、医師から本件剣道部で孤立している状態で心理的に学校に行きたくない状態であると捉えられたもので、このような通院の開始に至る経過および通院時の状況は本件剣道部の人間関係に対する原告の心理的負担が大きかったことに合致する。

　他方で、原告が同月から同年3月までの診察時に本件合宿について述べたことはうかがわれず、このことは原告にとって当時、本件合宿における本件事故や本件事故後の練習が心理的負担となっていなかったことをうかがわせる。

　(ウ)　進級および遅刻や欠席の増加ならびに心療内科への通院（平成29年

4月から同年5月まで）

　原告は中学3年生への進級時のクラス替えにおいて、同級生3名のうち最も関係の悪い本件剣道部の副部長と同じクラスになったところ、同年4月から欠席および遅刻が増えるとともに同月から同年5月までめまいや動悸を主訴に舞の里内科クリニック、福岡聖恵病院、夜間診療所の心療内科および野田クリニックに通院し、主に本件剣道部において同級生3名との関係がうまくいっていないこと、本件合宿については熱中症でボロボロの状態でこなしたが人前で失敗して自信をなくしたことを述べた。このような原告の本件中学校への欠席が増え始めた経緯や通院時の状況は本件剣道部の人間関係に対する原告の心理的負担が大きかったことに合致する。また、原告は同年4月および同年5月、本件中学校への欠席が増加したところ、同時期は比較的涼しく、特に4月は湿気が多いとはいいがたい時期である。このことに照らせば、原告の本件中学校への出席状況の悪化は高温多湿環境が苦手になった旨の原告の主張と整合的でなく、クラス替えを契機として生じたとみるのが自然である。

　他方で、原告は同年4月24日、めまいや動悸を主訴とする通院において初めて本件合宿について言及したものの、本件合宿時の練習が過酷であり、その後に高温多湿の環境が苦手になったとの訴えをしたことは認められず、むしろ本件合宿において、無理をしてボロボロの状態で稽古に参加したため、人前で失敗して自信をなくしたとして、本件合宿を対人関係の悪化の一要因として位置付けて説明したものである。このことは、本件剣道部の人間関係に対する原告の心理的負担が大きかったことに合致する一方で、本件合宿における本件事故や本件事故後の練習の厳しさそのものが心理的負担となっていたものではないことをうかがわせる。

　なお、原告は同日、本件合宿において熱中症になって倒れたことによりPTSDを発症したかもしれないと述べたものの、これは2日目の稽古が過酷であったことに触れるものではなく、熱中症になったという本件事故をストレス因として位置づけたもので、2日目の練習がストレス因である旨の原告の主張とは必ずしも整合しない。

　㈍　退部および出席状況の改善（平成29年6月から同年9月まで）

　原告の担任教諭は同年5月頃、原告と本件剣道部の副部長との間の関係性が悪いことを認知し、両者の接触を最小限にするよう配慮するようになると

ともに、原告は J（スクールソーシャルワーカー）の助言により同年 6 月、本件剣道部を退部したところ、原告は同月から出席状況が改善し、この改善は同年 9 月まで継続した。このような原告の本件中学校への出席状況の改善の経過は、原告が副部長との関係性について心理的負担を感じたことと整合的である。

　他方で、同年 6 月から同年 9 月は季節として本件合宿時と重なるもので、高温多湿な時期であるところ、このような時期に出席状況が改善したのは本件合宿により高温多湿の環境が苦手となったことと整合しない。また、原告はこの頃、めまいや動悸を主訴とする通院をしておらず、かつ原告がこの頃、高温多湿の環境が苦手である旨を訴えたことを認めるに足りる客観的証拠は見当たらない。そうすると、原告は同年 6 月から同年 9 月頃、高温多湿の環境が苦手であったということはできない。

　(オ)　出席状況の悪化（平成 29 年 10 月から同年 11 月まで）

　原告は同年 10 月から本件中学校への出席状況が悪化し始め、J の助言を受け、同月下旬から本件中学校に登校せず、学習塾で勉強することとし、同年 11 月 3 日以降登校しなかった。10 月は季節として、本件合宿が実施された 8 月よりも涼しいといえるが、原告は高温多湿であった同年 6 月から同年 9 月までの間に出席状況が改善したのに対し、涼しくなった同年 10 月に出席状況が悪化したことは高温多湿の環境が苦手になったことと整合しない。

　(カ)　通院の再開（平成 29 年 12 月から平成 30 年 1 月 5 日まで）

　原告は同年 12 月 6 日、福岡東医療センターを受診し、九州大学病院心療内科を紹介するよう求めたところ、同センターの医師は原告の症状の誘因について本件剣道部において部長を務めるようになったこと、および本件剣道部の部員らとの人間関係がうまくいかないことと記載した診療情報提供書を作成した。これに照らせば、同センターの医師は原告の症状について本件剣道部における人間関係が原因であると捉えていたということができる。

　また、原告は同月 20 日、香椎療養所において本件剣道部の不真面目な部員と温度差（関心や態度の違い）があることを述べる一方で、本件事故や本件事故後の練習について述べ、原告の症状の原因が本件剣道部における人間関係に対する心理的負担であることに沿う説明をした。さらに、原告は平成 30 年 1 月 5 日の診療所受診時、塾の重圧がない日には起床できると述べ、症状の軽快要因として塾の重圧の有無を述べ、他方で、高温多湿の環境の有無や

その程度について述べなかったことに照らして、原告がその頃、高温多湿の環境が苦手ではなかったことがうかがわれる。

　㈭　PTSDの指摘（平成30年1月12日から同年5月28日まで）

　原告は平成30年1月12日、原告に生じた症状について本件剣道部における人間関係ではなく、本件合宿2日目における過酷な練習が主たる誘因である旨を述べた。もっとも、原告の父は平成29年10月頃、Jから原告の症状についてPTSDではないかとの指摘を受け、次第に原告の症状について本件事故後の練習に起因するPTSDであると考えるようになったが、原告は原告の父からJによりこうした指摘があった旨を聞き、自分でも調べて平成30年1月頃、自らの症状が本件合宿2日目における他校の指導教諭による厳しい練習に起因するPTSDによると考えるようになったものである。そして、PTSDとは生死にかかわるような実際の危険にあったり、死傷の現場を目撃したりする体験によって発症するものであるところ、原告は同月12日の香椎療養所への受診時、本件合宿2日目の練習についてこれまでの通院歴で用いたことのない「死ぬ思いをした」という表現を使い、本件合宿についての表現がPTSDの病態に沿うように変遷したということができる。さらに、原告は同年2月15日、香椎療養所において本件合宿における稽古の内容を具体的に説明し、本件剣道部における人間関係の問題について述べる割合が本件合宿での出来事に比して少なくなったもので、原告の意識が本件合宿時の出来事に対して向けられるようになったことがうかがわれる。

　原告の父は原告についてPTSDを疑っており、同年4月28日、香椎療養所の医師に対し、診断のために久留米大学病院を紹介してほしい旨を述べ、医師は原告について大学病院宛ての診療情報提供書を作成したものの、原告についてPTSDである旨の診断をすることはなかった。

　原告は同年5月17日、射撃スーツを着用して射撃をしたところ、帰宅後にスーツの暑さから本件事故を思い出してフラッシュバックした旨を訴えたところ、原告が暑さから本件事故を想起した旨を訴えるのはこれが初めてであった。

　原告は平成30年1月5日までの間、症状の誘因として本件剣道部における人間関係を述べていたところ、同月12日の受診時以降、2日目の練習に焦点を当てた説明をするようになるとともに、練習についてPTSDの病態に沿う表現を用いるようになったうえ、同年5月17日、暑さから本件事故を思い

出してフラッシュバックした旨の PTSD の病態に沿う訴えをした。このような原告における自己の症状の誘因についての説明内容の変遷や新たな訴えの出現は同年 1 月に自らの症状が PTSD である旨の指摘を認識した後から生じたものである。

　原告の父は原告の PTSD を疑い、診断のために久留米大学病院の受診を希望したもので、これは PTSD との診断をしない香椎療養所への通院をやめ、PTSD との診断を受けるために紹介を希望したというべきものであって、原告はこのような原告の父の影響を少なからず受ける状況であり、自己の症状が PTSD によるものであるとの考えが強化されやすい状況にあったということができる。

　⑦　久留米大学病院への通院の開始（平成 30 年 5 月 29 日以降）

　原告は平成 30 年 5 月 29 日、久留米大学病院を受診し、本件合宿 2 日目において他県の中学校の指導教諭から「キャプテンだから音を上げるなよ」と言われて、体当たりや竹刀を飛ばすなどの激しい稽古を受けた旨を述べ、これまでに比して本件合宿での出来事がより過酷に表現されるようになり、また冷房がついていなかったら死んでいたのではないかとして PTSD の病態に沿う表現を用いた。そして、原告は本格的な射撃スーツを着用した際のことについて、暑くて 1 時間で練習を辞めたところ、その日の夜から苦しいときの症状がぶり返し、暑さがトリガーになっていると述べ、より PTSD の病態に合致する説明をするようになったということができる。

　⑨　小　括

　原告は本件合宿終了後、平成 30 年 1 月 5 日までの約 1 年半の間、原告に生じた症状の誘因について主として本件剣道部における人間関係であると説明し、実際に最も関係性の悪かった副部長と同クラスになった平成 29 年 4 月から出席状況が悪化したものの、原告の担任教諭が副部長との接触を最小限にするよう配慮し、また本件剣道部を退部した平成 29 年 6 月以降、一年を通して高温多湿の環境である同月から同年 9 月にかけて出席状況が改善した。他方で、原告は気温および湿度が下がり始める同年 10 月以降、出席状況が悪化したうえ、自己の症状が PTSD ではないかとの指摘を受けたことを認識した平成 30 年 1 月以降、症状の誘因を本件合宿であると説明するようになったり、高温多湿の環境で体調が悪化する旨を継続的に訴え、暑さにより本件事故についてフラッシュバックすると訴えるようになったもので、症状の説

明がPTSDの病態により整合するようになった。このような原告の訴え、および症状の変遷に照らせば、原告の集中困難、睡眠障害、抑うつ気分、聴覚過敏の症状、すなわち適応障害の発症は2日目の練習にあるということはできず、主として本件剣道部における人間関係を誘因として生じたものであるというのが相当である。

　したがって、原告の適応障害の発症とF顧問の安全配慮義務違反との間に相当因果関係があるということはできず、原告の主張を採用することはできない。

・争点(4)（過失相殺の類推適用の可否）について

　被告は原告が自ら本件合宿の練習に参加したとして、過失相殺の類推適用を主張する。

　しかし、本件剣道部の活動は学校教育の一環として行われるものであり、本件合宿はこのような学校教育の一環である本件剣道部の活動として実施されたものである。F顧問には部活動中の生徒の生命、身体の安全確保に配慮すべき義務がある一方、原告は本件事故時、中学2年生であり、自分の限界や心身への影響についての知識や判断能力が未熟であった。F顧問は部活動の指導者として、そのことを前提に無理のない練習になるよう配慮すべきであったから、損害の公平な分担という見地から過失相殺の法理を類推適用することは相当でない。

　したがって、被告の主張を採用することはできない。

6　東京地方裁判所 令和4年3月2日判決（テニス部）

主文
・被告は、原告に対し、422万7056円を支払え。
・原告のその余の請求を棄却する。
・訴訟費用はこれを9分し、その7を原告の負担とし、その余を被告の負担とする。

事案の概要

　本件は、被告の設置・運営する中等教育学校に在籍し、同校が運営する課外クラブ活動であるテニス部に所属していた原告が、被告が設置・運営する高等学校のテニスコートで開催したテニス大会の試合中にテニスコートに近接するコンクリート壁に衝突し、左側上顎中切歯および右側上顎中切歯を完全脱臼する傷害を負った事故に関し、被告の履行補助者であるテニス大会の実行委員会の教師、テニス大会が開催された高等学校の教師、および同校が運営する課外クラブ活動であるテニス部の顧問、ならびに原告が在籍する中等教育学校のテニス部の顧問および副顧問がテニスコートを事故防止のための措置が講じられていない状態で使用させ、また原告に対し、必要な注意喚起を怠ったという在学契約類似の法律関係（以下「在学契約」）上の安全配慮義務違反があったために上記の事故が発生したとして被告に対し、民法415条に基づき、治療費などの損害1338万5217円の支払いを求めるとともに被告ならびに東京都の教育委員会、中部学校経営支援センター、総務局総務部法務課、および教育庁総務部法務監査課に所属する、上記の事故に関する損害賠償請求事件を担当し、関わった者らが書面による回答および本件訴訟において意図的に虚偽の主張をしたことにより精神的苦痛を被ったとして被告に対し、民法715条の使用者責任、または国家賠償法1条1項に基づき、慰謝料の損害550万円の支払いを求める事案である。

前提事実

　(1)　当事者

　ア　被告は東京都立桜修館中等教育学校（以下「桜修館」）および東京都立小山台高等学校（以下「小山台」）を設置・運営している地方自治体である。

　イ　原告（平成7年生まれ、男性）は平成20年4月に被告との間で在学契約を締結して桜修館に入学し、平成23年7月当時、同校の第4学年に在籍し、同校が運営する課外クラブ活動である硬式テニス部に所属していた（以下「テニス」）。

　(2)　平成23年7月17日、東京都品川区に所在する小山台のテニスコートにおいて、被告の教師で構成される実行委員会（以下「本件実行委員会」）が主催する「平成23年度 第55回 都立対抗テニス大会 男子団体戦」（以下「本件テニス大会」）が開催され、原告は本件テニス大会の3回戦で桜修館ペアの

選手として小山台ペアとのダブルスの試合（以下「本件試合」）に出場した。

　(3)　本件試合は小山台の体育館校舎（以下「本件校舎」）に近接した位置に設置されているオムニコート（砂入り人工芝コート）（以下「本件テニスコート」）で行われた。本件校舎は本件テニスコートのダブルスサイドラインから約4.43m側方にダブルスサイドラインと平行に存在しているが、ベースラインの延長線と本件校舎の壁の交点から後方（本件テニスコートのネットに向き合った場合の後方）に約6.6mの位置で本件テニスコートを囲むようにL字型にほぼ垂直に折れ曲がっており、その角からベースラインと平行に約3.44mにわたりコンクリート壁および倉庫扉が連続して存在していた（その並び方は本件テニスコートのネットから見た場合、角から順にコンクリート壁約0.16m、倉庫扉約1.76m、コンクリート壁約1.52mであった（以下これら全体を「本件壁」、約1.52mのコンクリート壁を「本件コンクリート壁」）。また、本件壁の手前の地面にはコンクリートが本件校舎に沿ってL字型に敷設されており、さらにコンクリート地面（以下「本件コンクリート地面」）と本件テニスコートの砂入り人工芝部分との境目には幅約0.46mの排水溝が設置されていた。本件コンクリート壁と砂入り人工芝部分との間に存在する本件コンクリート地面と排水溝の幅の合計は約1.62mであった。

　(4)　原告は本件試合中のあるプレーで、相手選手が打ったボールを追いかけた際に本件コンクリート壁にその顔面が衝突し、左側上顎中切歯および右側上顎中切歯を完全脱臼する傷害を負った（以下「本件事故」、このプレーにおいて両校のペアのうちでネットに近い位置で守る選手を「前衛」、ベースラインに近い位置で守る選手を「後衛」）。

　(5)　原告は被告に対し、平成31年3月29日に被告に到達した内容証明郵便で本件事故に関する損害賠償を請求した。

　(6)　これに対し、被告は原告に対し、令和元年10月31日付け回答書をもって、原告が本件試合で転倒した際に地面に顔面を打ったのであり、コンクリートの壁に衝突したのではない旨を主張し、回答書は同年11月1日、原告に到達した。

争点
・被告の安全配慮義務違反の有無（争点1）
・被告の安全配慮義務違反によって生じた原告の損害（争点2）

・被告の真実義務違反を原因とする使用者責任または国家賠償責任の有無
（争点3）
・被告の使用者責任または国家賠償責任によって生じた原告の損害（争点4）

当裁判所の判断

・争点(1)（被告の安全配慮義務違反の有無）について

(1) 本件試合について

ア 本件試合

(ア) 原告は平成23年7月17日、小山台のテニスコート3面で開催された本件テニス大会に出場した。本件テニス大会の主催者は被告の教師で構成される本件実行委員会であった。

(イ) 原告は本件テニス大会の3回戦で本件テニスコートにおいて桜修館のP6とペアを組んで、小山台ペアとダブルスの対戦をする本件試合をした。

イ 本件テニスコートの状況

(ア) 本件テニスコートは本件校舎に近接した位置に設置されているオムニコートであり、そのベースラインの後方約6.6mの位置にベースラインと平行に約3.44mにわたり本件壁が存在していた。本件壁の手前には幅約1.16mの本件コンクリート地面が敷設されており、本件コンクリート地面と砂入り人工芝部分との境目には幅約0.46mの排水溝が設置されていた。本件コンクリート壁と砂入り人工芝部分の間に敷設された本件コンクリート地面と排水溝の幅の合計は約1.62mであった。

(イ) 本件テニス大会の前日には小山台のテニス部の顧問であるP5が本件テニスコートの砂入り人工芝部分の砂の量をチェックし、コート上のブラッシングを行った。

(ウ) 原告は本件試合に臨むにあたり、本件壁の存在について本件実行委員会や桜修館の顧問および副顧問から注意喚起を受けたことはなかった。

ウ 本件事故の態様

本件試合において原告がレシーブしたボールを小山台の前衛がドロップボレーで返し、桜修館の前衛のP4がそれを打ち返し、続いて小山台の後衛がそのボールをバックハンドのクロスでP4がラケットを上げても届かない高さのロブで打ち返した。後衛の原告はそのボールをベースラインの中点から斜め後方に勢いよく走って追いかけ、本件コンクリート壁に近いところで

ボールに追いつき、ラケットを高く掲げ、片手のバックハンドで打ち返した
後、右手にラケットを掲げた姿勢で本件コンクリート地面上を勢いを保った
まま低姿勢で滑っていき、本件コンクリート壁にその顔面が衝突し、これに
より原告は左側上顎中切歯および右側上顎中切歯を完全脱臼する傷害を負っ
た。

エ　テニスコートの規格に関する定め

公益財団法人日本体育施設協会屋外体育施設部会が発行する「屋外体育施
設の建設指針　各種スポーツ施設の設計・施工 平成 29 年改訂版」は、公式
試合に使用するテニスコートの場合、ベースラインから後方の端までの距離
につき 6.4 m 以上、サイドラインから側方の端までの距離につき 3.66 m 以
上と定めている。

また、公益財団法人日本テニス協会による国際テニス連盟の規則の翻訳に
よれば、国際大会、公式トーナメントに用いられるテニスコートではベース
ラインから後方の端までの距離を最低でも 6.4 m 確保し、サイドラインから
側方の端までの距離を最低でも 3.66 m 確保することが望ましいとされてい
る。

(2)　検討・判断

ア　教育活動の一環として行われる学校の課外のクラブ活動において、生
徒はクラブ活動の担当教師の指導監督に従って行動するのであるから、担当
教師はできる限り生徒の安全に関わる事故の発生の危険性を具体的に予見
し、その予見に基づいて事故の発生を未然に防止する措置をとり、クラブ活
動中の生徒を保護すべき注意義務を負うのであり、生徒がクラブ活動の一環
として公式試合に出場する場合には、公式試合の主催者はクラブ活動の担当
教師と連携して、できる限り生徒の安全に関わる事故の発生の危険性を具体
的に予見し、その予見に基づいて事故の発生を未然に防止する措置をとり、
試合に出場する生徒を保護すべき注意義務を負うというべきである。

そうすると、本件テニス大会においてこれを主催する本件実行委員会の教
師は大会の運営を行い、その会場の選定の適否を検討すべき立場にあるので
あるから、大会に出場する生徒の安全に関わる事故の発生の危険性を具体的
に予見し、その予見に基づいて事故の発生を未然に防止する措置をとり、生
徒を保護すべき注意義務を負うというべきであり、また本件テニス大会の会

場となる小山台のテニス部の担当教師は試合が予定されるテニスコートの状況につき、日頃より熟知している立場にあることから、生徒の安全に関わる事故の発生の危険性を具体的に予見し、その予見に基づいて事故の発生を未然に防止する措置をとり、他校の生徒を含め、出場する生徒を保護すべき注意義務を負うというべきである。さらに、桜修館のテニス部の担当教師はその引率する生徒につき、生徒の安全に関わる事故の発生の危険性を具体的に予見し、その予見に基づいて事故の発生を未然に防止する措置をとり、クラブ活動中の生徒を保護すべき注意義務を負うというべきである。

　イ　テニスの規則の制定に関わる公的組織である国際テニス連盟および屋外体育施設の建設指針を定め、施設の設計施工に関わる公益財団法人日本体育施設協会がそろって公式試合に使用するテニスコートの規格としてベースラインから後方の端までの距離を6.4 m以上、サイドラインから側方の端までの距離を3.66 m以上という基準を設けていることに照らすと、テニスの試合では一般に、テニスの選手はその範囲で試合中にボールを追いかけて動き回ることが想定されているものと考えられる。

　本件テニスコートは排水溝および本件コンクリート地面を含めれば、規格の基準を確保しているものの、排水溝の蓋やコンクリートの地面と人工芝に砂を散布したオムニコートの表面とでは運動中に接地するときの感触、反発性、滑りやすさを異にすることが容易に推測されるうえに、基準におけるベースライン後方の端からわずか0.2 m先の位置（ベースラインから6.6 mの位置）に、幅約3.44 mにわたって本件壁が存在するのであるから、試合中に選手がボールを追いかけることに集中し、本件壁の存在を意識することなく本件壁に向かって走り、その勢いの余りベースラインから6.6 m以内の位置で停止することができずに本件壁に衝突することについては、クラブ活動のテニス部の担当教師や公式のテニス大会の主催者であれば具体的に予見することが可能であり、またテニスの試合に出場した生徒が緩衝性のない硬いコンクリートでできた本件コンクリート壁に衝突すれば、生徒が重大な傷害の結果を負う危険性が高いことを容易に予見することができたものと認められる。

　たとえ、本件事故以前に本件テニスコートにおいてクラブ活動中の生徒が本件壁に衝突するという事故が発生したことがなかったとしても、本件テニスコートの危険な状況に鑑みると、予見可能性を否定することはできないと

いうべきであって、上記の判断を左右するものではない。

　ウ　以上の検討を踏まえて、被告の各教師の注意義務違反の有無について以下判断する。

　原告と被告との間には在学契約が存在しているところ、本件実行委員会の教師、小山台のテニス部の顧問、桜修館の顧問および副顧問は、いずれも原告が桜修館のテニス部の選手として本件試合に出場する場合において在学契約上の被告の履行補助者にあたる。

　そして、本件実行委員会の教師は本件テニス大会に出場する生徒が本件テニスコートで試合中に本件コンクリート壁に衝突して傷害を負う事故が発生しないよう、本件テニスコートの使用を回避するか、または少なくとも本件コンクリート壁に緩衝性のある防護マットを設置する措置をとるべき注意義務を負っていたものと認められる。また、本件テニス大会の開催会場とされた小山台のテニス部の顧問であるP5は本件テニスコートの危険性について認識したうえで、本件テニス大会に出場する生徒が本件テニスコートで試合中に本件コンクリート壁に衝突して傷害を負う事故が発生しないよう、本件実行委員会の教師に対し、本件テニスコートの使用を回避するか、または少なくとも本件コンクリート壁に緩衝性のある防護マットを設置する措置をとるよう働きかけるべき注意義務を負っていたものと認められる。さらに、本件テニス大会に出場する桜修館の生徒である原告をテニス部で指導している立場にある桜修館の顧問および副顧問は原告がプレーする本件テニスコートの安全性を点検し、本件テニスコートの危険性について認識したうえで、原告が本件テニスコートで試合中に本件コンクリート壁に衝突して傷害を負う事故が発生しないよう、本件実行委員会の教師に対し、本件テニスコートの使用を回避するか、または少なくとも本件コンクリート壁に緩衝性のある防護マットを設置する措置をとるよう働きかけるべき注意義務を負っていたものと認められる。

　それにもかかわらず、本件実行委員会の教師は本件テニスコートの使用を回避することも本件コンクリート壁に緩衝性のある防護マットを設置する措置をとることもせずに、また小山台のテニス部の顧問であるP5ならびに桜修館の顧問および副顧問は本件実行委員会の教師に対し、本件テニスコートの使用を回避することや本件コンクリート壁に緩衝性のある防護マットを設置する措置をとることを働きかけることなく、原告に本件テニスコートにお

いて本件試合をさせた結果、本件事故が発生したものと認められるから、<u>各教師は各注意義務に違反した</u>ものと認めるのが相当である。

・争点⑵（被告の安全配慮義務違反によって生じた原告の損害）について
　⑴　被告は原告との在学契約上の安全配慮義務違反によって本件事故を発生させたものと認められることから、被告には本件事故と相当因果関係のある原告の損害を賠償すべき債務不履行責任があるところ、証拠によれば、本件事故後の原告の治療経過について次の事実が認められる。
　ア　原告は平成23年7月17日から平成28年8月13日までの間、本件事故による左側上顎中切歯および右側上顎中切歯の完全脱臼の傷害の治療のため昭和大学歯科病院に計39回通院した。
　イ　この間の平成24年12月、原告は昭和大学歯科病院インプラント歯科の医師からインプラントとブリッジの各手術の長所と短所の説明を受けており、<u>インプラントの手術を受けるのであれば顎の成長が止まる20歳を過ぎた時期が望ましいとの助言を受けたため、いずれの手術を受けるべきか迷い、その選択を留保していた。</u>
　そうしたところ、原告は平成28年3月（当時20歳）、進学先の大学からの交換留学生として5か月後から1年間の予定で<u>オランダに留学することになったため</u>、同月8日に昭和大学歯科病院歯科補綴科を受診し、インプラントとブリッジの各手術にかかる費用および治療期間に関する説明を受けて<u>ブリッジの手術を受けることを決断し</u>、同年8月13日までの間に左右の上顎側切歯および左右の上顎犬歯の合計4本を削って支柱にし、オールセラミックによるブリッジを製作する手術を受け、左右上顎中切歯、左右上顎側切歯、左右上顎犬歯の6歯に歯科補綴を加えた。
　ウ　原告は<u>ブリッジ治療により、前歯がしっかりと固定されており現在は不自由なく食事ができている。</u>

　⑵　本件事故と相当因果関係のある損害について
　ア　文書料　8748円
　原告は平成30年12月4日、昭和大学歯科病院で受けた治療に関する診療録の謄写料として8748円を支払った。この文書料は本件事故と相当因果関係のある損害であると認められる。

　イ　通院交通費　3 万 5100 円

　原告はブリッジの手術が完了した平成 28 年 8 月 13 日に本件事故による傷害の症状が固定したものと認められる。したがって、本件事故と相当因果関係のある通院交通費は平成 23 年 7 月 17 日から平成 28 年 8 月 13 日までの間の通院日数 39 日分の交通費合計 3 万 5100 円であると認められる。

　原告が通院の当時 16 歳ないし 21 歳であったこと、原告の傷害の部位および程度に照らすと原告が自力で通院することは十分に可能であったというべきであるから、たとえ原告の母親が原告の通院に付き添うために交通費を支出したことがあったとしても、この費用は本件事故との間で相当因果関係が認められない。

　ウ　ブリッジ製作費　67 万 2408 円

　本件事故による原告の傷害部位が左側上顎中切歯および右側上顎中切歯であり、人目に付きやすい箇所であって、しかも原告が本件事故当時は 16 歳、ブリッジの手術当時は 20 歳から 21 歳にかけてであり、これから社会に出て人と接する機会が増加することが見込まれる若年の身であることに鑑みれば、2 歯の支柱となる両脇の 4 歯を含めて全 6 歯に審美性に配慮したオールセラミックでのブリッジの手術を受けることは必要かつ相当であるから、原告が手術に支出したブリッジ製作費 67 万 2408 円は本件事故との間で相当因果関係のある損害であると認められる。

　エ　治療費　1 万 0800 円

　原告はブリッジの手術が完了した平成 28 年 8 月 13 日に本件事故による傷害の症状が固定したものと認められるから、本件事故と相当因果関係のある治療費はブリッジ製作費のほか平成 23 年 7 月 17 日から平成 28 年 8 月 13 日までの間の治療費合計 1 万 0800 円であると認められる。

　原告は平成 30 年 3 月 20 日から平成 31 年 3 月 31 日にかけて、慢性歯周炎の治療やインプラント手術の相談のため昭和大学歯科病院、こいぶち歯科医院および自由が丘歯科オーラルケアに通院をしたことが認められるが、平成 28 年 8 月 13 日にブリッジの手術が完了して本件事故による傷害の症状が固定したことに加え、ブリッジ手術後の経過は良好であり、問題はなかったことに照らすと歯周炎の治療やインプラント手術の相談が本件事故による傷害の治療のために必要であったとは認められず、通院の際に支出した治療費は本件事故との間で相当因果関係が欠けるというべきである。

オ 通院慰謝料 130万円

原告は本件事故が発生した後、平成28年8月13日までの間に合計39回通院したものであるが、通院が長期にわたり、この間には傷害部位に対する手術の選択を留保していた期間が含まれており、通院頻度が高くないことを考慮すると実通院日数の3.5倍を慰謝料算定のための通院期間として算出するのが相当である。

これに加え、原告の傷害部位が顔面であり、本件事故当時および治療期間中に相応の精神的、身体的苦痛を受けたこと、その他本件に現れた諸般の事情を考慮すると本件事故との間で相当因果関係のある慰謝料は130万円と認めるのが相当である。

カ 後遺障害慰謝料 180万円

原告は平成28年8月13日までにブリッジの手術を受け、左右上顎中切歯、左右上顎側切歯、左右上顎犬歯の6歯に歯科補綴を加え、これをもって傷害の症状は固定したものの、それらの障害が残存したものと認められる。原告に残存した後遺障害は後遺障害等級13級5号「5歯以上に対し歯科補綴を加えたもの」に相当する。

したがって、後遺障害慰謝料は180万円とするのが相当である。

キ 将来の治療費、通院慰謝料およびメンテナンス費用 0円

本件事故による傷害の治療法としてインプラントの手術とブリッジの手術が存在したところ、原告はブリッジの手術を選択し、手術を受けたことによって現在は前歯がしっかりと固定されて不自由なく食事ができているのであるから、本件事故による傷害の症状は治療行為によってすでに固定しているのであって、原告が将来インプラントの手術を受けることが必要かつ相当であるとはいい難い。将来のメンテナンス費用についても同様である。

原告は、原告には歯肉の炎症が存在するため再手術までの期間が10年に達しない旨を主張するが、これを認めるに足りる的確な証拠はないうえ、原告がブリッジによる治療法を選択し、その手術を受けた本件においては、原告が将来ブリッジによる再手術ではなく改めてインプラントの手術を受けることを予定していたとしてもそれに関する治療費、通院慰謝料およびメンテナンス費用は本件事故から通常生ずべき損害にはあたらず、相当因果関係が認められないというべきである。

・争点(3)（被告の真実義務違反を原因とする使用者責任または国家賠償責任
　の有無）について

　⑴　被告は本件事故の態様につき原告に対し、令和元年10月31日付け回
答書で原告が本件試合で転倒した際に地面に顔面を打ったと主張し、本件訴
訟においても原告が本件テニスコートの本件校舎側のサイドラインの周辺で
ボールに追いつき、ラケットを前に突き出した状態で打ち返してそのまま転
び、その際に地面に当たり歯を脱臼する衝撃を受けた旨を主張していたが、
これらの主張は当裁判所が認定した事故態様とは異なるものである。

　この点について、原告は被告担当者らが本件事故において原告が本件コン
クリート壁に激突したことを認識していたにも関わらず、原告が本件事故の
態様を証明するための客観的証拠を保有せず、長年にわたり激突した壁の位
置を勘違いしていたことに乗じ、被告の教職員である小山台のテニス部の顧
問やコーチに対し、事実に反する主張を意図的に行わせ、令和元年10月31
日付け回答書や本件訴訟における準備書面に虚偽の内容を意図的に記載して
主張することにより、本件事故を組織的に矮小化し、隠ぺいしたと主張する
ことから以下検討する。

　⑵　原告は本件事故の態様に関し、訴訟提起前に被告に送付した平成31
年3月28日付け通知書および本件訴訟の訴状において、原告が本件テニス
コートのダブルスサイドラインから約3ｍの位置に存在するコンクリート
壁（Ｌ字型の本件校舎の壁のうちダブルスサイドラインと平行に存在する側
にあり、本件コンクリート壁とは異なる位置にある）に激突した旨を主張し、
これに対し、被告から衝突の瞬間を見た者がいないことを前提としたうえで、
原告がコンクリート壁に激突したことはあり得ず、地面で転倒したという態
様であるとの主張がされたのを受け、本件事故の衝突の場面が写った動画を
被告以外の者から入手し、令和3年2月以降本件訴訟における主張を変更し
たことが認められる。

　以上のような経緯に鑑みると、被告は平成31年3月28日付け通知書およ
び本件訴状において、原告が主張していた事故態様の真否を検討するにあた
り被告ないし被告担当者らにおいて動画などの本件事故の態様が記録された
客観的な証拠を保有していなかったことに加え、被告の教職員には原告が本
件コンクリート壁に衝突した瞬間を目撃した者がいなかったことから上記の
とおり主張したことが推認されるのであって、被告が自身の主張が真実に反

することを知りながら意図的に虚偽の主張をしたとは認められない。

　(3)　これに対し、原告は被告において本件事故当時にその現場にいた者に対する事実確認をすることは容易でありながらこれをせず、証人P5に虚偽の供述をさせたと主張する。

　しかしながら、被告が通知書や本件訴訟の訴状を受領した時点では本件事故の発生からすでに7、8年が経過していたのであって、本件事故当時にその現場にいた生徒らの生活環境も変化しているのが通常であるから、被告が同生徒らの所在を逐一把握して当時の状況を確認することは必ずしも容易であったとはいえず、仮にそれが実現可能であったとしても教育上の配慮からしてこれを避けるのが望ましいとの判断もあり得るところである。したがって、被告がそのような判断をしたとしても必ずしも不合理であるとはいえない。

　また、証人P5は一貫して本件事故の衝突の瞬間は見ていないと供述するところ、本件テニス大会の会場校の教師として本件実行委員会の運営に携わる立場にあったP5としては本件テニス大会で使用されていたテニスコートが3面もあったため、本件試合と同時に別のテニスコートで行われていた試合も見る必要があったこと、本件事故はごく自然にラリーが連続していた途中で瞬間的かつ突発的に発生した出来事であったことに照らすと、証人P5の供述の内容がただちに不自然、不合理なものであるとはいえない。

　(4)　その他、平成28年12月11日に行われた原告の両親との面談の場における桜修館の校長の発言を踏まえてもこの判断は左右されるものではない。

　(5)　以上によれば、被告が本件事故の態様につき真実を知りながら回答書や本件訴訟において意図的に虚偽の主張をしたものとは認められないから、たとえ被告が原告に対し、原告の主張する内容の真実義務を負っていたとしても被告に義務違反はない。

　したがって、被告の真実義務違反を原因とする使用者責任、または国家賠償責任に基づく原告の各請求は、いずれも理由がない（争点4）。

7　福岡地方裁判所小倉支部　令和4年1月20日判決（硬式野球部）

主文

・被告は原告に対し、2261万4953円を支払え。
・原告のその余の請求を棄却する。
・訴訟費用はこれを10分し、その1を原告の負担とし、その余は被告の負担とする。

事案の概要

　本件は、被告の設置する福岡県立A高等学校（以下「本件高校」）に在学していた原告が本件高校の硬式野球部（以下「本件野球部」）の練習中、右側頭部に打球が直撃して外傷性くも膜下出血の傷害を負い（以下「本件事故」）、右側感音性難聴・内耳機能障害の後遺障害が残ったところ、本件事故は部活動顧問による安全配慮義務違反により発生したものであると主張して、被告に対し、国家賠償法1条1項に基づく損害賠償請求として2492万4953円の支払いを求める事案である。

前提事実

　⑴　原告は平成▲年生まれの男性であり、平成30年4月、本件高校に入学した。原告は高校1年生から本件野球部に所属していた。
　⑵　B教師は平成30年4月から現在まで本件高校に教諭として勤務し、本件野球部の顧問を務めている被告の公務員（福岡県の職員）であり、被告は本件高校を設置する地方公共団体である。
　⑶　高等学校における部活動は高等学校学習指導要領に基づき、学校教育の一環として行われる。
　⑷　原告は令和元年8月8日、本件高校のグラウンドで本件野球部の練習に参加し、打撃練習の打撃投手を務めていた。
　打撃練習中、打者が原告の投げたボール（硬球）を打ち返したところ、その打球が原告の右側頭部に直撃した（本件事故）。
　⑸　原告は搬送先の九州病院（以下「本件病院」）において外傷性くも膜下出血、脳震盪後症候群、右一側性感音難聴、側頭部打撲傷、迷路障害と診断

され、受傷直後の頭部 CT 検査では脳挫傷も認められた。

　原告は右側感音性難聴および内耳機能障害（令和元年 8 月 14 日症状固定）のほか、脳挫傷による局所的な脳障害で将来、外傷性てんかんが起きる可能性が常にあると診断された（令和元年 11 月 8 日症状固定）。

　(6)　原告は本件に関し、独立行政法人日本スポーツ振興センターに対して医療費の支給を請求し、日本スポーツ振興センターに関する省令に定める障害等級表 11 級 6 号（一耳の聴力が 40 cm 以上の距離では普通の話声を解することができない程度になったもの）に該当すると認定され、障害見舞金310 万円が支給された。

争点

・B 教師の職務行為の違法性の有無

・過失相殺の適否

・本件事故による原告の損害

当裁判所の判断

・認定事実

　(1)　本件事故の経緯

　ア　本件野球部は令和元年 8 月 8 日午前 11 時頃から本件高校のグラウンドにおいて部活動として打撃練習を行っていた。

　打撃練習は打撃投手と打者との距離が公式ルールで定められた投手板から本塁までの距離（18.44 m）よりも短い、約 15 m 程度の距離で行われていた。

　イ　本件野球部では打撃投手を決めず、毎回の練習時に打撃投手を依頼された部員が投球を行う。原告も平成 30 年の秋頃から週に 1 回か 2 回程度の頻度で打撃投手を務めていた。

　ウ　本件当日、他の部員が打撃投手を務めた後に原告が打撃投手を担当した。原告の前方には L 字ネットが設置され、側方には防球ネットが設置されていた。

　L 字ネットの高くなっている部分は打撃投手の身体全体が隠れる程度の高さであるが、原告は L 字ネットの低くなっている部分から右手で投球した。

　エ　原告は従前は投球後に身体を L 字ネットの高い方に移動して打球を回避していたが、本件当日は打撃投手を始めて一球目のボールを打者が打ち

返した際、打球を回避しきれずボールが原告の右側頭部に直撃した。

　(2)　本件野球部は高野連に所属しているところ、高野連は打撃練習時において「製品安全協会」のSGマークが付けられている投手用ヘッドギアの着用を義務付けているが、本件事故当時、本件野球部には投手用ヘッドギアが存在しなかった。

　(3)　年に一度、教諭に配布される「指導者必携」には野球部の打撃練習時において投手用ヘッドギアの着用が義務付けられていることが記載され周知されているが、本件事故当時、B教師は打撃練習に際し、打撃投手に投手用ヘッドギアを着用させる義務があることを知らなかった。

　(4)　原告の入通院および後遺障害の状況

　ア　原告は本件事故後、本件病院に緊急搬送され10日間入院し、令和元年9月および同年11月にそれぞれ2回本件病院に通院し、最後の通院日（症状固定日）は令和元年11月8日である。

　本件病院に入院中、原告はめまいがひどく、最初の2日間はベッドから離れられず、その後も1人でトイレに行けない状態であったため、入院には母親が付き添い、尿便の処理やトイレへの付添い、原告の身の回りの世話をした。母親は自家用車で原告の通院の送迎も行った。

　本件病院と原告の自宅との距離は1.5kmである。

　イ　原告は本件事故による右側感音性難聴および内耳機能障害の症状として右耳の聴力がなくなり、特に周囲から雑音が入る場所では音声を聞き取りづらいことがあり、他人との会話にも支障がある。また、音の鳴っている方向を認識することができない。

　さらに、原告は医師から右耳の聴力がないため左耳のみで周囲の音を聞いていることから、左耳に負担がかかり左耳の聴力も次第に落ちていくといわれている。

　ウ　原告は今後、外傷性てんかんが起きる可能性が常にあると診断されたが本件事故後、現在に至るまでてんかんの発作は発症していない。また、外傷性てんかんの予防薬は服用しておらず、定期的に病院に通院し、検査を受けているわけでもない。その他、てんかん発作の可能性があるために運動や行動を制限されているということもない。

　(5)　本件事故後の原告の高校生活

　ア　原告は令和元年8月29日から本件野球部の練習に復帰し、当初は見

学にとどまることもあったが、同年10月下旬頃からはノックも受けるようになった。

　原告は同年11月には本件野球部の練習試合一試合に先発出場し、試合終了まで出場したが、打撃、守備および走塁のいずれにおいても格別問題は発生しなかった。

　さらに、原告は同年11月下旬頃から本件野球部の冬季練習（ウェート・トレーニング、階段ダッシュ、タイヤ押し、塁間ダッシュを日替わりで行うというもの）にも体調に問題がなければ参加するようになり、同年12月中旬からはほとんどのメニューに参加するようになった。その後、新型コロナウイルスの影響による練習中止期間を経て、令和2年6月に練習が再開されてからは休まず練習に参加し、試合にも出場して問題なくプレーすることができた。

　本件野球部でミーティングを行う際は他の部員はできるだけ原告の正面に立ち、ゆっくり話す、練習メニューを可視化するなどの配慮を行った。
イ　部活動以外の学校生活については、原告は本件事故翌月に実施されたリスニングテストを別室において一人で受験し、黒板に向かって右側の席に配置してもらうなどの配慮を受けていたが、原告自身の希望により教室の座席は後ろの方だったこともある。本件高校在学中、学校生活に特別問題は発生していない。

　(6)　原告は令和3年2月、D大学の一般選抜試験（グループディスカッション併用方式）を受験し、同大学の経済学部地域創造学科に合格した。現在は大学生で大学授業を受けたり、焼肉屋でキッチンのアルバイトをしたりして生活している。

　アルバイトでは同僚から指示を受けて業務を行う場面もあるため、原告は右耳の聴力障害についてアルバイト先の店長に情報を提供し、左側から話しかけてもらう配慮を受けながら勤務している。

・B教師の職務行為の違法性の有無について
　(1)　高等学校における部活動は高等学校学習指導要領に基づき、学校教育の一環として行われるものとされており、そのような観点から、高等学校の部活動について指導監督にあたる教諭は部活動を行う生徒の生命および身体の安全に配慮すべき義務を負うものと解される。

　そして、高等学校の野球部の練習活動に関しては、高野連が打撃練習時において「製品安全協会」のSGマークが付けられている投手用ヘッドギアの着用を義務付けていることに鑑みると、B教師は本件事故当時、本件野球部の顧問として本件野球部の部員が同部の活動として打撃練習を行う際には打撃投手を務める生徒の頭部にボールが直撃し、生徒の生命および身体に危険が生じることがないよう、投手用ヘッドギアを着用するよう指導すべき職務上の注意義務を負っていたと解するのが相当である。

　(2)　しかしながら、本件事故当時、B教師は指導者必携の記載を見落とし、投手用ヘッドギアの着用義務があることを知らず、そのため本件野球部には投手用ヘッドギアが存在しなかった。

　そうすると、B教師は打撃練習時に打撃投手を務めていた原告に対して投手用ヘッドギアを着用するよう指導せず、これにより職務上の注意義務に違反して本件事故を生じさせ、原告に損害を与えたものとして被告の公務員であるB教師の職務行為の違法性が認められるというべきである。

・過失相殺の適否について

　(1)　高野連が打撃練習時に打撃投手を務める者に対して、投手用ヘッドギアの着用を義務付けたのは、硬式球が打撃投手の頭部に当たれば、生命・身体に重大な危険が生じるおそれが高いところ、打撃投手を務める者と打者との距離および打球の速さを勘案すると、L字ネットだけでは打撃投手が打球を避けられない場合があることによるものと解される。

　しかも、本件事故時の打撃練習においては打撃投手と打者との距離が公式ルールで定められた距離よりも短く、約15mしかなかったことからすれば、打撃投手はL字ネットだけでは打球を避けることができず打球が打撃投手の頭部に当たる可能性が高くなっていたといえる。そうすると、B教師が打撃投手を務める原告に対し、その生命・身体の安全を確保するため、投手用ヘッドギアを着用するよう指導する必要性は高く、配布されていた指導者必携の記載を確認せず、これを怠ったB教師の過失は重大であるというべきである。

　(2)　したがって、本件事故が、原告がL字ネットに身体を隠すのが遅れたことも一因となって発生したものであるとしても、損害の公平な分担という見地に鑑みると過失相殺を認めることは相当とはいえず、被告の主張は採用

できない。

・本件事故による原告の損害について

(1) **入院雑費　1万5000円**

　原告は本件事故により本件病院に10日間入院したところ、入院雑費は一日あたり1500円と認めるのが相当であるから本件事故と相当因果関係の認められる入院雑費は1万5000円である。

(2) **通院交通費　180円**

　原告は令和元年9月および同年11月、母親が運転する自家用車に乗って本件病院に合計4日通院したと認められる。

　そして、1km当たりのガソリン代は15円と認めることができるから本件事故と相当因果関係のある通院交通費は180円である。

(3) **入通院付添費　7万8200円**

　ア　原告は本件事故当時17歳であり、本件事故により外傷性くも膜下出血、脳挫傷の重大な傷害を負ったこと、原告は本件病院に入院中、めまいがひどく1人でトイレに行くこともできない状態であったこと、通院時に保護者が付き添って医師から説明を受ける必要性があること、原告の年齢と受傷の内容および程度を考慮すれば入通院院期間における母親の付添いの必要性が認められ、それらは本件事故と相当因果関係のある損害であると認めるのが相当である。

　イ　そして、入院付添費は1日当たり6500円、通院付添費は1日当たり3300円と認めることが相当であるから本件事故と相当因果関係の認められる入通院付添費は7万8200円である。

(4) **傷害慰謝料　74万円**

　原告の入通院期間および本件事故による受傷の程度によれば、傷害慰謝料は74万円とすることが相当である。

　被告は実通院日数に照らして算出すべき旨を主張するが、原告の傷害の内容、程度、通院期間がそれほど長期間に亘っているわけではないことに照らし、被告の主張を採用するのは相当ではない。

(5) **後遺障害逸失利益　1863万1573円**

　ア　原告には右側感音性難聴および内耳機能障害の後遺障害があり、右耳で周囲の音声や他者の話声を聞き取ることができず、そのため音の鳴ってい

る方向が分からないこともあることに照らせば、原告の後遺障害の程度は日本スポーツ振興センターに関する省令に定める障害等級表第11級6号と同等であると認めるのが相当である。

そして、特に周囲の雑音や話者以外の他人の話声が聞こえる環境では、原告は話者の話声を正確に聞き取ることがかなり難しく、日常生活における他者とのコミュニケーションには相当の支障があると認められる。

また、原告は右耳の聴力がなくなったことにより左耳の聴力にも影響が出ているとうかがわれる。

イ　被告は、原告が本件事故後も教室内で後ろから2番目の席に座って不自由なく授業を受けていたこと、本件野球部の練習や試合に参加できていたことからすれば、原告が就業にあたり特段、不利益を被るとは考え難く、労働能力喪失率が20％に達することはないと主張する。

ウ　たしかに、原告は本件高校在学中、本件高校側の配慮と右耳の聴力が失われている分を左耳で補うなど、原告自身の努力によって一応本件高校での授業や本件野球部の練習および試合の日常生活を送ることができたと認められる。

しかしながら、このような学校の配慮と原告自身の努力がなければ原告の高校生活がより不自由なものになっていたであろうことは容易に想定できる。さらに、こうした学校の配慮があっても、原告は授業外での同級生らとの通常の会話にはやはり支障を感じていた。

そして、現在のアルバイト先である焼肉屋では同僚に左側から話しかけるよう配慮をしてもらう場面もあり、就業の継続には原告の後遺障害に対する周囲の理解と援助が必要であると認められる。

エ　以上のとおり、原告は右耳の聴力を失ったために現に他者とのコミュニケーションや周囲の状況把握に相当の支障が生じていること、および今後、左耳の聴力も低下する可能性がないとはいえないことに照らせば、職業選択には一定程度制限があり、原告の生活状況に照らしてみても本件事故による原告の労働能力喪失率は20％とすることが相当である。

オ　そして、原告が本件高校を卒業後D大学に進学し、問題なく通学を継続しているとうかがわれることからすれば原告の逸失利益算定の基礎収入は、原告が主張する平成30年大学卒男性全年齢平均賃金668万9300円とすることが相当であり、本件事故と相当因果関係のある後遺障害逸失利益は

1863万1573円である。

(6) **後遺障害慰謝料 420万円**

　ア　原告に残存する後遺障害の程度は障害等級11級に相当する。

　イ　原告は、原告には将来にわたりてんかん発作が発現する可能性が常にあり、常に不安を抱えて生活していくことになることを後遺障害慰謝料の考慮事由として主張する。

　しかしながら本件事故後、現在に至るまで原告にてんかん発作が発症したことはなく、さらに原告にはてんかん発作の発症を予防するための通院・服薬の継続や行動制限もないことに照らすと、原告の主張は採用することができない。

　ウ　したがって、原告の後遺障害慰謝料は420万円と認めるのが相当である。

---

8 広島地方裁判所福山支部 令和2年8月19日判決（水泳）

主文
・原告の請求を棄却する。
・訴訟費用は原告の負担とする。

事案の概要

　本件は、被告の設置・管理する小学校に在籍していた原告が同小学校での水泳の授業中に教諭から顔面を水中に沈められたために急性中耳炎に罹患し、混合性難聴の後遺障害を負ったと主張して、被告に対し、在学関係に付随する信義則上の安全配慮義務違反を理由とする債務不履行に基づく損害賠償請求として1978万7382円の支払いを求める事案である。

争いのない事実

(1) **当事者**

　ア　原告（平成6年生まれ）は平成15年7月当時、福山市立坪生小学校（以下「本件小学校」）3年3組に在籍していた者である。

　イ　被告は本件小学校を設置・管理する地方公共団体である。

　ウ　d教諭は平成15年7月当時、本件小学校3年3組の担任教諭であった者である。

(2)　原告が参加した水泳の授業

　ア　本件小学校では平成15年7月7日の午前中（3校時）、学年合同（3クラス、約100名）での水泳の授業が実施された（以下「本件授業」）。本件授業は水泳の能力別に児童をAからCまでの3チームに分け、各チームにつき1名の教諭が指導を行う形で実施された。原告は泳げない者を含む児童約10名からなるCチームに振り分けられ、本件授業当日はd教諭の指導を受けた。

　イ　本件小学校のプールの水槽は長さ25m、幅12.26mで、短辺の一方に飛込台を備える。その水深は飛込台のない側の短辺において約0.9mで最も浅く、長手方向に進むにつれ深くなり最深部では約1.35mであった。本件授業では飛込台に近いものから順にA、B、Cチームが練習を行っていた。

　ウ　Cチームではプールを短手方向に使用し、一方のプールサイドに待機させておいた児童をd教諭が一人ずつ順にプールに入水させ、児童の両手をd教諭の片腕に置かせ、これを進行方向に引いて約12m先の反対側のプールサイドまで進み、児童はその途中2か所で水中に立てられたフラフープを潜水してくぐり、プールサイドに到達するとプールから上がって入水地点側のプールサイドに戻って再び順番を待つという内容の練習（以下「本件練習」）が行われた。

(3)　両急性中耳炎の診断

　ア　原告は平成15年7月10日以降、数回にわたり日本鋼管福山病院小児科を受診し、同月20日、同科のe医師から両急性中耳炎との診断を受けて同日入院し、同月21日には同病院耳鼻咽喉科のF医師からも両急性中耳炎との診断を受けた。原告は同月25日、同病院において両鼓膜切開術を受け、同年8月1日退院した。

　イ　原告は平成16年7月19日から同年8月5日まで再び日本鋼管福山病院に入院し、その間に両鼓膜形成術を受けた。

(4)　原告の母による事故の主張

　ア　原告の母は平成18年4月14日の参観日の授業後、原告（当時小学6年生）の当時の担任であったg教諭およびh養護教諭に対し、原告は3年前の水泳の授業中、d教諭から首を強く押さえつけられて顔を水の中に沈めら

れ、そのことが原因で中耳炎や難聴になったと訴えた。

　イ　その後、h養護教諭は災害報告書を作成して本件小学校の当時の校長であったj校長に提出し、同年5月8日付けで記載内容が事実と相違ないとの証明を受けた。ただし、実際には災害報告書は一部に真実と異なる記載を含む。

(5) 難聴の診断

　原告は平成27年9月9日、日本鋼管福山病院のF医師から平成25年12月25日時点で右穿孔性中耳炎、右混合性難聴、耳鳴症であった旨の診断を受け、平成26年3月28日、倉敷中央病院のk医師から両側混合性難聴、左乳突蜂巣炎との診断を受け、同年8月22日、上田耳鼻咽喉科医院のm医師から右慢性中耳炎、左中耳炎術後、耳鳴症、混合性難聴との診断を受け、平成27年3月28日、m医師から感音性難聴（両側）について回復の見込みはなく、同年1月17日、症状固定との診断を受けた。

(6) 障害見舞金の支給

　独立行政法人日本スポーツ振興センターは平成29年3月28日付けで、本件授業により原告に生じた耳の障害が独立行政法人日本スポーツ振興センターに関する省令別表9級7号の「両耳の聴力が1m以上の距離では普通の話声を解することができない程度になったもの」に該当するとして障害見舞金550万円を支給する決定をし、原告は後日その支払いを受けた。

(7) 本件訴えの提起

　原告は平成30年5月16日、本件訴えを提起した。

(8) 消滅時効の援用

　被告は原告に対し、令和2年1月22日の本件第2回口頭弁論期日において原告が主張する損害賠償請求権につき、消滅時効を援用するとの意思表示をした。

[争点]
・d教諭による水泳指導の態様（争点1）
・被告の安全配慮義務違反と原告の急性中耳炎および難聴との因果関係（争点2）

当裁判所の判断

・判断の前提となる医学的知見

(1)　急性中耳炎について（略）

(2)　難聴について（略）

・判断の前提となる事実

(1)　原告の既往歴

　原告は平成8年3月（右耳）、平成13年9月（右耳）、平成15年4月（左右不詳）に日本鋼管福山病院において急性中耳炎との診断を受け、平成14年4月には難聴疑いの診断を受けている。

(2)　**本件授業後、両急性中耳炎の診断を受けるまでの原告の状態**

　ア　原告は平成15年7月10日、日本鋼管福山病院小児科を受診し、診察を担当したn医師に対し、同月7日から鼻づまりがあること、同月9日から39.5度の発熱があり、受診当日も38.7度の発熱があること、せきが出ること、のどが痛いことを訴えた（なお、原告は水泳の授業中に教諭から水の中に沈められたことについては母がn医師に告げた旨を主張するが、そのような事実があったとは認められない）。n医師は咽頭発赤の所見を認めて咽頭気管支炎と診断し（ただし、その場で原告に診断を告げたかは不明である）、抗生物質（フロモックス）および解熱鎮痛剤（カロナール）を処方した。

　イ　原告は同月16日にも同科を受診し、診察を担当したp医師に対し、同月9日から12日まで発熱があり同月13日に解熱したが同月15日に再び38度の発熱があったこと、せきが出ていること、咽頭痛および頭痛があることを訴えた。p医師は咽頭やや発赤との所見を認めた。

　ウ　原告は同月18日にも同科を受診し、診察を担当したn医師に対し、同月16日に39.3度くらいの発熱があり解熱剤を使ったときだけ熱が下がること、せきと鼻水が出だしたことを訴えた。n医師は咽頭やや発赤、扁桃腺なし・炎症ありの所見を認め、カロナールを処方した。

　エ　原告は同月20日午前1時20分頃、同病院を受診し、診察を担当した当直のq医師に対し、先週の水曜日（同月16日）から発熱があること、同月18日に解熱剤の処方を受けたこと、水分は採れること、頸部リンパ節に触れられると圧痛があることを訴えた。

　オ　原告は同月20日午後4時5分頃、同病院小児科を受診し、診察を担当したe医師に対し、同月9日から発熱が続き同月16日からは39度から40

度の発熱があること、受診当日の体温が39.1度であること、同月18日から咽頭痛、首の痛み、耳痛があること、耳が聞こえにくいことを訴えた。e医師は咽頭の炎症の所見を認め、両急性中耳炎と診断した。原告はその日のうちに同病院に入院した。

　カ　原告は同月21日、同病院耳鼻咽喉科を受診し、診察を担当したF医師に対し、10日前から高熱が出ていることを訴えた。F医師は右耳の湿性、左耳の水疱の所見を認め、両急性中耳炎と診断した。

・争点(1)（d教諭による水泳指導の態様）について
(1)　**被害後の状況として原告が供述する内容について**
　ア　原告は本人尋問において本件練習の際、d教諭がプールサイドに座っていた原告の首の後ろ付近を強く押さえて原告の顔を水中に沈め、息継ぎができず苦しんでいる原告を引きずり、フラフープをくぐらせた旨の供述をするほか、d教諭から被害を受けた後の状況として当日の水泳の練習に再び参加したかは記憶にないが、たぶん参加していないと思う旨、本件練習を終えてプールサイドに上がった直後から、他の児童が練習の順番待ちをしているのとは離れた場所で一人で静かに泣いていたが教師からは一切声をかけられず、別のチームで練習をしていた原告の友人が声をかけてくれ授業後に保健室に連れて行ってくれた旨を供述する。

　イ　原告が友人から声をかけられたのが授業中であったのか、授業後であったのかは原告の供述によっても判然としないが、ひとまず授業後であったと仮定すると、プールサイドに上がった原告はしばらくの間、Cチームの児童の集団から離れて一人で泣いていたことになる。その場合、その間に他のチームの2名の教諭が原告の異常に気づいて何らかの対応をとっていた可能性が高いと考えられるし、何より原告も認めるとおり、d教諭が原告に対する加害の意図を有していたわけではない以上、原告の異常に気づいた時点（遅くとも授業終了時の人員点呼の時点）で原告に声をかけていたはずであって、授業後に原告の友人が声をかけるまでの間、d教諭を含む教師が誰も原告に接触しなかったとは考え難い。

　ウ　他方、友人が原告に声をかけたのが授業中であったと仮定しても、原告の供述によれば友人が原告を保健室に連れて行ったのが授業終了後である以上、その間の友人の行動は原告のそばに居続ける、原告の様子を教諭に報

告する、いったん原告のそばを離れて練習に戻る（この場合、原告は引き続き一人でその場で泣いていたことになる）のいずれかのほかには想定し難く、そのいずれであったとしてもそれ以降、授業終了までの間、3名の教諭が原告の様子に気づかず接触しなかったとは考え難い。

　エ　結局、原告がd教諭から受けた被害直後の状況として説明する内容は相当に不自然で、実際にあったものとは考え難い。このような原告の供述状況はd教諭から原告が受けた被害体験そのものに関する供述の信用性にも疑義を生じさせる。

(2)　本件授業後当面の原告の訴えについて

　ア　また、本件授業後、原告が平成15年7月20日に急性中耳炎の診断を受けるまでの日本鋼管福山病院の診療録に原告が同月7日に水泳の授業を受けたことすら全く記載されていないことからすれば、原告およびその母が受診時に原告の主張するような被害があった旨を告げていなかったことが認められ、ひいては本件当時、原告が被害体験として認識するような事実がなかったことが推認される。この点につき、原告は被害については母がn医師に告げたがn医師がこれを診療録に残さなかったにすぎない旨を主張し、原告本人および証人であるその母も、原告の母はn医師に原告の被害について告げた旨を供述ないし証言する。しかしながら、原告には日本鋼管福山病院において診断された急性中耳炎の既往が複数存在するうえ、同月10日に原告を診察した同病院のn医師は原告の主訴として同月7日から鼻づまりがあること、同月9日から39.5度の発熱があり、受診当日も38.7度の発熱があること、せきが出ること、のどが痛いことを診療録に記載しているのであって、このような記載をしたn医師が急性中耳炎の既往のある原告ないしその母が水泳の授業での事故が発熱の原因であると訴えていたにもかかわらず、その旨をあえて診療録に記載しなかったとは到底考えられない。また、原告は同月20日に原告の母が同病院小児科の看護師長に対し、n医師は話を聞いてくれないと不満を漏らした旨を主張するが、これに沿う証拠は見当たらない。仮に原告の母がそのような不満を抱いていたのであれば、その後、原告の診察を担当した別の医師に対しても改めて本件授業における被害について話し、これを聞いた医師も診療録に何らかの記載をするのが自然であるが、n医師以外に原告を診察した4名の医師（p医師、q医師、e医師、f医師）の

いずれもそのような記載をしていない。このことからも、原告の母が原告の被害についてn医師に告げていなかったと認められる。

　イ　さらに、原告の母が本件小学校の関係者に対し、d教諭の指導によって原告が難聴になったと述べたのは、本件授業から3年近くが経過した平成18年4月が最初であったということからも、本件授業直後の時点で原告もその母も、原告が本件訴えにおいて主張するような被害を受けたとの認識を有していなかったことがうかがえる。この点につき、原告は直後から母がd教諭に事故について話をしていた旨を主張し、証人である原告の母もこれに沿う証言をするが、その裏づけとなる客観的な証拠は存在せず、証言は採用できない。

(3)　小　括

　以上のとおり、d教諭からの被害体験に関する原告の供述は被害直後の状況について相当に不自然な内容を含んでいるうえ、本件授業後、当面の原告およびその母の行動にも原告が主張するような被害の存在を積極的に推認させるものは見当たらない。

　加えて、原告の供述全体をみると、被害体験についての原告の記憶は未だ相応に明確である一方、その前後の状況に関する記憶は必ずしも些末といえない点に関する部分を含め、非常に曖昧である。

　このような事情からすれば、本件練習に関する原告の記憶は本件授業後15年以上もの年月が経過するなかで相当に減退または変容したものと考えられ、被害体験に関する原告の供述は採用できず、そのほかに原告の主張する事実を認めるに足りる証拠はない。

　したがって、d教諭が本件練習の際、プールサイドに座って順番待ちをしていた原告の首の後ろ付近を強く押さえて原告の顔を水中に沈め、息継ぎができず苦しんでいる原告を引きずってフラフープをくぐらせたとは認められない。

・争点(2)（被告の安全配慮義務違反と原告の急性中耳炎および難聴との因果関係）について

　仮に、d教諭が原告の主張するような態様での指導を行ったものと認められ、この点につき被告の安全配慮義務違反が肯定されたとしても、これとそ

の後の急性中耳炎および感音性難聴との間に因果関係を肯定することはできない。その理由は以下のとおりである。

(1) 急性中耳炎の原因について

　ア　急性中耳炎は「鼓膜の発赤、膨隆、光錐減弱、肥厚、水疱形成、混濁、穿孔、中耳腔の貯留液、耳漏、中耳粘膜浮腫」の鼓膜所見が認められるときに診断され、耳痛については急性（48時間以内）に発症したものが急性中耳炎の診断に用いられるのが一般的な理解であるといえる。

　しかしながら、原告が最初に耳痛を訴えたのは本件授業後10日以上経過した平成15年7月20日の夕方であって、急性中耳炎の診断の根拠となるような急性の耳痛の存在は認められない。この点については原告自身、事故当日の症状として耳痛があったわけではないことを明確に供述しているし、同月10日から20日未明までの間に原告の診察を担当したn医師、p医師およびq医師のいずれも原告が耳痛を訴えていた旨を診療録に記載していないことからもこの間、原告による耳痛の訴えがなかったことが推認される。

　なお、本件小学校内部で作成された災害報告書には、事故翌朝に原告の保護者から原告の耳に痛みがあるとの連絡があった旨の記載が存在しているのであるが、実際にはそのような連絡がなかったことが明らかとなっている。

　イ　原告は同月21日の診察を担当したf医師による診療録の記載をもって、その10日前から原告の左耳に水疱がみられていた旨を主張し、この主張に沿う証拠としてm医師の意見書を提出する。しかしながら、診療録には原告の主訴（「10日前より高熱あり」、診察時におけるf医師の所見として「右耳湿性、左耳水疱」）と記載されているのであって、この記載が診察の10日前から原告の左耳に水疱が存在していたという趣旨のものでないことは明らかである。原告の主張およびm医師の意見書はいずれも診療録の記載を誤解したものであって採用できない。

　ウ　以上のとおり、原告が指摘する耳痛および水疱はいずれも平成15年7月20日に診断された急性中耳炎の原因が本件授業にあることの根拠となるものではなく、そのほかに本件授業を原因とする急性中耳炎の発症をうかがわせる鼓膜所見が現れていたとも認められない（なお、耳が聞こえにくくなった時期についても原告の供述は明確でない）。結局、本件授業直後から原告に生じていた症状のうち急性中耳炎の発症と整合しうるものは、一般的な風邪症状としても理解できる発熱のほかには存在しなかったのであるか

ら、原告の主張するように本件授業後、数日以内に原告が急性中耳炎に罹患していたとか、本件授業が平成15年7月20日に診断された急性中耳炎の原因であると認めることはできない。むしろ、これまでに複数回中耳炎の診断を受けている原告の既往や平成15年7月9日以降の原告の症状を照らし合わせると、原告には急性中耳炎を反復しやすい素因があり、風邪に続発する上気道炎を原因として急性中耳炎を発症した可能性があるといえる（なお、原告が本件授業に参加していることからすれば、その当時は原告に自覚的な体調不良がなかったことがうかがわれるものの、そうであるからといって当日の帰宅以降の諸症状が風邪によるものでないとは即断できない）。

　エ　原告が提出するm医師の意見書は、原告の発熱の原因が急性中耳炎である旨を述べるに止まり、急性中耳炎の原因が本件授業であることを積極的に明らかにしたものではない。

　また、原告はf医師が作成した入院証明書に両急性中耳炎の傷病発生年月日として「15・7・10患者申告」との記載があることをもって、原告が平成15年7月10日に日本鋼管福山病院で両急性中耳炎と診断されていた旨を主張する。しかしながら、そもそも同病院の診療録にはこの記載に対応する記載は見当たらず、平成15年7月10日の傷病名として記載されているのは「咽頭気管支炎」「溶連菌感染症の疑い」のみである。入院証明書に原告が指摘するような記載がなされた理由は明らかでないが、同文書が作成された平成16年8月15日時点において原告ないしその母が急性中耳炎の発症時期は平成15年7月10日であると述べたことから、その旨を記載したものとも考えうるところである。いずれにせよ、先に作成されている診療録（その記載が誤記であることをうかがわせる事情は見当たらない）との間に明らかな齟齬がある以上、原告の指摘する入院証明書中の記載をもって原告が平成15年7月10日に日本鋼管福山病院で両急性中耳炎と診断されていたということはできない。

⑵　感音性難聴の原因について

　ア　一般的には、急性中耳炎による難聴は伝音性難聴のみであるが、内耳炎を合併した場合には感音性難聴を伴い、混合性難聴になるとされる。もっとも、原告は自らの感音性難聴の原因について内耳炎の合併があったというのではなく、急性中耳炎を発症した後の手術のストレスや自分の訴えを周囲

の人に理解してもらえなかったことに対する精神的負担が感音性難聴を引き起こした可能性も十分認められる旨、主張している。

　イ　原告の主張する感音性難聴の機序については、m医師の意見書にこれに沿う内容の記載が含まれている。しかしながら、仮に患者の精神的な問題が神経にストレスを与えて難聴を引き起こすという機序が存在するとしても、m医師の意見は急性中耳炎が原告の難聴を引き起こした可能性を指摘するにとどまっており、上記の因果関係があることを直接立証するものではない。

　そして、原告の提出する日本鋼管福山病院の診断書上、原告は平成25年12月25日時点で右混合性難聴であったと診断されているものの、同病院の診療録によれば原告は平成15年7月25日に両鼓膜切開術を受けて以降もたびたび急性中耳炎を患い、平成16年12月6日以降数回にわたり右混合性難聴との診断を受け、平成18年6月26日以降少なくとも2回にわたり両混合性難聴との診断を受けていることが認められる。これらの事実と急性中耳炎は適切な治療により約2、3週間で治癒するとされていることを併せ考えれば、原告は本件授業とは無関係に内耳障害を伴う急性中耳炎を発症し、これを原因として平成16年12月頃から平成18年6月頃までの間に両混合性難聴を発症していた可能性が否定できない。また、本件授業から10年以上が経過した平成25年12月25日時点における感音性難聴については、その間に患った内耳障害を伴う急性中耳炎が原因となった可能性のほか、原告の日常生活上のできごとに由来する何らかの精神的負荷が原因となった可能性も否定できない。

9　神戸地方裁判所 令和2年5月29日判決（柔道）

主文

・被告は原告に対し、180万8400円を支払え。
・原告のその余の請求を棄却する。
・訴訟費用は10分し、その7を原告の負担とし、その余を被告の負担とする。

事案の概要

・事案の要旨

(1)　原告は平成25年10月4日（以下「本件当日」）当時、兵庫県立猪名川高等学校（以下「本件学校」）の1年生であったが、同日行われた体育の授業においてdと柔道の試合をした。

　本件は、原告がdとの試合の際に本件学校の体育教諭であるeの指導上の過失によって意識を消失し（以下「本件事故」）、その結果、腰部を負傷したと主張して、被告に対し、国家賠償法1条1項に基づき、入院雑費、通院交通費、入通院慰謝料および弁護士費用の合計589万7000円の支払いを求める事案である。

(2)　原告は当初、被告のほかにdならびにdの両親であるfおよびgを相被告として被告と連帯しての損害賠償を求めていたが、後に相被告ら3名に対する請求をいずれも放棄した（以下「分離前相被告」）。

・争いのない事実

(1)　**当事者**

　ア　原告は平成9年生まれの男性である。原告は本件当日当時、本件学校の1年1組（以下「本件学級」）に所属する生徒であり、同校のレスリング部に所属していた。原告は本件当日当時、身長約160cm、体重約53kgであった。

　イ　dは平成9年生まれの男性であり、本件当日当時、本件学級に所属する生徒であった。dは本件当日当時、身長約180cm、体重約106kgであった。

　ウ　e教諭は本件学校の教諭であり、体育の授業を担当していた。

　本件学級の体育の授業は本件学校の教諭であるhが担当していたが、本件当日、同人が所用により不在であったためe教諭が担当した。

(2)　**本件事故の発生**

　ア　e教諭は本件当日、原告およびdを含む本件学級の生徒らに対し、体育の授業において袈裟固めなどの寝技（抑え込み）の習得を目的として試合方式による柔道指導を行った。その具体的な指導内容は次のとおりである。

　(ア)　生徒らが2チームに分かれて各チームから順に一人を選出し、選出された生徒は対戦を行う。

　(ｲ)　対戦は、他の生徒らおよびe教諭が見守るなか一組ずつ行う。対戦は、これを行う生徒らが背中合わせに座った状態から開始し、立位にならず膝をつく姿勢で行う。

　(ｳ)　対戦時間は1分間とし、袈裟固めなどの寝技で抑え込み、その状態のまま5秒間が経過するか、対戦時間である1分間が経過した場合、試合終了とする。

　イ　原告は本件当日午後3時10分頃、dと対戦し、e教諭による2度の「待て」の合図を経て、3度目の対戦を行った（以下「本件対戦〔1〕」、「本件対戦〔2〕」、「本件対戦〔3〕」、併せて「本件試合」）。

　原告は本件対戦〔3〕の最中にdをその背後から抱える体勢となった。これに対し、dはこれから逃れ、さらに原告に対し、技をかけようとしたところ、原告の右腕をdの脇で挟む状態となった。原告はその後、意識を消失し（本件事故）、e教諭は原告の異変に気づき、試合を終了させた。

　ウ　e教諭があお向けの状態で横たわる原告に声をかけたところ、原告は意識がもうろうとした様子で「今、何の授業？」と曖昧な返事をし、e教諭が再度声をかけると、原告は徐々にはっきりとした受け答えをし、「眠たい」と答えた。

　エ　e教諭は原告に対し、そのまま横になっているように指示し、残っていた試合を行った。e教諭が試合終了後、再度原告に対し、「起きられるか」と声をかけたところ、原告は「腰が痛くて動けません」と答えた。

(3)　本件事故後の対応

　ア　e教諭は原告が腰が痛くて動けないと述べたことから、他の生徒に対し、養護教諭を呼ぶよう指示した。e教諭は駆け付けた養護教諭に対し、原告が腰が痛くて動けないと述べたこと、原告が寝技による対戦中に意識を消失したこと、および原告が腰を痛める状況に思い当たりがないことを伝えた。

　イ　養護教諭はe教諭および他の生徒2名とともに原告を担架に乗せて保健室まで運んだ。養護教諭が原告に対し、足にしびれがあるか確認したところ、原告は「ちょっとあります」と答えた。

　養護教諭は本件当日午後3時30分に119番通報し、救急車の出動を要請した。

(4)　救急搬送後の状況およびその後の治療経過

　ア　原告は本件当日、社会福祉法人恩賜財団大阪府済生会千里病院（以下

「千里病院」）に救急搬送され、入院した。

　同病院の原告に関する患者診療記録には、「腰椎 CT 明らかな骨傷なし」「画像にて L1 の高さの脊髄損傷を認める」との記載がある。

　イ　原告は平成 25 年 10 月 23 日、千里病院から一般財団法人大阪府警察協会北大阪警察病院（以下「北大阪警察病院」）に転院した。

　千里病院の医師は原告の転院に際し、北大阪警察病院に宛てた診療情報提供書に「L1-L2 の高さで背部痛を認め、両側大腿部以下の感覚障害・脱力を認めました」「CT にて明らかな骨折は認めず、MRI にても明らかな骨折、軟部組織損傷は認めませんでした（脊髄損傷は MRI 読影結果では否定されましたが臨床的には脊髄損傷と診断しております）」と記載した。

　ウ　原告は北大阪警察病院においてリハビリテーション治療を受けていたが、平成 25 年 11 月 21 日、一般財団法人大阪府警察協会大阪警察病院（以下「大阪警察病院」）に転院し、治療を受けた。

　原告は平成 26 年 1 月 16 日、大阪警察病院から北大阪警察病院に、同年 3 月 14 日、同病院から大阪警察病院にそれぞれ転院し、同年 5 月 30 日、同病院を退院し、その後、同病院において通院治療を受けた。

　エ　原告は平成 27 年 11 月 9 日、大阪警察病院において心因性両下肢麻痺（同日症状固定）と診断された。

争点

・本件事故の態様および意識消失の原因（争点(1)）
・本件事故における e 教諭の安全配慮義務違反の有無（争点(2)）
・e 教諭の安全配慮義務違反と原告の傷害との間の因果関係の有無（争点(3)）
・損害およびその額（争点(4)）
・消滅時効の成否（争点(5)）

当裁判所の判断

・認定事実
(1)　当事者
　ア　原告は本件当時 16 歳の男性であり、本件学校の 1 年 1 組（本件学級）に所属する生徒であった。

　原告は中学 1、2 年次にレスリングの同好会に所属していた。原告は本件

学校に入学後、同校のレスリング部に所属した。

　原告は本件当時、身長約160cm、体重は約53kgであった。

　イ　dは本件当時16歳の男性であり、本件学級に所属する生徒であった。

　dは中学校の3年間、柔道部に所属し、中学3年次に初段となった。dは本件学校入学後、柔道部その他の部活動に参加していなかった。

　dは本件当時、身長約180cm、体重約106kgであった。

　ウ　e教諭は本件学校の教諭であり、体育の授業を担当していた。

　h教諭は本件学校の教諭であり、本件学級の体育の授業を担当するととともに同校のレスリング部の指導も行っていた。

(2)　本件当日までの経緯

　ア　本件学校では1年生の体育の授業において柔道を教えていた。本件学校では基本動作および受け身の取り方を学び、寝技や投げ技といった基本となる技の動作を習得した後、その実技練習を行い、簡易な試合やその審判法を学ぶという段階的な指導を行っていた。

　イ　h教諭は本件学級の生徒に対して、体育の授業で柔道の指導を行い、平成25年9月頃までには基本動作、受け身、寝技のかけ方および応じ方の指導を終え、生徒同士であらかじめ決めた技をかけ合う練習や1分程度の間に自由に技をかけ合う練習を何度か行っていた。

(3)　本件当日の状況

　ア　h教諭は本件当日、国民体育大会に出場する選手を引率するため本件学校を不在にしていた。

　e教諭は事前にh教諭から本件学級の体育の授業に関する進度について申し送りを受け、本件当日h教諭に代わり本件学級の体育の授業を担当した。

　イ　e教諭は本件授業において本件学級の生徒らに対し、授業の進度を確認し、寝技による攻防戦を行うことができる段階にあると判断して準備運動や技の復習を行った後、試合方式による指導を行うこととした。その具体的な指導内容は次のとおりである。

　(ア)　生徒らが2チームに分かれて各チームから順に一人を選出し、選出された生徒は対戦を行う。

　(イ)　対戦は、他の生徒らおよびe教諭が見守るなか一組ずつ行う。対戦は、これを行う生徒らが背中合わせで座った状態から開始し、立位にならず膝をつく姿勢で行う。

　㈦　対戦時間は1分間とし、袈裟固めなどの寝技で抑え込み、その状態のまま5秒間が経過するか、対戦時間である1分間が経過した場合、試合終了とする。

　ウ　e教諭は本件学級の生徒らを2グループに分け、生徒同士で対戦相手を決めるように指示した。生徒らは各グループでじゃんけんを行い対戦する順番を決めた。

　e教諭は本件対戦まで一組ずつ5組の生徒らを対戦させたが、いずれも攻防になるまでには至らず、おおむね対戦時間である1分間が過ぎることによって終了した。場内には試合時間を計測し、表示することのできる時計が備えられていたが、e教諭はこれを使用して対戦時間を計測することをしなかった。

⑷　本件試合の実施および本件事故の発生

　ア　原告は本件当日午後3時10分頃、dと対戦することになった。e教諭は柔道の有段者であるdに対し、事前に特段の注意をすることもなく原告およびdを対戦させた。

　e教諭はいろいろな人と対戦することが勉強になると考え、原告とdの体格差に特段の注意を払うことはなかった。

　イ　原告は本件当日午後3時10分頃、dとの試合を開始し、e教諭による2度の「待て」の合図を経て、3度目の対戦（本件対戦〔3〕）を行った。本件対戦〔3〕の開始時点で所定の対戦時間である1分間はすでに経過していたが、本件試合はそれまでの5組の対戦とは異なり、原告とdの二人とも対戦に積極的で攻防の展開が速かったことから、e教諭は本件試合の帰趨に関心をもち、本件対戦〔2〕を終えた時点で所定の制限時間が経過していたにもかかわらず対戦を止めさせることなく本件対戦〔3〕を始めさせた。

　原告は本件対戦〔3〕の最中にdをその背後から抱える体勢となった。dはこれから逃れ、さらに原告に対し、技をかけようとしたところ、原告の右腕をdの脇で挟む状態となった。

　dは原告の右腕を脇に挟んだ状態から袈裟固めをかけるため、原告を逃さないよう、原告の右腕を引っ張り続けた。これに対し、原告はdから逃れるために上体を転じてブリッジのような体勢を取り、dの脇から原告の右腕を抜こうとし、両者の攻防が約10秒から20秒程度続いた。

　原告は攻防が続くなかでdの肩ないし腕が首に当たり頸動脈洞が圧迫さ

れ血流障害が生じた。原告はブリッジのような体勢のまま血流障害により意識を消失し、倒れた。

　e教諭は原告が意識を失ったように見えたことから試合を終了させた。

　ウ　e教諭があお向けの状態で倒れていた原告に声をかけたところ、原告は意識がもうろうとした様子で「今、何の授業？」と曖昧な返事をし、e教諭が再度声をかけると、原告は徐々にはっきりとした受け答えをし、「眠たい」と答えた。

　エ　e教諭は原告に対し、そのまま横になっているように指示し、残っていた試合を行った。試合終了後、e教諭が再度原告に対し、「起きられるか」と声をかけたところ、原告は「腰が痛くて動けません」と答えた。

⑸　本件事故後の対応

　ア　e教諭は原告の応答を聞き、他の生徒に対し、養護教諭を呼ぶよう指示した。e教諭は駆け付けた養護教諭に対し、原告が、腰が痛くて動けないと述べたこと、原告が寝技による対戦中に意識を消失したこと、および原告が腰を痛める状況に思い当たることがないことを伝えた。

　イ　養護教諭はe教諭および他の生徒2名とともに原告を担架に乗せて保健室まで運んだ。養護教諭が原告に対し、足にしびれがあるか確認したところ、原告は「ちょっとあります」と答えた。

　養護教諭は本件当日午後3時30分に119番通報し、救急車の出動を要請した。

⑹　救急搬送後の状況およびその後の治療経過

　ア　原告は救急搬送時、両下腿の脱力があり大腿部以下の感覚低下が認められ、脊髄損傷の疑いがあるとして千里病院に搬送された。原告は救急搬送中であった本件当日午後4時30分頃から徐々に両下肢の痛覚障害が改善した。

　原告が同病院に搬送された時点では、L1（第1腰椎）-L2（第2腰椎）の高さに背部痛が認められ、両側大腿部以下の筋力低下および左下肢の感覚障害が認められた。同病院は原告の腰胸椎移行部CTを撮影したが、明らかな骨傷はなく腰椎MRI画像ではL1の高さで高信号域が認められ、脊髄損傷が疑われた。

　同病院では原告の腰椎の画像所見において占拠性の病変が認められなかったことから中心性脊髄損傷の疑いがあるとして、これに対する保存的加療と

してステロイド大量療法を行う方針が採られた。

　千里病院の担当医は原告のCTおよびMRI画像上、明らかな骨折および軟部組織損傷が認められず、MRI画像においても脊髄損傷が認められなかったが、平成25年10月13日時点でも原告の左下肢の麻痺が残存していたため臨床的に脊髄損傷との診断を確定させた。

　イ　原告は平成25年10月4日から同月22日まで千里病院でリハビリテーション治療を受けたが、左下肢については膝関節以下に感覚低下ならびに左足関節および足趾に運動障害が残存した。

　原告はリハビリテーション治療の継続を希望し、同月23日、千里病院から北大阪警察病院に転院した。

　ウ　原告は北大阪警察病院において平成25年10月23日から同年11月10日まで左下肢の筋力強化訓練を中心とするリハビリテーション治療を受け、入浴以外のADL（日常生活動作）は自立していた。

　原告は同月11日もリハビリテーション治療を受けていたが、その最中、突然、両下肢の脱力と排尿障害が生じ、自力で車椅子とベッドとの間の移動もできない状態となった。

　北大阪警察病院の担当医は原告のMRI画像上、明らかな変化が認められなかったことから、原告に対し、ステロイド大量療法を行った。その結果、原告の排尿障害は徐々に改善されたものの運動障害はほとんど改善しなかった。

　エ　原告は平成25年11月21日、運動障害が改善しない原因を調べるため北大阪警察病院から大阪警察病院に転院し、神経内科を受診した。

　大阪警察病院の担当医は原告のMRI画像を撮影したところ、T2強調画像でC2（第2頸椎）からC4（第4頸椎）にかけて高信号域に見えるような部分があるものの、明らかな脊髄損傷を疑う所見は認められず、そのほか外来診察時の下肢筋力と病室に入室した後の診察時のそれとが異なることや筋力が著明に低下しているにもかかわらず、表在感覚および深部感覚のいずれも保たれていること、膝蓋腱反射は亢進しているがアキレス腱反射は亢進していないなど脊髄損傷とは矛盾する点があると判断し、その他の可能性を排除すべく検査を進めることとした。また、大阪警察病院の担当医は同月22日、受傷直後に頸椎レベルの異常により両下肢の異常が生じた可能性があるものの、同月11日に発生した両下肢の脱力については心因性が強く疑われると

判断し、原告およびその両親に原告の病状に対する理解を進める必要があるとして1か月の入院継続を予定することとした。

さらに、大阪警察病院の担当医は各種検査を進め、同月28日には原告およびその両親に対し、後遺症を残すような大きな病気はないこと、動けないわけではなく動けないと無意識に思っていることで動けない状態になっていると考えられること、脊髄損傷を前提として本件学校と交渉をしていることがその原因になるので控えてほしいことを説明した。

担当医は髄液検査、頭部MRI、頸部MRIおよび神経伝導検査を施行しても異常所見が認められなかったことから、同月30日、両下肢脱力は心因性であることが最も考えられるとして、筋力の回復を図るためリハビリテーション治療を継続することとした。担当医は同年12月6日その旨、原告およびその両親に説明した。

担当医は平成26年1月7日、原告の両親に対し、診断としては心因性の麻痺であり、これに変わりはないことを伝え、原告も北大阪警察病院でのリハビリテーション治療を望むのであれば転院を検討してほしい旨を伝えた。

オ　原告は北大阪警察病院においてリハビリテーション治療を受けるため平成26年1月16日、大阪警察病院から北大阪警察病院に転院した。

大阪警察病院の担当医は原告の両下肢について心因性両下肢麻痺と診断し、これを前提として北大阪警察病院への診療情報の提供を行った。原告は同日から同年3月13日まで北大阪警察病院で心因性両下肢麻痺を前提とするリハビリテーション治療を受けた。

カ　原告は北大阪警察病院でのリハビリテーション治療によっても症状が改善しなかったことから平成26年3月14日、精査のため大阪警察病院に転院し、再度入院した。

大阪警察病院の担当医は検査の結果、原告の脳波や神経伝導速度に異常がなかったことから、原告の状態が改善しないのはやはり精神的な問題であると判断し、同月19日その旨を原告とその両親に説明した。

その後も大阪警察病院でリハビリテーション治療が継続され、精神科による診察も実施されたところ、原告には一定の改善が見られたが、自宅でのリハビリテーションが望ましいこと、原告から退院の希望があったことから、原告は同年5月30日、同病院を退院した。原告は同日以後、同病院において通院治療を受けた。

　キ　原告は平成 27 年 11 月 9 日、心因性両下肢麻痺との診断の下、杖を使用しないで独歩が可能な状態であり、四肢に関節可動域制限および筋力低下を認めず、坂道と階段での歩行に支障を感じているが、経時的に改善するとして症状固定したと診断された。

・争点に対する判断
(1)　**本件事故の態様および意識消失の原因について（争点(1)）**
　ア　（略）
　イ　原告は自らブリッジの体勢をとったことはなく、意識消失をした状態で d に腕を引っ張り続けられたためにうつ伏せのままえびぞりの状態となって両下肢がけいれんし、ブリッジ状に反り上がった後、倒れた旨を主張する。
　しかしながら、原告本人尋問の結果には息ができずに必死で腕を抜こうとしたこと以外は覚えていないとする部分があり、原告の主張する事故態様を裏づける証拠はない。
　また、原告は当時レスリング部に所属していたところ、レスリングにおいてはブリッジの体勢をとることがよくあること、d の右脇に右腕を挟まれて引っ張られた状況においてブリッジのような状態で両下肢で踏ん張ることにより右腕を抜こうとするということは十分にあり得る体勢であること、本件対戦〔3〕の当時、原告および d の対戦を見学していた生徒らも本件試合の再現実験において原告がブリッジのような体勢で腕を抜こうとしていたと説明していることを踏まえると、原告がブリッジのような体勢の下、腕を抜こうとして d と攻防していたことが認められる。
　そして、そのような体勢の下で d が原告の腕を肩越しに引っ張り続けた場合、原告の頸部が d の肩ないし上腕部により圧迫されることは十分に考えられ、かつそのような状態で頸動脈洞の圧迫による血流障害およびこれに基づく意識消失が生じる可能性は十分にあることが認められる。
　これらの事実によれば、原告がブリッジのような体勢の下、腕を抜こうとして d と攻防していた最中に原告の頸動脈洞が圧迫され意識消失に至ったと認められる。
　したがって、原告の本件事故の態様および意識消失の原因に関する主張は採用できない。

ウ 他方、被告は原告がブリッジの体勢を続けたために頸部または胸部が圧迫され意識消失に至った旨を主張するが、ブリッジの体勢であることからただちに頸部または胸部が圧迫され血流障害に陥ることを裏づける証拠はなく、本件事故当時の原告とdの攻防の態様に鑑みれば、dの肩ないし上腕部が原告の頸部に当たったことで絞め技に近い状態が生じ、その結果、意識消失が生じたというべきであるから、これに反する被告の主張も採用できない。

(2) 本件事故における e 教諭の安全配慮義務違反の有無について（争点(2)）

ア 柔道は相手を投げる、抑え込む技を用いて攻防を行うことから必然的に身体への一定の危険を伴い、他の運動に比べ危険性が高く、頸部や頭部への打撃や衝撃により重篤な傷害を負う事故が発生しやすいスポーツであることが認められる。

また、学校の柔道教育を含む柔道の一般的な指導書において年少者の指導をする柔道指導者に対し、柔道でのけがや事故により生命を失い、あるいは重い傷害が生じるおそれがあることからこれらの事故を防止するため競技者に内在する要因を分析し、事故を防止するための注意事項および指導方法を広く知らしめられていることが認められる。

そうすると、心身の発達が未熟な年少者に対する指導を行う者は内在している危険の発生を予測し、予防すべく段階的な指導および練習を行い、年少者の体力および技能を十分に把握して、それに応じた指導をすることにより柔道の練習における事故の発生を予防して柔道の指導を受ける者を保護すべき注意義務を負うというべきである。

そして、高等学校の体育における柔道は生徒の多くが初心者であるとともに心身が未発達な年少者であり、その発達状況も個人差があることから、教師がこのような生徒らに対する指導をするにあたっては生徒らの柔道の経験の有無、体力、技能および体格差を十分に把握し、個々の生徒の体力、技能および体格差に配慮し、これに応じた指導をすべき注意義務があるというべきである。

イ 原告は中学校の同好会および本件学校の部活動でレスリングの経験はあるものの、体育の授業のほかに柔道の指導を受けた経験はなく、本件当時、身長約160cm、体重約53kgと小柄な男性であり、他方、dは中学時代に柔

道部に所属し、中学3年時に初段の段位を取得した有段者で、本件当時、身長約180cm、体重約106kgであって大柄な男性であったことが認められる。

　そして、文部科学省作成の学校体育実技指導資料である「柔道指導の手引（三訂版）」によれば、技能の程度や体力が大きく異なる生徒同士による試合は事故の原因になることから、教師は同程度の生徒同士を対戦させるよう特に配慮すべきであることが明記されている。

　また、e教諭は原告とdの体格差について何ら考慮することなく、柔道経験の差についても原告がレスリングという格闘技の経験者であることを過大視し、dに対し事前に柔道の経験の差があることに基づく配慮を求めることもあらかじめ注意することもなく、本件試合を行わせたことが認められる。

　そして、e教諭は自らが定めた試合のルール、すなわち対戦時間を1分間とすることを遵守することなく、時計を用いて時間を計測することさえせず、専ら本件試合における攻防に関心があったという理由から所定の対戦時間が過ぎた後も原告とdの試合を継続させたことが認められる。また、本件対戦〔3〕の最中、dが原告の右腕を挟んで両者が攻防になった際も、dおよび原告が心身の未発達な年少者であり、勝ちを求めて無理な体勢での攻防を続ける危険があり、かつe教諭自身、両者の攻防の状況を正確に把握することができていなかったにもかかわらず、原告が意識を消失するまで本件対戦〔3〕を止めることなく継続させたことが認められる。

　これらの事実によれば、e教諭は原告およびdの柔道の経験の差によって生じる技能の差およびその体格差を十分に把握することも配慮することもなく、軽率にも本件試合を行わせ、さらに所定の時間が経過した後、試合が長引くことによって事故発生の危険が高まった後も漫然と本件対戦〔3〕を実施して本件事故を誘発したことが認められる。そして、e教諭は本件対戦〔3〕において原告およびdが無理な姿勢での攻防を続け、事故発生の危険がより一層高まった状態であり、e教諭自身も原告およびdの攻防について十分な把握ができていなかったにもかかわらず、漫然と試合を継続して本件事故を発生させたものであり安全配慮義務に違反したと認められる。

　ウ　(ア)　被告は本件事故の直前、原告がdの背後からdを抱える姿勢であったこと、原告が寝技の危険な体勢にあったわけでも絞め技をかけられた体勢であったわけでもなかったことから、e教諭において危険な状態と判断

することはできなかった、ブリッジの体勢をとることは柔道において袈裟固めの状態から逃れるために採る方法の一つであるから危険ではなく、本件対戦〔3〕を止める状態にはなかったと主張する。

　なるほど、本件事故の態様は原告がdの脇に挟まれた右腕を抜こうと両下肢で踏ん張りブリッジのような体勢であったところ、原告を逃すまいとその右腕を肩越しに引っ張っていたdの肩ないし上腕部が原告の頸部を圧迫したというものであって、寝技の危険な体勢でも絞め技をかけられた体勢そのものでもなかったことが認められる。

　しかし、学校の体育の授業で柔道を教える際には技能の差および体格差の程度が大きく異なる生徒同士の試合は事故の原因になり得ることから特に配慮を要するところ、e教諭は技能と体格の差に特に配慮することなく原告とdとを対戦させ、事故の原因となる試合を行い、かつ自らが対戦時間と定めた1分間が経過することによって事故の危険が高まっていたのであり、生徒の安全確保の観点からは本件対戦〔3〕を実施すべきではなかった。

　また、本件対戦〔3〕において原告の無理な体勢は約10秒から20秒程度続いていたことが認められる。このような無理な体勢での攻防を心身が未発達で、かつ十分な技能を有しない年少者が続けた場合、事故が発生する危険は当然に予測される。そして、e教諭自身もこの攻防を十分に把握できていなかったという当時の状況をも踏まえると、寝技の危険な体勢や絞め技をかけられた体勢といった明らかに危険な体勢でなかったとしても、原告とdとが無理な体勢で攻防になった時点でただちに本件対戦〔3〕を制止すべきであったといえるから、被告の主張は採用できない。

　(イ)　被告は原告がタップによって危険を知らせなかったことからも、e教諭が危険と判断することができなかった旨を主張する。

　しかしながら、心身の未発達な年少者において勝ちを求めて無理な攻防を続けることや、仮に苦しさを感じてもこれを解消しようとすることに意識を向ける余り攻防を止めるという選択をすることができず、タップによって周囲に危険を知らせるという方法を採りえないことも十分に考えられ、指導にあたる者においてはこのような可能性も十分に考慮して試合状況を注視し、危険な状態が生じるおそれがあればその危険が具体化する前にただちに試合を中止させるべきである。

　したがって、原告においてタップをしなかったことをもって当然に危険な

状態がないと軽信することはできず、それまでの試合状況からして十分に事故の危険を予測しうる状態にあったのであるから、被告の主張も採用できない。

　エ　以上によれば、本件事故はe教諭が本件試合をするにあたって原告およびdの技能ないし体格差を把握し、これに対する配慮をすることなく本件試合を行わせ、所定の時間の経過により事故の危険が高まった後も漫然と試合を継続し、本件対戦〔3〕において原告とdによる無理な体勢での攻防を漫然と見過ごしたことによって発生したものであり、e教諭には本件事故について安全配慮義務違反が認められる。

⑶　e教諭の安全配慮義務違反と原告の傷害との間の因果関係の有無について（争点⑶）

　ア　e教諭の安全配慮義務違反と原告の脊髄損傷との間の因果関係について
　㋐　本件対戦〔3〕においてdが原告の右腕を脇に挟み、原告がブリッジのような体勢で攻防し、これが10秒から20秒という長時間にわたって続いたなかで、原告の頸部がdの肩ないし上腕部で圧迫されたことにより血流障害が生じ、原告が意識消失に至ったことが認められる。
　そうすると、本件対戦〔3〕においてdが原告の右腕を脇に挟み、原告がブリッジのような体勢で攻防し、膠着した際ただちに制止していれば原告が意識を消失するまでには至らなかったと認められる。
　㋑　そして、原告は意識を消失した結果、ブリッジのような体勢から床に倒れており、その直後に意識を取り戻した際には腰部の痛みおよび両下肢の麻痺を訴え、救急搬送された千里病院ではMRI画像においてL1およびL2領域に高信号域があることが確認され、実際にもこの領域の麻痺が生じたことが認められる。
　原告は意識消失によって反射による受け身をとることもできないまま倒れ、その過程で腰部すなわちL1およびL2部分について脊髄損傷（脊髄震盪）の傷害が生じたと認められる。
　㋒　被告は、千里病院における脊髄損傷の診断は画像所見がないなか、原告の愁訴のみによってされたものであり、原告に脊髄損傷はなかった旨を主張する。

　なるほど、本件事故直後に搬送された千里病院において脊髄損傷を示す画像所見がなかったことは認められる。

　しかしながら、脊髄損傷のうち脊髄震盪には四肢に麻痺の症状が生じるものの画像所見が見られないという特徴があり、画像所見がないことは脊髄損傷がないことを裏づけるものではないことが認められる。そして原告には、本件事故直後には両下肢の脱力および大腿部以下の感覚低下が認められたものの、救急搬送の最中から徐々に両下肢の痛覚障害が改善し、その後、千里病院でのリハビリテーション治療によって右下肢の温痛覚および運動機能が、ほぼ正常にまで回復した一方、左下肢の膝関節以下に感覚低下ならびに左足関節および足趾に運動障害が残存していたことが認められる。

　以上のような、脊髄震盪の特徴や本件事故直後から救急搬送時における原告の両下肢の麻痺の状況やその後の千里病院におけるリハビリテーション治療によって両下肢の麻痺が改善した経過を踏まえると、原告は本件事故によってL1およびL2部分に脊髄損傷（脊髄震盪）の傷害を負い、これによって両下肢の麻痺の傷害が生じたと認められるから、被告の主張は採用できない。

　　イ　e教諭の安全配慮義務違反と原告の心因性両下肢麻痺の損害との間の
　　　　因果関係の有無について
　⑺　原告は本件事故によって腰部を負傷し、これによって心因性両下肢麻痺の傷害を負ったから、本件事故と心因性両下肢麻痺との間には因果関係がある旨を主張する。

　⑻　原告は、千里病院において本件事故によって負った脊髄震盪による両下肢麻痺に対するリハビリテーション治療を受けてもなお、左下肢の膝関節以下に感覚低下ならびに左足関節および足趾に運動障害が残存していたことから、リハビリテーション治療を継続するため平成25年10月23日、千里病院から北大阪警察病院に転院したことが認められる。そして、原告は北大阪警察病院において左下肢の筋力強化訓練を中心とするリハビリテーション治療を受け、入浴以外のADLも自立していたところ、同年11月11日のリハビリテーション治療中に突然、両下肢脱力と排尿障害が生じ、車椅子とベッドの間の移動も自力で行うことができない状態になったことが認められる。また、この前後にわたり、<u>本件学校が本件事故の態様および原因究明のため</u>

の調査をしたこと、原告の両親が原告が本件事故により脊髄損傷を負ったことを前提に本件事故の状況および原因を探るべく本件学校との協議を行っていたこと、ならびに原告がこれらの経過を知っていたことが認められる。

　そして、原告は両下肢の脱力と排尿障害が生じた後、北大阪警察病院において明らかな画像所見がなかったことからステロイド大量療法を受けたが、運動機能の回復が見られなかったため原因精査の目的で大阪警察病院に転院し、各種検査を受けたこと、同月30日には同病院の担当医が心因性両下肢麻痺であると強く疑われると考え、同年12月6日に原告およびその両親に対し、その旨を説明し、リハビリテーション治療を継続したうえ、平成26年1月7日には原告の両親に対し、心因性の麻痺であるとの診断を伝えたことが認められる。

　㈼　原告が本件事故で負った脊髄震盪による両下肢麻痺は、千里病院および北大阪警察病院におけるリハビリテーション治療によって一定程度回復していたところ、原告の両親と本件学校との協議、本件事故の態様および原因究明に関する調査、ならびに原告が当初、脊髄損傷と診断されていたことがあいまって心因性の両下肢麻痺が生じたことが認められる。そうすると、原告の心因性両下肢麻痺は本件事故後に生じた事情が原因となったものであって、本件事故との間に相当因果関係は認められない。

　よって、原告の主張は採用できない。

⑷　損害およびその額について（争点⑷）

　ア　原告は千里病院に入院した平成25年10月4日（本件当日）から北大阪警察病院で両下肢の脱力が生じた同年11月11日まで、本件事故によって生じた脊髄震盪による両下肢麻痺に対するリハビリテーション治療を受けており、同日頃、心因性両下肢麻痺が生じたことが認められる。

　しかし、原告およびその両親のみならず、北大阪警察病院および転院先である大阪警察病院の担当医らにおいても平成25年11月11日に生じた原告の両下肢の脱力について原因が判然とせず各種検査を繰り返しており、このような一連の検査によって原告の両下肢麻痺が心因性のものであると診断されたことが認められる。このような診療経過に鑑みれば、大阪警察病院の担当医において各種検査の結果、原告の両下肢麻痺が心因性のものであるとの診断をし、これを原告およびその両親に伝えた平成26年1月7日の時点で

原告の心因性両下肢麻痺の診断が確定したと認められる。

　イ　以上によれば、原告が本件事故で負った腰部の負傷（脊髄損傷とこれによる両下肢麻痺）に対しては、心因性両下肢麻痺の診断が確定した平成26年1月7日までの治療が相当な治療であったといえ、同日までに生じた損害は本件事故と相当因果関係のある損害というべきである。

　ウ　原告は本件事故により以下の損害を被ったことが認められる。
　㋐　入院雑費　14万4000円
　原告は千里病院において平成25年10月4日から同月23日まで、北大阪警察病院において同日から同年11月21日まで、大阪警察病院において同日から平成26年1月7日までの合計96日間入院し、加療を受けた。同入院期間中の入院雑費は1日当たり1500円が相当である。
　㋑　入院慰謝料　150万円
　原告は本件事故後、心因性両下肢麻痺の診断がされるまでの間96日間の入院による加療を受けており、入院治療を受けたことのみならず、高校1年生というかけがえのない時期のうち約3か月にわたり学校生活を送ることができなかったことを踏まえると、これを慰謝する慰謝料としては150万円が相当である。

・消滅時効の成否について（争点(5)）
　ア　被告は、本件事故は平成25年10月4日に発生しており、これによって原告は加害者および損害の発生を知ったといえるから、この時点から原告の傷害に関する消滅時効は進行する旨を主張するので以下検討する。

　イ　国家賠償法4条および平成29年法律第44号による改正前の民法724条前段によれば、不法行為に基づく損害賠償請求権は被害者またはその法定代理人が損害および加害者を知った時から3年間行使しないときは時効により消滅する。そして「加害者を知った時」とは、加害者に対する賠償請求が事実上、可能な状況のもとに、その可能な程度にこれを知った時を意味するものと解するのが相当である。証拠によれば、本件事故当時、原告は意識を失い、本件事故時の状況を認識しておらず、指導にあたっていたe教諭でさ

えも本件事故の原因を十分に把握していなかったことが認められる。そして、証拠によれば、原告の両親の要望や本件学校における聴き取り調査を踏まえ平成25年12月18日、当時原告の法定代理人であった両親の立会いの下、本件事故時に居合わせた生徒やe教諭による本件事故当時の授業に関する再現実験（以下「本件再現実験」）が行われ、これによって初めて本件事故の態様が明らかになったことが認められる。

　このような本件事故直後の状況や本件事故後の事故態様および原因究明の経過を踏まえると、原告および本件再現実験時に原告の法定代理人であった原告の両親において本件事故の加害者すなわち本件事故に関する不法行為に基づく損害賠償請求の相手方を認識したのは再現実験時と認められる。

　ウ　したがって、本件事故に関する不法行為に基づく損害賠償請求権の消滅時効は早くても本件再現実験が行われた平成25年12月18日までは進行することがないというべきであり、また原告の両親に対しては平成26年1月7日に心因性の麻痺であるとの診断が伝えられたことを考慮すると、原告およびその両親が本件事故による損害を認識することができたのは同日であったと認められる。そして、本件訴えが提起されたのは平成28年11月19日であり、消滅時効期間が完成する前に中断したものと認められるから、被告の主張は採用できない。

10　長野地方裁判所上田支部令和2年1月16日判決（ハンドボール部）

主文
・原告らの請求をいずれも棄却する。
・訴訟費用は、原告らの負担とする。

事案の概要
　原告P1は長野県坂城高等学校（以下「本件高校」）に在籍し、同校のハンドボール部に所属していた。
　原告P1は平成26年12月28日、ハンドボール部の活動として他の高等学校との練習試合中、対戦高校の相手選手と衝突し（以下「本件事故」）傷害

を負った。

　原告P1はハンドボール部の顧問であった被告P4が違法な指導をし、本件高校の校長であった被告P5がこの指導を黙認したことにより本件事故が発生して原告P1に傷害や後遺症の結果が生じたと主張して、⑴本件高校の設置者である被告長野県（以下「被告県」）に対し、在学契約の債務不履行、国家賠償法1条1項および民法715条に基づく損害賠償請求により、⑵被告P4および被告P5に対し、不法行為に基づく損害賠償請求により治療費の損害、合計7745万8586円の支払いを求めている。

　また、原告P1の父母である原告P2および原告P3は本件事故により原告P1が生命侵害に比肩する重篤な状況となったことから精神上の苦痛を受けたと主張して、⑴被告県に対し、国家賠償法1条1項に基づく損害賠償請求として、⑵被告P4および被告P5に対し、民法711条の類推適用または同法709条および710条に基づく損害賠償請求として、それぞれ慰謝料300万円および弁護士費用30万円の合計330万円の支払いを求めている。

　さらに、原告らは被告P4、被告P5および長野県教育委員会の教育長らが被告P4らの本件事故後の対応は適切であった旨を発言したことにより名誉を傷つけられたと主張して、被告らに対し、民法723条に基づき謝罪広告を行うことを求めている。

前提となる事実

⑴　当事者

　ア　原告P1（平成10年生まれ）は平成25年4月、本件高校に入学し、ハンドボール部に入部した。原告P1は本件事故当時2年生で、身長は約174cmであった。

　イ　原告P2は原告P1の父であり、原告P3は原告P1の母である。

　ウ　被告P4は原告P1がハンドボール部に入部する前から本件事故後まで本件高校の保健体育科教諭であり、ハンドボール部の顧問（監督）であった。

　エ　被告P5は平成25年4月から本件事故後まで本件高校の校長であった。

(2)　本件事故の発生とその後の状況

　ア　次のとおり本件事故が発生した。

事故発生日時　平成26年12月28日午後1時43分頃

事故発生場所　本件高校の体育館

事故態様　ハンドボール部が他の高等学校と練習試合を行っており、原告P1は午後1時30分から行われていた試合時間20分間の練習試合（以下「本件試合」）に出場していた。原告P1のディフェンスポジションはトップディフェンス（他の5人のディフェンスの前方中央に一人で位置するポジション）であった。

　本件試合の開始から13分が経過した頃、対戦高校の相手選手がシュートを打つ際ジャンプしたところに原告P1がシュートブロックをするため前に詰めた。このとき、相手選手の膝が原告P1の左頬骨に激突し、原告P1は倒れこんだ。

　イ　原告P1は本件事故後しばらくコート外で休んでいたがその後、本件試合に2分程度再出場した。本件試合終了後、原告P1には左腕、左足にしびれがあり、やがて左足を引きずるような状態になった。原告P1は被告P4から連絡を受けて迎えに来た原告P3とともに帰宅した。

　ウ　帰宅後も症状が悪化した原告P1は同日夜、独立行政法人国立病院機構信州上田医療センター（以下「信州上田医療センター」）を受診した。原告P1は頚髄損傷、顔面打撲傷、頚髄神経根障害、眼窩骨折、鼻骨骨折の傷害を負っており、頚髄損傷の治療のために同日緊急入院した。

(3)　原告P1の症状および入通院状況

　ア　入院　入院日数合計248日

　原告は信州上田医療センターに平成26年12月28日から平成27年2月11日まで入院し（46日）、また厚生連鹿教湯三才山リハビリ鹿教湯病院（以下「鹿教湯病院」）に平成27年2月11日から平成28年6月15日までの期間中、合計202日入院した。

　イ　通院　実通院日数合計26日

　原告は平成27年3月から症状固定日である平成29年1月23日までの間、信州上田医療センター（実通院日数2日）、鹿教湯病院（実通院日数16日）、長野県厚生連佐久総合病院佐久医療センター（以下「佐久医療センター」）（実

通院日数1日）、医療法人友愛会千曲荘病院（以下「千曲荘病院」）（実通院日数1日）、国立大学法人信州大学医学部附属病院（以下「信州大学医学部附属病院」）(実通院日数2日）、医療法人清泰会メンタルサポートそよかぜ病院(以下「そよかぜ病院」)（実通院日数1日）および医療法人社団飛白会虎の門山下医院（以下「山下医院」）（実通院日数3日）に通院した。

　ウ　原告P1の症状

　原告P1は平成29年2月6日、鹿教湯病院の神経内科医P6（以下「P6医師」）から傷病名「頚髄損傷」、障害の全容「〔1〕左上下肢の筋力低下（徒手筋力テストMMT4レベル、握力は右33kg、左18kg）、〔2〕左上下肢の感覚障害（左手関節～手指は感覚脱失、左足趾は感覚鈍麻）、〔3〕両上肢のしびれ（異常感覚）を認める」、「平成29年1月23日 症状固定」との診断を受けた。また、原告P1は平成31年4月18日、P6医師から頚髄損傷、高次脳機能障害、解離性障害との診断を受けた。

　原告P1は平成28年1月14日、長野県から障害等級を2級とする障害者手帳の交付を受けた。

争点

・被告県の損害賠償責任の成否（争点(1)）

　ア　被告P4の指導の違法性および本件事故発生との因果関係の有無

　イ　被告P5の行為の違法性および本件事故発生との因果関係の有無

・被告P4個人の損害賠償責任の成否（争点(2)）

・被告P5個人の損害賠償責任の成否（争点(3)）

・原告P1にかかる損害の発生および額（争点(4)）

・原告P2および原告P3にかかる損害の発生および額（争点(5)）

・名誉棄損の成否および謝罪広告請求の可否（争点(6)）

争点に対する判断

・認定事実

(1)　ハンドボールのルール

　ア　ハンドボールはボールを用い、キーパー1名およびコートプレーヤー6名の1チーム7名で行うスポーツで、相手方ゴールにシュートを入れて得点を競う。

　イ　ハンドボールではディフェンスをする際、相手選手のオフェンスに対して正面から手を曲げた状態で接触する身体的な接触は許されており、それによって相手選手のオフェンスのリズムを崩したり、スピードを落とさせたり、不利な状況でシュートを打たせてキーパーにボールを取らせたりする。

　ウ　ハンドボールは試合中、相手選手との接触が多く怪我をしやすいスポーツである。怪我の種類としてはつき指、捻挫、膝の故障および腰痛が多く、またオフェンス側の選手がシュートを放つ際、同人の手や頭、膝がディフェンス側の選手の頭部や腹部に当たることもある。

　エ　本件試合においてハンドボール部が採用した１-５ディフェンスと呼ばれる陣形（コートプレーヤー６人のうち１人が他の５人よりも前方中央に位置する陣形。この１人のポジションはトップディフェンスと呼ばれる）では、トップディフェンスはその位置から動くことはほぼなく相手選手のボール回しがうまくいかないようにタイミングを崩したり、中央部からシュートを打ってこようとする相手選手の動きを狂わせたりする役割を担っていた。

(2)　原告Ｐ１が入部する以前の被告Ｐ４の指導

　ア　被告Ｐ４は日本体育大学在籍中、ハンドボールのチームのキャプテンとして平成６年開催の日本学生選手権で優勝し、大学卒業後もハンドボールの選手および指導者として活動していた。

　イ　被告Ｐ４は平成20年４月、長野県の教師として新規採用され、同月から平成28年３月まで本件高校に在籍し、ハンドボール部の顧問を務めた。被告Ｐ４は着任以来、生活態度の指導も含めハンドボール部員に対して熱心に指導をした。

　ハンドボール部は昭和40年頃に創部し、以後複数回インターハイ全国大会に出場する強豪で、県大会の常連校として認識されていた。被告Ｐ４が顧問に就任した後の平成25年には37年ぶりにインターハイ全国大会に出場した。

　ウ　被告Ｐ４の指導は非常に厳しいものであり、重要な試合に負けた時に部員をビンタしたり、試合後にうさぎ跳びに類似したトレーニングをさせたり、部員に対し「やる気がないなら帰れ」と怒鳴ったり、「自分が可愛いならハンドなんて辞めちまえ」「ばか」「あほ」と言ったりしたこともあった。試合中に指を脱臼した部員を少しの休憩後、再出場させたこともあった。

　エ　部員らは被告Ｐ４について、指導は厳しいが尊敬できる飴と鞭の使い分けがうまいと思っていた。また、被告Ｐ４は指導者として有名になり、その指導を受けたいと考えてハンドボール部に入部する生徒もいた。

　オ　平成24年頃、指導者の暴力を受けて大阪の高等学校のバスケットボール部員が自殺する事件が起きた後、本件高校の校長から教職員全体に対して指導があったことを契機に、被告Ｐ４は暴力を伴う指導方法を改め、以後被告Ｐ４がハンドボール部員に対して殴ったりすることはほとんどなかった。

(3)　原告Ｐ１の入部後の状況

　ア　原告Ｐ１は中学生時代、軟式テニス部に所属していたが本件高校入学後の平成25年４月頃ハンドボール部に入部した。

　イ　原告Ｐ１が高校１年生時の家庭訪問において、原告Ｐ３が原告Ｐ１の当時の担任教諭に対し、原告Ｐ１が中学校の部活動で足首の痛みを訴え、整形外科に通院することが多くあり、怪我をしやすい体質であることを伝えたところ、同教諭は責任をもって顧問の先生に伝えると話した。

　ウ　原告Ｐ１はハンドボール部の練習を原因として本件事故発生より前に次の傷病を負った。

　(ｱ)　平成25年８月５日、ハンドボール部の部活が終わり帰宅した際、体調不良を訴えたことから病院を受診したところ熱中症との診断を受けた。

　(ｲ)　同年10月頃、ハンドボール部の練習により左第２中足骨の疲労骨折を起こし全治２か月の診断を受けた。

　(ｳ)　平成26年２月頃、ハンドボール部の練習において罰として体育館でうさぎ跳びまたはこれと類似する体勢で100往復させられたことにより両下腿の疼痛の症状が出現し、同月６日、右脛骨骨膜炎、左下腿コンパートメント症候群、腰痛症および右脛骨疲労骨折の診断を受けた。

　(ｴ)　同年３月頃、ハンドボール部の練習により左腓骨の疲労骨折を起こした。

　(ｵ)　同年４月頃、ハンドボール部の練習により右股関節炎を起こした。

(4)　原告Ｐ１入部後の被告Ｐ４の指導

　ア　被告Ｐ４は原告Ｐ１の入部当時、３年生がインターハイ全国大会に出場できる可能性があったことから、１年生と３年生とは別メニューにより指

導をしていた。原告P1を含む1年生は体力づくりのためのメニューに取り組んでいたが、原告P1はその真面目さから無理をしたり、オーバーワークをしたりすることがあった。被告P4は原告P1の疲労骨折について把握していて、原告P1が疲労骨折をした際には走る運動はやめさせ、上半身のトレーニングや柔軟性のトレーニングを同人に行わせた。

　イ　被告P4はハンドボールが怪我をしやすい競技であることから、怪我防止のため部員に基礎トレーニングを十分やらせていた。また、被告P4はハンドボールの場合、ディフェンス側の選手とオフェンス側の選手との間合いが遠い場合にはオフェンス側の選手のスピードが上がってしまうことから、この間合いを詰めることが重要であると考えていた。そこで、被告P4はディフェンスに際してはオフェンス側の選手の勢いを殺すとともに味方選手がフォローしやすい状況を作り出せるようにするため、ハンドボール部員に対し、オフェンス側の選手に当たりに行って間合いを詰めるよう指導していた。

　ウ　被告P4は暴力を伴う指導をすることはほとんどなくなっていたが、試合に負けたときに走らせたり、部員に対してばか、あほと言ったりすることはあった。部員らは被告P4の指導は厳しいが、強くなるためには仕方がないと受け止めていた。

　エ　被告P4はハンドボールの練習中、原告P1が「分かりました。できます」と言ったにもかかわらずできなかったときや、練習の目的を説明したにもかかわらず後で聞かれた際に説明内容を答えることができなかったときに、原告P1に対してばか、あほと言ったことがあった。

　オ　原告P1は平成26年の秋頃、原告P3に対し、「俺、死んだほうがいいかな。病み期だわ」、「キャッチが上手くできなくて、先生に勇気があるならいっぺん死んで来いと言われた」と言った。原告P3は被告P4に対し、原告P1がだいぶ追い詰められている旨を伝えたところ、被告P4から「今一番追い込んでいるところなので家庭のほうで支えてあげてください」と言われた。

　カ　原告P1は心酔しているようにみえるほど被告P4を尊敬しており、「つらいのは自分だけではない、みんなも辛い」と口癖のように述べて練習に励んでいた。

⑸　本件事故前の状況

　ア　ハンドボール部は平成26年12月27日から同月29日までの3日間、本件高校の体育館において他の高等学校との練習試合を行った。

　イ　原告P1は本件事故が発生した同月28日の朝、原告P3に対し、前日の試合で負けてしまい、試合と走らされることの繰り返しで休憩する暇がなく本当に疲れたと話していた。

⑹　本件事故後の状況

　ア　本件事故発生時、被告P4は本件試合において審判をしていた。本件事故後、被告P4が試合を止めて原告P1に駆け寄り状況を尋ねたところ、原告P1は相手選手の膝が左頬に当たった、大丈夫であると答えた。そこで、被告P4は他の選手らに指示して、原告P1をコート外へ出させた。被告P4はコート外において原告P1について、手足の痺れがないか、目で指の動きを追えるか、出血がないかを確認した。そして、被告P4は原告P1に対し、膝が当たった部位を氷嚢で冷やすように指示するとともに、何かあったらすぐ呼ぶように指示して本件試合を再開した。

　イ　試合時間が残り5分程度になった頃、原告P1は立ち上がり、「入ります」と言って被告P4のところに走ってきた。被告P4は原告P1の走り方、表情から大丈夫と考え、原告P1が本件試合に戻ることを了承したうえ同人に対し、トップディフェンスの位置ではなく端に行くよう指示した。原告P1は2分程本件試合に出場し、パスを受け取ることはあったが他の選手と接触することはなかった。

　ウ　原告P1は本件試合終了後、被告P4に対し、左側（腕、脚）にしびれがあると訴えた。被告P4は原告P1の左頬の辺りが腫れてきたこと、本件事故の際原告P1の首にも衝撃があったかもしれないことから、同日午後2時28分、原告P3に対し、電話で状況を説明し、迎えに来るよう依頼した。被告P4はこの頃、原告P1の手足および指が動くこと、ならびに目が見えていることを確認した。原告P1は頬を氷嚢で冷やし、ストーブの前で体を冷やさないようにしながら原告P3の到着を待った。

　エ　原告P3は同日午後3時12分、本件高校に到着した。このとき、原告P1は左脚を引きずるようにし、動きが悪くなっており、左足膝の裏に痛みがあった。被告P4は原告P3に対し、本件事故の状況、目の下に当たった

こと、脳振盪を起こした可能性が高いこと、および痺れが気になることを説明し、病院を受診することを勧めた。

　オ　原告 P 3 は本件事故後に原告 P 1 と帰宅する途中、原告 P 1 に対してなぜ避けなかったのか質問したところ、原告 P 1 は「避けられるわけないじゃん。避けちゃいけないんだよ」、「避けたら自分が可愛いならハンドなんてやめちまえって先生に言われる」、「今日も負けてて先生すごい怒ってたから。死んでも避けられない」と答えた。

　カ　原告 P 1 は当初、翌日に行きつけの整形外科を受診することを考え自宅で休んでいたが症状は改善しなかった。被告 P 4 は同日午後 7 時 29 分、原告 P 1 の自宅に電話をかけ、原告 P 3 から原告 P 1 の左側の動きが悪くなっていると聞き、すぐに脳外科に行くよう伝えた。

　キ　同日、原告 P 1 は信州上田医療センターを受診した。

・争点(1)ア（被告 P 4 の指導の違法性および本件事故発生との因果関係の有無）について

　(1)　本件事故は、原告 P 1 がトップディフェンスのポジションでディフェンスにあたっていて相手選手がシュートしようとジャンプしたときに、それをブロックしようと前に詰めた原告 P 1 の左頬に相手選手の膝が激突したものである。衝突した場面を目撃した者はおらず、本件事故の原因や事故態様を直接的に認めるに足りる証拠はない。しかし、ハンドボールが平面のコート上に立って行う競技であるところ、身長約 174 cm の原告 P 1 が立ってディフェンスをしていたとすれば、相手選手がジャンプをしたとしてもその膝が原告 P 1 の顔面に衝突することは困難と考えられること、原告 P 1 のポジションがあまり動く必要のないトップディフェンスと呼ばれるポジションであったことからすると、本件事故は原告 P 1 がつまずくか、あるいは相当程度に屈んでディフェンスをしていたために相手選手の膝が原告 P 1 の顔面に衝突したものと認めるのが相当である。

　ところで、被告 P 4 は原告 P 1 を含むハンドボール部員に対し、オフェンス側の選手に当たりに行って間合いを詰めるよう指導していたこと、および原告 P 1 が被告 P 4 に心酔しており、かつ真面目な性格であったことからすれば、被告 P 4 の指導に忠実に従おうとして原告 P 1 自ら相手選手に当たりに行った可能性は認められる。しかし、本件事故時、原告 P 1 がつまずくか、

または相当程度に届んでいたものと推測されるところ、<u>つまずいたとすれば</u>
<u>偶発的な事情によるものと推認されること</u>、被告P4が原告P1に対し、相
当程度に届んでブロックするよう指導していたことを認めるに足りる証拠は
ないことに加え、相手選手がジャンプした際の膝がその顔面に当たることは
通常生じることではないことからすれば、<u>被告P4の指導により本件事故が</u>
<u>発生した、あるいは被告P4の指導がなければ本件事故が発生しなかったと</u>
<u>認めるに足りる証拠はない</u>というほかない。

　(2)　原告らは、被告P4によるビンタの体罰を含む違法な指導が本件事故
を起こしたと主張するが、仮に被告P4の指導により原告P1が被告P4に
逆らえないと思わされていたとしても、本件において<u>被告P4が原告P1に</u>
<u>対し、顔面を相手選手の膝にぶつけるような態様でディフェンスをするよう</u>
<u>指導をしていたという事実はなく</u>、また被告P4の指示により原告P1が相
<u>手選手の膝に顔面からぶつかっていったものでもないことからすれば、被告</u>
<u>P4の指導と本件事故の発生との間には相当因果関係がない</u>というほかな
い。

　したがって、被告P4の指導と本件事故の発生との間に因果関係は認めら
れない。

　なお、原告P1は本件事故後、被告P4の承認を得て本件試合に再出場し
ており、原告P1に生じた症状には本件試合に再出場したことによるセカン
ドインパクトの影響がある可能性はある。しかし、提出されたすべての証拠
によっても、<u>原告P1の頚髄損傷の症状の原因が本件事故時の衝撃にあるの</u>
<u>か、それとも</u>再出場時のセカンドインパクトにあるのかは明らかではなく、
本件試合への再出場の点と原告P1の症状との間に因果関係があるとは認め
られない。

・争点(1)イ（被告P5の行為の違法性および本件事故発生との因果関係の有
　無）について
　原告らは、被告P5は本件高校の校長として被告P4に対し、生徒に暴力
を振るわないように指導し、暴力がないか調査する義務があったにもかかわ
らずこの義務に違反し、被告P4による異常な指導を黙認し、その結果本件
事故を発生させた旨を主張する。
　しかし、被告P4による指導と本件事故発生との間に因果関係を認めるこ

とはできないから、これを前提とする被告P5の指導と本件事故発生との間にも因果関係は認められない。

・争点(2)（被告P4個人の損害賠償責任の成否）および争点(3)（被告P5個人の損害賠償責任の成否）について

　(1)　被告P4の指導と本件事故発生との間および被告P5の指導と本件事故発生との間にはいずれも因果関係がない。

　(2)　また、公権力の行使にあたる公務員の職務行為に基づく損害については国または公共団体が賠償の責に任ずるのであって、職務の執行にあたった公務員個人は被害者に対し、その責任を負担するものではない。このことは、被告県が在学契約の債務不履行または民法715条に基づく損害賠償責任を負うとされる場合も同様と解すべきである。

　本件についてみると、被告P4の指導および被告P5の指導はいずれも公権力の行使にあたる公務員である両名の職務行為であるから、原告らは被告P4および被告P5に対して損害賠償請求することはできない。

・小　括

　したがって、争点(4)（原告P1にかかる損害の発生および額）および争点(5)（原告P2および原告P3にかかる損害の発生および額）について検討するまでもなく、被告P4の指導および被告P5の指導が違法であることを理由とする原告らの請求は、いずれも理由がない。

・争点(6)（名誉棄損の成否および謝罪広告請求の可否）について

　長野県教育長および県スポーツ課長が本件事故後、「本件事故の対応は適切だった」旨の発言をし、それが新聞報道されたこと、被告P4および被告P5が平成△年△△月△△日頃に毎日新聞の取材を受けた際、被告P4が記者に対し、「意識があることを確認するなど、当時の対応は適切だった」と話し、被告P5が記者に対し、「対応は適切だったが、『たられば』で言えば止める判断が必要だったかもしれない」と話し、被告P4および被告P5の発言を含む記事が同日の毎日新聞に掲載されたことが認められる。

　しかし、これらの発言は本件事故後の被告P4および関係者の対応が適切であったとの評価を述べるものにすぎず、原告らの言動について何ら言及す

るものではない。そうすると、各発言を含む記事の一般読者の普通の注意と読み方を基準とすると、各発言において原告らに関する事実の摘示または意見ないし論評がされたものということはできず、各発言により原告らの社会的評価が低下すると認めることはできないから、各発言は原告らの名誉を毀損するものとはいえない。さらに、被告P4および被告P5には長野県教育委員会名義の謝罪広告を掲載する権限があるとは認められないから、この点において被告P4および被告P5に対し、謝罪広告の掲載を求める請求は失当である。

　よって、原告らの謝罪広告の請求は、いずれも理由がない。

11　京都地方裁判所
令和1年10月24日判決（ソフトボール部）

主文

・被告は原告に対し、578万5144円を支払え。

・原告のその余の請求を棄却する。

・訴訟費用はこれを20分し、その11を原告の負担とし、その余は被告の負担とする。

事案の概要

　本件は、京都市立堀川高等学校（以下「堀川高校」）ソフトボール部（以下「ソフトボール部」）のノック練習中、同校生徒であり同部部員である原告が同部監督（同校講師）のノックした打球を捕球した際に左手小指を骨折した事故（以下「本件事故」）につき、同監督には部員に対する安全配慮義務を怠った過失があると主張して、被告に対し、国家賠償法1条1項による損害賠償請求権に基づき1247万5201円の支払いを請求する事案である。

前提となる事実

　(1)　ア　原告は平成27年6月当時、被告の設置する堀川高校の3年生でありソフトボール部に所属していた。3年時のポジションはキャッチャーであった。

　　イ　Aは同月当時、堀川高校の講師でありソフトボール部の主顧問兼監督

をしていた。

　(2)　ア　ソフトボール部が平成 27 年 4 月から同年 5 月までの間に複数回行った他校との練習試合において、サードを守備していた B が三塁線への強い打球を捕球できず本塁打にしてしまうことが数回あった。

　A は B の捕球能力向上のため A がノックする打球を捕球する練習を B に対して行っていた。

　イ　原告は同年 5 月中旬、左手親指を負傷した。

　ウ　A は本件事故があった同年 6 月 2 日の数日前から B に対する見本とするため原告をサードの守備につかせてノック練習をするようになった（以下「本件ノック練習」）。本件事故時と同程度の強さのノック練習をしたことは 2 回程度あった。なお、ノック練習 1 回当たり一人につき少なくとも 7、8 本のノックを行っていた。

　(3)　ア　ソフトボール部は平成 27 年 6 月 2 日の放課後、同校敷地内にあるグラウンドにおいて練習をしていた。

　A は数日前から行っていたのと同様に、B と交代で原告をサードの守備につかせノック練習をした。

　イ　原告は同日、本件ノック練習においてグローブを装着していた左手で打球を捕球したところ左手小指を骨折した（本件事故）。

　(4)　原告は平成 27 年 6 月 2 日、公益社団法人京都保健会京都民医連中央病院（以下「京都民医連中央病院」）の整形外科を受診したところ、「左小指中節骨骨折」と診断され、同月 4 日同病院に入院し、同月 5 日手術を受け、同月 6 日退院した。

　(5)　ア　原告は平成 28 年 3 月 7 日、傷病名を「左小指中節骨骨折、左手指捻挫」として症状固定と診断された。

　イ　原告の本件事故による実通院日数は合計 20 日であった。

　(6)　原告は独立行政法人日本スポーツ振興センター（以下「スポーツ振興センター」）に対し、障害見舞金の支払請求を行ったところ、同センターは精神・神経系統の障害については「通常の学校生活を送ることはできるが受傷部位にほとんど常時疼痛を残すもの」として障害等級 14 級 9「局部に神経症状を残すもの」、機能障害については同 13 級の 7「一手の小指の用を廃したもの」に該当し、これらは通常派生する関係にあるため、同 13 級として 140 万円の給付金を原告に対して支払った。

争点

・本件事故における A の過失の有無（争点(1)）
・原告の損害（争点(2)）
・過失相殺または素因減額の可否（争点(3)）

当裁判所の判断

・認定事実

(1)　当事者

ア　原告は平成9年生まれの女性であり本件事故当時、堀川高校3年生であった。原告は本件事故当時、ソフトボール部のキャプテンでありポジションはキャッチャーであった。

原告には小学5、6年生時に少年野球の経験があり、ソフトボール部では1年時から試合に出場し、1、2年時には主にセンター、ショートを守備していたがサードを守備したこともあった。

原告は堀川高校を卒業後、関西学院大学総合政策学部都市政策学科に進学し、在学中である。

イ　A は本件事故当時、堀川高校で主に地理を担当していた講師でありソフトボール部の主顧問兼監督であった。堀川高校は A が初めて勤務した学校である。

A は高校時代、硬式野球部に所属しており、所属校は高校3年夏の全国高等学校野球選手権の大分県大会でベスト8になった。大学時代は軟式野球サークル、大学院時代は地域の軟式野球チーム（草野球チーム）で活動した。A は堀川高校に勤務するまで野球やソフトボールの指導を行った経験はなかった。

ウ　C 教諭は本件事故当時、ソフトボール部の顧問であった。C は中学時代にソフトボールの部活動をしていたが指導の経験はない。

エ　ソフトボール部の部員は本件事故当時、マネージャー1名を含めて14名であった。なお、ソフトボールの試合出場には少なくとも9名の選手が必要である。

(2)　ア　ソフトボール部には平成26年4月当時、D、C、E、F という4名の顧問がいたが、ソフトボールの技術指導を行うことができたのは主顧問の

Ｄのみであった。

　イ　同年６月、ソフトボール部から３年生の部員が引退した。

　２年生の部員は原告とマネージャーの２名だけであり、1年生の部員の大半は入部するまでソフトボールの経験がなかった。Ｄは他校と試合をする際、原告と１年生のなかで技術がある部員を主要な守備に交代でつかせ、試合が成り立つような守備体制を模索した。原告はショートやセンターの守備につくことが多かったが、サード、ファースト、キャッチャーの守備につくこともあった。

　ウ　同年６月頃、ソフトボール部に新たに２年生１名が入部した。

　(3)　ア　平成 27 年度にＤが堀川高校から異動することになり、代わってＡが同校に常勤講師として任用されて着任した。Ａは平成 28 年３月まで同校に勤務していた。

　ソフトボール部には平成 27 年４月時点で、Ａ、Ｃ、Ｅ、Ｇという４名の顧問がいたが、ソフトボールの技術指導を行うことができたのはＡのみであった。

　Ａは前年度の主顧問であったＤから、「部員はソフトボールの初心者が多く、試合をしても試合が成り立たない状態である」、「アウト一つ取るのが大変だった」などの説明を受けた。Ａが初めてソフトボール部の練習を見たとき、「キャッチボールも満足にできない部員が多いな」という感想をもった。

　イ　平成 27 年４月、ソフトボール部に１年生が２名入部したが、ソフトボールの経験はなくチームの守備体制が大きな課題であった。

　当時、ピッチャーが制球を乱すことが多く、試合ではキャッチャーが頻繁にピッチャーの球を後ろに逸らしてしまうと試合が成り立たなくなるため、最も捕球技術の高い原告をキャッチャーにした。

　ウ　ソフトボール部の練習は週４回程度で、内容はキャッチボール、トスバッティング、ノック練習またはバッティング練習（ピッチャーが投げる球を打つもの）の順番で行うことが多かった。ノック練習は外野手のノックをしてから内野手のファースト、セカンド、ショート、サード、キャッチャー（バントを想定してキャッチャーの目の前に打球を転がす）の順にノックを行い、主に捕球してからファーストに送球する形で行っていた。

(4) ア　原告は平成27年4月以降キャッチャーのポジションとなったが、ソフトボール部に備え付けられていたキャッチャーミットを着けても左手指がうまく固定されず、紐で調整することもできなかった。そのため、キャッチャーミットをつけて捕球をしたときボールの勢いで左手の親指が後ろにはじかれることがあった。

Aはソフトボール部に備え付けのキャッチャーミットが原告の手に合わないことを知っていた。

イ　原告は同月末頃、練習試合にキャッチャーとして出場した。原告は試合中Aに対し、「ピッチャーの球を受ける際に左手小指が痛い」と訴えた。Aは原告の意見を聞いたうえポジションをセンターに変更して引き続き出場させた。

ウ　原告は同年5月中旬、練習試合にキャッチャーとして出場した。原告はその際に左手親指を突き指し、左手親指の付け根に痛みを覚えたことから左手親指が痛い旨をAに申告した。

原告は左手親指を突き指した日以降、Aに対し、ピッチャーの球を捕球する際に痛みがあると訴えることがあった。練習試合では原告以外の部員をキャッチャーとすると試合が成り立たなくなる可能性があるため主に原告がキャッチャーを務めていたが、原告が左手の痛みによりキャッチャーとして出場できない旨を申告したときは原告を別のポジションに変えて試合を続行した。Aは原告はキャッチャーミットを使っているときは左手に痛みがあるが、原告自身のグローブを使っているときは比較的痛みは和らぐと考えていた。

エ　原告は同月29日、公益社団法人京都保健会京都民医連太子道診療所（以下「太子道診療所」）の整形外科を受診し、左手指捻挫と診断された。同日のカルテには主訴として「母指示指小指痛い」、医師のコメントとして「小指PIP示指MP圧痛」、「ROM OK」、「不安定性なし」、「捕球の負担で痛みつづくのでしょう」、「休む必要まではない」、「6/6最後の試合 出てもいいです」、「基本は小指PIP関節捻挫でしょう」、「後一月かかります」、「テーピングしてみましょう」との記載がある。

原告はAに対し、医療機関を受診して様子見と言われた旨を報告した。

オ　同月31日頃の練習試合において、原告は1試合を通じてキャッチャーを務めた。

(5) ア ソフトボール部が平成27年4月から同年5月までの間に複数回行った他校との練習試合において、サードを守備していたBが三塁線への強い打球を捕球できず本塁打にしてしまうことが数回あった。

Aは Bの捕球能力向上のためノック練習をBに対し、していた。

イ Aは本件事故があった同年6月2日の数日前からBに対する見本とするため、原告をサードの守備につかせて本件ノック練習をするようになった。本件事故時と同程度の強さのノック練習をしたことは2回程度あった。

Aが原告をサードの守備につかせて本件ノック練習を行った理由は、原告が他の部員より捕球能力が高いことからBの見本とし、また原告がBに対してアドバイスするのを期待したためであった。

AはBと原告に対して、サード方向にノックするときはソフトボール部がそれまで対戦した強豪校の打球のなかで一番強かったものを思い出しながら同程度の強さになるように意識してノックしていた。

(6) ア ソフトボール部は平成27年6月2日の放課後、堀川高校の敷地内にあるグラウンドにおいて練習をしていた。同日の練習内容はAが決め、本件ノック練習も行われた。

Aは数日前から行っていたのと同様にBと交代で原告をサードの守備につかせノック練習をした。サードの守備位置は本塁から見て三塁の1mほど手前であり、本塁からの距離は約17mである。原告はキャッチャーミットではなく野手が使用するグローブを着けていた。

イ Aがノックを数回行い、原告がこれらを捕球した後、原告の腹部付近に打たれたライナー性の打球を原告はグローブを装着していた左手でグローブの先を下に向けた体勢（フォアハンド）で捕球した。原告の捕球方法に特に問題はなかったが、この際、原告は左手小指を骨折した。

本件事故の発生時刻は午後5時30分頃である。なお、当日の日没時刻は午後7時6分であった。

ウ 原告は同日の練習を中断した。

Cは原告を保健室に連れて行き、その後CとAが原告をタクシーで京都民医連中央病院に連れて行った。原告の母親も同病院に到着し、CとAは原告の母親に対して謝罪した。

エ 原告は同日、京都民医連中央病院整形外科を受診し、原告の左手小指

の骨折について「左小指中節骨骨折」と診断された。

(7) ア 原告は同月3日、太子道診療所整形外科を受診し、原告の左手小指の骨折について「背側脱臼伴う関節内骨折、〔1〕関節内骨折 正確な整復が必要、〔2〕背側脱臼伴う 極めて不安定な骨折」と診断された。

イ 原告は同月4日、京都民医連中央病院に入院し、同月5日、全身麻酔下で観血的整復固定術を受け、同月6日、退院した。

(8) 原告は退院後、ソフトボール部が出場していたインターハイ予選大会を見に行ったが出場はできなかった。

(9) ア 原告がソフトボール部を引退した後、原告より1学年下の部員がキャッチャーのポジションを務めたが、原告が使用していたソフトボール部に備え付けのキャッチャーミットは手に合わなかった。

イ Aは原告がソフトボール部を引退した後、ソフトボール部として新たなキャッチャーミットを購入した。購入するキャッチャーミットの選択はキャッチャーのポジションの部員に行わせた。

(10) ア 原告は平成28年3月7日、傷病名を「左小指中節骨骨折、左手指捻挫」として症状固定と診断された。

原告は症状固定の時点において小指の可動域制限（MP関節については健側（右手）が屈曲90度であるのに対して、左手は60度、PIP関節については健側が屈曲90度伸展0度であるのに対して、左手は屈曲45度伸展−15度、DIP関節については健側が屈曲80度であるのに対して、左手は30度）が生じ、外形からも確認可能な左小指の変形残存、握力低下（健側が28kgであるのに対し、左手が17kg）、常時の痺れ、疼痛および加力時の強度の疼痛の発症の症状が残った。

イ 原告の本件事故による実通院日数は合計20日であった。

(11) 原告はスポーツ振興センターに対し、障害見舞金の支払請求を行ったところ、同センターは精神・神経系統の障害については「通常の学校生活を送ることはできるが受傷部位にほとんど常時疼痛を残すもの」として、障害

等級 14 級の 9「局部に神経症状を残すもの」、機能障害については同 13 級の 7「一手の小指の用を廃したもの」に該当し、これらは通常派生する関係にあるため同 13 級として障害見舞金 140 万円を原告に対して支払った。なお、スポーツ振興センターは原告に対し、医療費 10 万 4521 円を支給したが、原告は医療機関への医療費を負担していない。

・争点(1)（本件事故における A の過失の有無）について

（1）　原告はソフトボール部において最も捕球技術が高かったこと、A は本件事故があった平成 27 年 6 月 2 日の本件ノック練習において、ソフトボール部がそれまで対戦した強豪校の打球のなかで一番強かったものを思い出しながら同程度の強さになるように意識してノックしていたこと、原告は同年 4 月末頃、ソフトボール部の練習試合中に左手小指を痛め、同年 5 月中旬には練習試合中に左手親指を突き指したこと、原告の同月 29 日のカルテには主訴として「母指示指小指痛い」、医師のコメントとして「小指 PIP 示指 MP 圧痛」、「ROM OK」、「不安定性なし」、「休む必要まではない」、「基本は小指 PIP 関節捻挫でしょう」、「後一月かかります」との記載があること、原告は腹部付近に飛来したライナー性の打球をグローブを着けた左手で特に問題なく捕球したこと、原告は本件事故により左小指中節骨について背側脱臼を伴う関節内骨折をしたことが認められ、これらによると、原告は通常の身体状態であれば強度のノック練習も問題のない技量を有していたものの、本件事故前に左手親指および左手小指を負傷しており、その身体状態に問題があったところ、A が原告に対して強度の高いノック練習を行ったことによって本件事故が発生したものというべきである。

（2）　また、原告は平成 27 年 5 月中旬に左手親指を突き指して以降、A に対し、ピッチャーの球を捕球する際に痛みを訴えることがあったこと、ソフトボール部の練習試合の際、原告が左手の痛みによりキャッチャーとして出場できない旨を申告することがあり、その際 A は原告を別のポジションに変えていたことが認められ、原告は本件事故があった同年 6 月 2 日の前に左手親指および左手小指を負傷し、少なくとも左手親指については試合や練習において相当な配慮が必要な状態にあり、A はそれを認識していたといえる。

　この点、高校での部活動においては生徒自身が体調を考慮し、練習への参加の可否についても一定程度判断する能力が備わっているといえるものの、高校生の知識・経験ではいまだ的確に判断をすることは困難であること、高校の部活動が教師である顧問の指導の下で行われるものであり、生徒である部員としては立場上、顧問の指示に従うべきとの考えが働きがちであること、部活動内での人間関係への配慮から自己の体調よりも部活動を優先させてしまう可能性があることからすると、高校の部活動の指導にあたる教師は生徒の自主的な判断に任せてしまうのではなく、個々の生徒の体調に配慮した適切な指導を行うべき義務がある。生徒が負傷した状態で部活動に参加しようとする場合は、負傷部位をさらに痛めたり、負傷部位を意識的または無意識的にかばうことにより別の部位を負傷しやすくなると考えられることから、事前に負傷の部位、内容、程度や本人が感じている痛みの程度を聞き取って、参加の可否を見極めなければならないというべきであり、また、練習に参加させる場合であっても負傷の状態に照らして、さらなる負傷の可能性を高めないよう練習内容を工夫する配慮をすべき義務を負う。

　(3)　本件において、原告が参加した本件ノック練習は野球経験の豊富なAが強度の高いノックを行うものであって、ソフトボール部における練習のなかでも比較的負傷の危険性が高いものであったと考えられるうえ、そもそも原告自身の能力向上ではなく他の部員の手本とするものであったという点で、原告を本件ノック練習に参加させる必要性が必ずしも高かったとはいえないことに加え、Aが原告を本件ノック練習に参加させるにあたり、原告が何度も痛みを訴える程度に左手親指を負傷していることを認識していたにもかかわらず、Aは本件ノック練習への参加の可否について原告の判断に任せただけで、原告の負傷について聞き取りを行う配慮をしたとは認められない。また、Aは原告を本件ノック練習に参加させるにあたり、原告の負傷の状態に照らして、さらなる負傷の可能性を高めないようノックの強さを調節するといった練習内容の工夫をしたとも認めることができない。そうすると、原告の捕球能力が他の部員よりも高く、本件事故前に原告が同程度の強度の打球を捕球できていたことを考慮してもなお、指導にあたったAにおいて原告に対する安全面への配慮に欠けるところがあったというべきである。

(4) ア 被告は原告の左手親指捻挫の程度は軽微なものであり、原告の捕球動作に影響が出るようなものではなかったから、原告への配慮が不足していたことにはならない旨を主張する。

しかしながら、原告の左手親指の負傷は試合や練習において相当な配慮が求められる状態にあり、Aもそれを認識していた。また、仮に原告の左手親指の負傷が捕球動作について目に見える影響が出る程度のものではなかったとしても、負傷部位をさらに痛めたり、負傷部位をかばうことにより別の部位を負傷する可能性を高めることがあるのであるから、原告の負傷状態に照らして、さらなる負傷の可能性を高めないよう練習内容を工夫する配慮が求められるというべきである。したがって、被告の主張は採用することができない。

イ 被告は、Aは原告がサードの守備につくことについて本件ノック練習を始める前に原告に打診し、了解を得たうえで原告にノックを受けさせた旨を主張する。

しかしながら、Aが本件事故当日の本件ノック練習に原告を参加させる前に原告との間でどのようなやりとりをしたのかについて、被告は具体的な主張、立証をしていない。また、負傷している生徒を練習に参加させる場合には、教師において事前に傷害の部位、内容、程度や本人が感じている痛みの程度を聞き取って参加の可否を見極め、参加させる場合であっても負傷の状態に照らして、さらなる負傷の可能性を高めないよう練習内容を工夫する配慮を行うべきであり、高校生である原告が自己判断でノック練習への参加を了承したとしても、それによってただちに指導教師が行うべき各行為が不要になるわけではない。したがって、被告の主張は採用することができない。

(5) 以上によると、Aは注意義務を怠った過失があるから、被告には本件事故により原告に生じた損害を賠償すべき義務があるというべきである。

・争点(2)(原告の損害)について

(1) 入院雑費および文書料

原告は本件事故後、平成27年6月4日から同月6日まで入院したこと、原告の入通院に関する文書料は合計4238円であることが認められるから、入院雑費として4500円および文書料4238円の合計8738円が原告の損害と認

められる。

⑵　傷害慰謝料

　原告が 3 日間入院したこと、および合計 20 日間通院したことによる精神的苦痛を慰謝するには 63 万 6000 円が相当である。

⑶　後遺障害慰謝料

　原告は平成 28 年 3 月 7 日に症状固定となったこと、症状固定時点において小指の可動域制限、外形から確認可能な左小指の変形残存の後遺症が残っていること、スポーツ振興センターから障害等級 13 級の認定を受けたことが認められ、この後遺障害による精神的苦痛を慰謝するには 180 万円が相当である。

⑷　後遺障害逸失利益

　原告は本件事故当時、高校 3 年生の女子であり現在は大学生であること、原告は本件事故により傷害を受け、その後遺障害につき障害等級 13 級の認定を受けたことからすると原告の後遺障害による逸失利益は 601 万 7343 円と認められる。

・争点⑶（過失相殺または素因減額の可否）について

　⑴　負傷している生徒を部活動に参加させる場合には、指導する教師において事前にその生徒に傷害の部位、内容、程度や、本人が感じている痛みの程度を聞き取って参加の可否を見極め、参加させる場合であっても負傷の状態に照らして、さらなる負傷の可能性を高めないよう練習内容を工夫する配慮をすべきであるが、他方、生徒においても、自己の負傷と参加する練習内容に照らして、指導する教師に対し、練習への参加自体が難しい旨を伝えたり、練習内容について変更を求めたりすることによって、さらなる負傷の可能性を抑えることができる。

　本件においても、原告が A に対し、本件ノック練習への参加自体が難しい旨を伝えたり、打球の強さを弱めてほしい旨の要望をしたりすることによって本件事故の発生を防ぐことができた可能性があったところ、本件において原告はこれらの申し出をしていないことを考慮すると、原告の被った損害に

ついては衡平の観点から過失相殺を行うのが相当である。もっとも、原告は本件事故当時、高校3年生であったこと、Aと原告は教師である顧問兼監督と生徒である部員という関係であったことも考慮すると、原告の過失割合は2割とするのが相当である。

(2) ア 被告は、原告の捕球方法にも問題があった旨を主張するが、Aは原告の捕球方法には問題がなかった旨を証言しており、その他、原告の捕球方法に問題があったことを認めるに足りる証拠はない(本件事故において原告が左手小指を骨折しているということはその付近に打球を受けている可能性が高く、その意味においてグローブのポケット部分で捕球するという理想的な捕球ができていない可能性が高いものの、ノック練習においては捕球困難な打球についても捕球すべく努力することが要求されるのであるから、理想的な捕球態様とならないこともあり得るというべきであり、そのような態様の捕球だからといって、それがただちに捕球者の過失ということはできない)から、被告の主張は採用することができない。

イ (ア) 被告は、原告の左手小指または左手親指の負傷が本件事故に影響しており、これについてAに安全配慮義務違反が認められたとしても素因減額または原因競合により相当の減額がされるべきであると主張する。

(イ) 被害者に対する加害行為と、加害行為前から存在した被害者の疾患とが共に原因となって損害が発生した場合において、その疾患の態様、程度に照らし、加害者に損害の全部を賠償させるのが公平を失するときは、裁判所は損害賠償の額を定めるにあたり民法722条2項の規定を類推適用して被害者の疾患を斟酌することができる。この趣旨は公立学校の部活動指導者に安全配慮義務違反があることを原因とする損害賠償請求においても基本的に同様に解すべきものである。

ただし、部活動指導者と部員の関係は継続的なものであり、部活動指導者が部員の疾患を事前に知っていた場合には疾患の存在を踏まえた対応をとることも可能であるから、このような関係性を考慮して、損害賠償の額を定めるにあたり部員の疾患を斟酌するかどうかを検討する必要がある。

(ウ) 原告はソフトボール部の練習試合中に左手小指と左手親指を負傷し、負傷についてAに伝えていたことが認められ、これらの負傷の発生について疾患にあたるような原告の身体的特徴が寄与したことはうかがわれない。

そして、Aは原告に対し、事前に負傷の部位、内容、程度や本人が感じている痛みの程度を聞き取って、練習参加の可否を見極めなければならず、練習に参加させる場合であっても負傷の状態に照らして、さらなる負傷の可能性を高めないよう練習内容を工夫する配慮が求められていたところ、このような配慮の不足により本件事故が発生している。そうすると、本件事故前に原告が左手親指および左手小指を負傷していたことは原告の疾患にあたるとはいえるものの、損害の公平な分担を図る損害賠償法の理念に照らし、損害賠償の額を定めるにあたり、原告が本件事故前に左手小指と左手親指を負傷していたことを斟酌するのは相当であるとはいえない。

　㊤　なお、原告が平成27年4月以降、使用していたソフトボール部に備え付けのキャッチャーミットは原告の左手にフィットしておらず、原告が引退した後にそのキャッチャーミットを使用した部員の手にも合わなかったため、その後Aはソフトボール部として新たなキャッチャーミットを購入したこと、原告が左手小指と左手親指を負傷したのはソフトボール部に備え付けのキャッチャーミットを使用し始めた平成27年5月頃であったことが認められ、原告の左手小指および左手親指の負傷にはソフトボール部に備え付けのキャッチャーミットの使用が影響したものと推認される。Aはそのキャッチャーミットが原告の手に合わないことを知っていたにもかかわらず、それについての対応を怠っていたのであるから、原告の左手小指および左手親指の負傷についてAにまったく落ち度がないということはできない。こうした点からしても、2割の過失相殺を超えて原告の左手小指または左手親指の負傷を理由として素因減額または原因競合による減額をすることは相当ではない。

　㊥　したがって、原告の左手小指または左手親指の負傷に関して素因減額または原因競合として損害額の減額を認めることはできない。

・まとめ

　原告の損害の合計額は846万2081円であるところ、これについて2割の過失相殺を行うと676万9665円となる。

　また、原告はスポーツ振興センターから合計150万4521円の給付金を受けているからこれを損害から控除すると526万5144円となる。

　そして、本件訴訟の内容を考慮すると本件における弁護士費用相当損害金

は52万円が相当である。

12 広島地方裁判所
令和1年9月10日判決（器械体操部）

主文

・原告らの請求をいずれも棄却する。
・訴訟費用は原告らの負担とする。

事案の概要

　本件は、被告が設置する広島修道大学附属鈴峯女子高等学校（以下「本件高等学校」）の器械体操部に所属していたP4の実親である原告らが、P4が部活動の際に段違い平行棒から落下して死亡した事故について本件高等学校の教諭には安全配慮義務違反があったと主張して、被告に対し、〔1〕主位的に使用者責任に基づく損害賠償請求として原告らのそれぞれに対して3198万3911円の支払いを、〔2〕予備的に学校契約上の債務不履行に基づく損害賠償請求として原告らのそれぞれに対して3198万3911円の支払いを求める事案である。

争いのない事実

(1)　当事者

　P4は平成10年生まれの女性であり平成27年5月21日当時、本件高等学校の2年生で器械体操部に所属していた。

　原告P1および原告P2はいずれもP4の実親である。

　被告は本件高等学校を設置する学校法人である。

　本件高等学校の教師であるP5教諭は平成27年5月21日当時、器械体操部の顧問であった。

(2)　落下事故の発生

　P4は平成27年6月に開催される広島県高等学校総合体育大会（以下「本件大会」）に出場する予定であり、本件大会に備え同年5月21日午前中に実施された中間試験が終了した後、午前11時15分頃から本件高等学校の体育館において部活動として器械体操の練習をしていた。なお、P5教諭は同日

の練習の際、体育館で部活動の指導にあたっていた。

P4は平成27年5月21日午後2時10分頃、段違い平行棒の練習をしていた際、後方屈身2回宙返り下りを行うためにまず後方車輪の動作に入ったがその際、足を下バーに接触させその影響で手を放すタイミングが遅れて上バーの上方に投げ出されてそのまま肩甲骨付近を上バーに打ちつけ、上バーの下に敷かれたマットの上に頭部から落下した（以下「本件事故」）。

P4は本件事故の発生を受けて広島県厚生農業協同組合連合会廣島総合病院に救急搬送された。

P4は平成27年5月24日、上記の病院において本件事故に起因する多臓器不全が直接死因となって死亡した。

⑶　**段違い平行棒について**

ア　段違い平行棒とは設置面（床）から2.5mの高さにあるバー（以下「上バー」）と、上バーから1.8mの間隔で設置された設置面から1.7mの高さにあるバー（以下「下バー」）との間を行き来したり、身体を回転させたりする演技をする競技である。

なお、本件事故発生当時、段違い平行棒の2つのバーの下には厚さ約12cmのマットが敷かれていた。

イ　後方屈身2回宙返り下りは、上バーを両手で掴んだ倒立の状態から両足を振り下ろして上バーを回転する動作である後方車輪を行った後、上バーから両手を離して後方車輪の回転力を利用して膝を伸ばした姿勢で空中において2回宙返りをして着地する終末技である。

後方屈身2回宙返り下りはC難度の技であり、A難度およびB難度の技よりも難度の高い技である。

ウ　後方車輪は、上バーを両手で掴んだ倒立の状態から両足を振り下ろして上バーを回転する動作であり、体操競技では基本的な初歩的種目の一つとされている。

後方車輪を高身長の選手が行う場合には、全身を伸ばした状態で回転すると両足を上から振り下ろした際に下バーに足が接触するおそれがあることから、足が下バーに接近する際に両足を開いて、足と下バーとの接触を避ける形で回転をする必要がある。

P4は比較的高身長の選手であったことから後方車輪を行うにあたり、通常、足が下バーに接近する際に両足を開く形で後方車輪を行っていた。

争点
・P5教諭に安全配慮義務違反があるか

当裁判所の判断
・P5教諭に安全配慮義務違反があるかについて
(1) 証拠による事実認定
　ア　P4は小学2年生の時にYMCA体操教室に通い始めたことをきっかけとして体操を始めた。YMCA体操教室では段違い平行棒などの器械体操の競技用の器具を使うことはなく、マットや跳び箱を用いて体操を行う程度であった。
　P4は小学6年生の時に本件高等学校に隣接した体操教室である「ジャンピング体操スクール」の一般コースに通い始め、その後、広島修道大学附属鈴峯女子中学校（以下「本件中学校」）に入学し、本件中学校の器械体操部にも入部した。
　P4は中学2年生の時にジャンピング体操スクールにおいて一般コースから育成コースに昇格して、育成コースで初めて段違い平行棒などの器械体操の競技用の器具を用いた練習を始めた。その後、P4は中学3年生になる頃にジャンピング体操スクールの選手コースに昇格して、さらに本格的に器械体操の練習に取り組むようになった。

　イ　P4は本件高等学校に進学して器械体操部に入部した。
　本件高等学校は毎回のように全国高等学校総合体育大会や国民体育大会の出場選手を輩出する器械体操のいわゆる強豪校であり、P4自身も高校1年生で全国高等学校総合体育大会に出場していた。

　ウ　P4を含む本件高等学校の器械体操部の部員は、本件高等学校での部活動のほかジャンピング体操スクールでP7の指導のもと器械体操の練習をしていたところ、中間試験の際を除く通常時の日々の練習はおおむね次のとおりであった。月曜日：練習なし。火曜日：部活動における練習午後4時から午後6時30分まで、体操教室における練習午後6時30分から午後9時まで、水曜日：部活動における練習午後4時から午後6時30分まで、体操教室における練習午後6時30分から午後9時まで、木曜日：部活動における練習

午後4時から午後8時まで、体操教室における練習なし、金曜日：部活動における練習午後4時から午後6時30分まで、体操教室における練習午後6時30分から午後9時まで、土曜日：部活動における練習なし、体操教室における練習午前9時から午後2時まで、日曜日：部活動における練習なし、体操教室における練習午前9時から午後2時まで。

　エ　本件事故発生日までのP4の練習状況について
　(ア)　P4が後方屈身2回宙返り下りの練習に取りかかったのは平成26年9月7日頃であった。
　(イ)　P4は日々器械体操での目標や課題を記載する「体操ノート」（以下「本件ノート」）を記入していた。P4は平成26年11月30日に「次の目標は逆車の練習をすることと屈伸ダブルにすることです」と、同年12月7日に「次の試合までに逆車と屈身ダブルを練習します」と、本件ノートに記入した。
　(ウ)　P4は平成26年12月27日、段違い平行棒について「次の目標は屈身ダブルを平行棒ですること」、「屈伸ダブルを通しに入れること。〈そのために〉1月：まず単バーで立てるようになる。　※下りで引っ張る癖を直す！！　お腹がしまってないので補強！！　2月：平行棒で立つこと」と、本件ノートに記入した。
　(エ)　P4は平成27年1月31日、段違い平行棒について「単バーで立つのは前より回数が増えてきたので良かったけどプロテをつけるのが遅いのと待ち時間は補強をすることを気をつけたいと思います。通しの技が悪くなっているのは部分練習をフリーの時にしてないのと、お腹がしまってないからだと思うので工夫して練習したい」、「目標2月：同じ　3月：通しに入れてちゃんと通せるようにする。試合でつかいたい」と、本件ノートに記入した。
　(オ)　P4は平成27年2月21日、段違い平行棒の着地について「宙返りを時計だと見た時、頭がある真上を12時とします。普通に宙返りをして着地した姿勢がまっすぐならばそれは"立っている"といえるが45分の所に頭がある状態で立っても、それは"立っている"とはいわない」と、本件ノートに記入した。
　(カ)　P4は平成27年2月28日、段違い平行棒について「通しは前より安定してきたかと思います。でも屈身ダブルは全っ然うまくいきません。自分の工夫がたりないのか、補強がたりないのか、進歩が見えなかったこと」、「屈

身を完成させたい」と、本件ノートに記入した。

　㈗　P4は平成27年3月24日に実施された試合において、B難度の終末技であり、後方車輪を行った後に後方車輪の回転力を利用して膝を抱え込む姿勢で空中において2回宙返りをして着地する、後方抱え込み2回宙返り下りを成功させた。P4は同日、段違い平行棒について「平行棒も屈身ダブルを入れられなかったのが悔しいです。次の目標は屈身ダブルを入れることとイエガーを練習することです」と、本件ノートに記入した。

　㈘　P4は平成27年3月29日、段違い平行棒について「屈身ダブルを通しに入れられるように着地の練習（着地点を見る。ひざをつっ張らないようになど）をしていきます」と、本件ノートに記入した。

　㈙　P4は段違い平行棒の平成27年4月の目標として「屈身ダブルをピットで立つ練習と平行棒で高いスワンの練習をする。（12日まで）↑ができるようになったら平行棒で行う。（12日〜14日から）目標は屈身ダブルを通しに入れることだが同時にイエガーをするための逆手の練習もしていく」と、本件ノートに記入した。

　㈚　P4は平成27年5月5日、本件中学校および本件高等学校の器械体操部で行われた練習会において、段違い平行棒について部員12名のうち2番目の順位の出来であった。P4は同日、段違い平行棒について「1回ひねりと下りは自分の中で不安要素なのでもっと練習を沢山します」と、本件ノートに記入した。

　㈛　P4は平成27年5月9日および同月10日、部活動の合宿に参加した。その際、P4は段違い平行棒について「いつも通りに通しました。屈身ダブルが立てない」、「ダブルの着地焦らない」と、本件ノートに記入した。

　　オ　本件事故の発生について
　㈎　本件高等学校では平成27年5月20日から中間試験が開始され、同月21日は中間試験の2日目であった。

　本件高等学校では中間試験で赤点をとると部活動の練習や試合への参加が制限されることがあり、また中間試験当日を締め切りとする提出物の課題が課されていた。

　㈏　平成27年5月21日、本件中学校および本件高等学校の器械体操部に所属する19名の部員のうちP4を含む11名の部員が午前11時15分頃から

本件高等学校の体育館で器械体操の練習を開始した。中間試験の期間中であり早く帰宅して勉強をしたほうがいいということも踏まえて、同日の練習の終了予定時刻は午後2時頃とされた。

　P4は練習にあたりP5教諭に対し、声が出にくい旨を訴えていた。

　P4は昼食をとることなく、他の部員とともに約1時間のウォームアップを行った後、試合と同じ構成での練習（1本通しの練習）を行った。

　その後、平成27年5月21日午後2時頃、練習を終えて他の部員の多くはクールダウンのための柔軟体操をしていたが、P4は段違い平行棒の練習を継続し、同日午後2時10分頃、本件事故が発生した。

　なお、P5教諭は本件事故発生当時、本件高等学校の体育館にいたが他の部員の指導にあたっており、P4のそばにはおらず、またP4の補助につく者もいなかった。

　(ウ)　P5教諭はP4が落下した音で本件事故の発生を認識し、P4のもとに駆け寄った。その際、P4は意識があり、自らが落下したことや手足が痺れて感覚がないことを訴えることができた。

　P5教諭は他の部員に対し、ジャンピング体操スクールで指導にあたっていたP7に本件事故の発生を知らせるように指示した。

　その後、本件高等学校の体育館に到着したP7が救急車を要請し、平成27年5月21日午後2時30分頃、本件高等学校に救急車が到着した。

　P5教諭は本件事故発生後、原告らに対し、P4が本件事故当日に後方屈身2回宙返り下りの着地に失敗しており、自分が練習を止めるよう言えばよかったと後悔している旨の発言をした。

　(エ)　P4は平成27年5月21日の部活動の後、声が出にくいため病院に立ち寄ってからアーティストのコンサートに行く予定であったが、本件事故の発生によりコンサートに行くことができなかった。

(2)　練習終了を指示すべき注意義務違反の有無について

　ア　証拠を総合すれば、〔1〕P4は平成26年9月7日頃には後方屈身2回宙返り下りの練習を開始していたこと、〔2〕同年11月頃には試合で後方屈身2回宙返り下りを取入れることを目標としており、そのための同年12月時点での具体的な計画として平成27年1月に単バーでの練習（段違い平行棒の2本のバーのうち1本のバーで行う練習）で直立の着地ができるようにな

ること、同年2月に段違い平行棒で直立の着地ができるようになることを目指していたこと、〔3〕同月28日時点でも後方屈身2回宙返り下りの習得に苦戦していたこと、〔4〕同年3月24日の試合でも終末技として後方屈身2回宙返り下りを取り入れることができずに後方抱え込み2回宙返り下りをしたこと、〔5〕同月29日時点で後方屈身2回宙返り下りの着地が課題であったこと、〔6〕同年4月の目標は直立で着地できるための練習をピット（柔らかいクッション材をプールに敷き詰めた器具）で行い、その後に直立の着地ができるための練習を段違い平行棒でも行うというものであったこと、〔7〕同年5月9日および同月10日の合宿では試合と同じ構成での練習（1本通し）でも後方屈身2回宙返り下りを取り入れていたが直立の着地ができないことが課題となっていたことが認められる（なお、原告らは本件ノートに記載された「立てない」という旨の記載をもってP4が後方屈身2回宙返り下りを行うことが危険であった旨を主張するが、器械体操で「立つ」という表現を使用する際には直立を指す用語として用いられることが多いと認められることに加え、P4自身も直立できる場合は「立っている」といえるが姿勢がまっすぐにならない場合には「立っている」とはいえない旨を本件ノートに記入していることに鑑みれば、本件ノートの「立てない」という記載は直立の着地ができないという意味を指すものに止まると考えるのが自然であり、原告らの主張は採用できない）。

これによると、P4は後方屈身2回宙返り下りの習得に苦戦しており、本件事故発生当時でも後方屈身2回宙返り下りを試合で行ったことがなく着地に課題を抱えていたといえる。しかし、直立の姿勢で着地できるかどうかということが着地の課題であったにすぎず、危険な着地を繰り返していたとはいえないし、本件事故発生日の約10日前の合宿では試合と同じ構成での練習（1本通し）で後方屈身2回宙返り下りを取り入れることができていたことを考慮すれば、本件事故発生当時、P4について後方屈身2回宙返り下りを行うことで落下事故が発生することが具体的に想定されるような状態ではなかったというべきである。

イ　次に本件事故発生当時のP4の体調について検討してみるに、本件事故は中間試験の期間中に生じたもので中間試験のための勉強や提出物の課題をこなすことと、部活動との両立に苦慮する面もあることを考慮しても中間

試験の期間中であることが原因となって落下事故を起こす危険性が高まっていたというべき具体的な事情は見当たらない。むしろ、本件事故発生日の練習時間は通常時の練習よりも短時間のものであったことに照らせば、中間試験の期間中であることをもって落下事故の危険性が高まっていたということはできない。

　また、P4は本件事故発生日の練習にあたり声が出にくい旨を訴えていたが、このような訴えのほかにP4の体調が悪いことをうかがわせる事情は認められないし、また部活動の後にアーティストのコンサートに行く予定であったことも併せて考慮すれば、P4の体調が落下事故を誘因するような状態であったということもできない。

　P4が本件事故発生当時、昼食をとっていなかった点についても本件事故が発生した時刻は午後2時10分頃であって昼食をとっていないとしても特別に不自然な時間ではないし、また食後に回転を伴う競技をすることを好まない器械体操の選手もおり、本件高等学校の器械体操部においても土曜日や日曜日の練習の際に午前9時から昼食をとることなく午後2時頃まで練習をして、練習後に昼食をとるということも普段から行われていたと認められることに照らせば、P4が本件事故発生当時に昼食をとっていなかった点をもって落下事故の発生が具体的に想定される状況であったということはできない。

　そして、練習予定時刻とされた午後2時頃を越えて練習していたことについても本件事故発生日の練習終了予定時刻が午後2時頃と予定されていたのは、早く帰宅して勉強するための配慮にすぎず、むしろ本件事故発生日の練習時間は通常時の練習時間に比べて短いことを考慮すれば、午後2時15分頃まで練習を継続していたことをもって落下事故の危険性が高い状態であったということもできない。

　ウ　また、P5教諭は本件事故発生後、原告らに対し、P4が本件事故当日に後方屈身2回宙返り下りの着地に失敗しており、自分が練習を止めるように言えばよかったと後悔している旨の発言をしたと認められるが、P5教諭は着地の際に直立が安定していなかったという意味で着地に失敗していたと述べたものにすぎないと認められるところ、上記の発言があったことをもってP5教諭がP4の落下事故の発生を具体的に予見していたと考えることは

できない。

　エ　そうすると、P5教諭が、P4が後方屈身2回宙返り下りに失敗して落下事故に至ることを具体的に予見することは困難であったといわざるを得ないのであって、平成27年5月21日の午後2時時点でP4に対して練習を終了するように指示すべき義務を負っていたということはできない。

　なお、後方車輪の際に足が下バーに接触することは例外的な事象ではなく、またこのような接触が起きた際には驚きで体を縮ませてしまうなど自分の身体を十分にコントロールできない場合もあると認められる。そうすると、段違い平行棒においては後方車輪を行う際に足を下バーに接触させて自らの身体を十分にコントロールできない状態に至る危険性があることは否定できないが、このような危険性は段違い平行棒という競技の性質上、避けることができない潜在的・抽象的な危険というべきであって、本件における事実関係のもとではP4のように全国高等学校総合体育大会にも出場して、すでにB難度の後方抱え込み2回宙返り下りも試合で成功させているような選手が基本的な初歩的種目の一つである後方車輪の際に足を下バーに接触させて落下事故に至ることまで具体的に想定して練習の終了を指示すべきであったということはできない。

(3)　補助者や監督者をつけるべき注意義務違反の有無について

　P4の後方屈身2回宙返り下りの習熟度に照らせば、本件事故発生当時、後方屈身2回宙返り下りを行うことで落下事故が発生すると具体的に想定することは困難であり、またP4の体調についても落下事故の発生を具体的に予見させるようなものではなかったといえる。そうすると、P5教諭が本件事故の発生を予見して補助者や監督者をつけるべき注意義務を負っていたということはできない。

　加えて、原告らは補助者や監督者がついていればP4に対して手を放すタイミングを指示したりすることでP4の技の失敗を防止することができた旨を主張するが、段違い平行棒の技の成否は競技者の感覚によらざるを得ない部分が大きいと認められるのであり、補助者や監督者が手を放すタイミングを指示したりすることによってP4の足と下バーとの接触に起因する落下事故を防止することができたとまでいうことはできず、原告らの主張は採用で

きない。また、補助者や監督者をつけていれば設置面から 2.5ｍ の高さの上バーのさらに上方に投げ出された P4 を補助者や監督者が受け止めて、当然に P4 の生命・身体に対する危険が回避できたとみることも困難である。

　この点について、原告らは段違い平行棒に取り組む際に補助者や監督者がつけられるべき根拠として、オリンピックや世界体操競技選手権での演技の際に補助者がついている様子が撮影された写真を証拠として提出する。しかし、各演技の際に補助者がついている目的が安全の確保にあるのかどうかといった点や、各演技のなかで行われている技が P4 にとっての後方屈身 2 回宙返り下りに相当する水準の技であったのかといった点は判然としないし、また補助者がつかない状態で行われる大会もあると認められるから、この写真をもって P5 教諭が本件事故発生当時、P4 に対して補助者や監督者をつけるべき義務を負っていたということはできない。

　以上によれば、P5 教諭に安全配慮義務違反があったということはできず、被告は原告らに対し、使用者責任に基づく損害賠償債務および学校契約上の債務不履行に基づく損害賠償債務を負わない。

13　さいたま地方裁判所 平成 30 年 12 月 14 日判決（強歩大会）

主文

・原告らの請求をいずれも棄却する。
・訴訟費用は原告らの負担とする。

事案の概要

　本件は、被告が設置する埼玉県立大宮高等学校（以下「本件高校」）の第 2 学年に在籍していた生徒である F が本件高校が実施した強歩大会（以下「本件大会」）において強歩中に突然倒れて死亡した事故（以下「本件事故」）につき、F の両親である原告 A および原告 B ならびに F の妹である原告 C が本件高校には本件大会を実施してはならない義務があった、あるいは本件大会の実施にあたり適正な数の自動体外式除細動器（以下「AED」）を準備し

て適切に配置し、有事の際には迅速に AED を使用して救命措置が講じられるように、あらかじめ適切な体制を構築しておく義務があり、さらには本件事故の発生時に本件高校の教職員が迅速に AED を使用して措置を講じなければならなかったにもかかわらず、本来5分以内の使用開始が求められている AED の使用までに約23分を要し、これらの義務に違反した過失があると主張して、国家賠償法1条1項による損害賠償請求権に基づいて被告に対し、〔1〕原告 A および原告 B につき、〔ア〕F の損害賠償請求権を相続した分として各損害金（治療関係費、葬儀費用、逸失利益、死亡慰謝料および弁護士費用）3151万7832円の支払い、〔イ〕各自の固有の損害として損害金（慰謝料および弁護士費用）各330万円の支払い、〔2〕原告 C につき損害金（慰謝料および弁護士費用）330万円の支払いをそれぞれ求めた事案である。

前提事実

(1) **当事者**

　ア　F は平成10年生まれの女子であり平成26年4月、本件高校に入学し、平成27年10月16日当時、第2学年に在籍していた。

　イ　原告 A は F の父、原告 B は F の母、原告 C は F の妹である。

　ウ　被告は本件高校を設置する地方公共団体である。

(2) **本件大会前の練習時の出来事**

　F は平成27年9月14日、体育の授業中に本件大会の練習として30分間走をしていたところ突然意識を消失して倒れた。すぐに体育科の担当教諭が駆け付け、肩を叩いて名前を呼ぶと意識を回復したが、そのまま保健室に運ばれたことがあった。

(3) **本件大会**

　ア　本件高校は昭和53年以降、学校行事として強歩大会を毎年開催しており、平成27年度における大会内容（女子）は距離を13.0 km、制限時間を2時間30分と設定していた。なお、女子生徒のコースは西遊馬公園を出発して P 1から順に P 8まで通過し、入間大橋で折り返して P 8から P 1まで通過し、ゴール地点に至るというものである。

　イ　本件高校は本件大会の実施にあたりスタート・ゴール地点にある大会本部と、同所と折り返し地点の中間点の2か所に AED を1台ずつ配置した。

⑷　**本件事故の発生**

　F は平成 27 年 10 月 16 日午前 10 時 30 分頃、他の生徒らと共に西遊馬公園を出発し、入間大橋を折り返したが、P 4 を通過して間もなくの同日午前 11 時 45 分頃に突然倒れ、同月 17 日午後 9 時 20 分、搬送先の埼玉医科大学総合医療センターにおいて死亡した。

⑸　**死亡見舞金の支払い**

　原告らは平成 28 年 2 月 17 日、独立行政法人日本スポーツ振興センター（以下「スポーツ振興センター」）から医療費および死亡見舞金として合計 2826 万 2654 円の支払いを受け、同月 26 日、一般財団法人埼玉県高等学校安全振興会（以下「高校安全振興会」）から死亡見舞金として 600 万円の支払いを受けた。

争点

・本件高校の校長や教諭らの注意義務違反の有無（争点 1）
・因果関係の有無（争点 2）

争点に対する判断

1　**判断の基礎となる事実関係**

⑴　**本件大会の概要**

　本件大会は本件高校の学校行事として年 1 回開催され、基本的に全校生徒が参加するものとされるが、その実施概要は次のとおりである。

　ア　開催日時は平成 27 年 10 月 16 日午前 10 時 30 分スタート。

　イ　大会コースは西遊馬公園をスタートし、荒川堤防上のサイクリング道路を通って北方の入間大橋を折り返し地点として同公園へ戻るものとされており、男子は 16.5 km（制限時間 3 時間）、女子は 13 km（制限時間 2 時間 30 分）のコース設定がされ、その間、男子の給水所が 3 か所、女子の給水所が 2 か所設けられている。なお、コースの途中には舗装されていない場所や細い場所、高低差のある場所がある。

　ウ　服装は学校指定の半袖ハーフパンツ着用とする。

　エ　走行の制限時間が定められているが歩行することは許されている。ただし、本件大会の成績は体育の成績に反映され、個人のタイムを得点化し、その合計を参加人数で割ったものを総合ポイントとし、ポイント順にクラス

の順位をつける。制限時間を超えての到着は0点、当日無断欠席や当日欠席（連絡あり）、棄権については減点の対象となる。また、欠席した生徒については後日追走（1時間走）を行うものとされていた（なお、本件事故が発生した年から追走は中止された）。

(2) 本件大会前の準備状況

ア 生徒の健康管理

(ア) 本件高校では毎年生徒に対し、健康診断として内科検診および尿検査を実施し、また入学時には心電図検査、胸部X線撮影を実施しており、Fは平成26年度および平成27年度の健康診断では循環器系を含め特段の異常は報告されていない。

(イ) 本件高校の校長は平成27年9月11日、本件大会実施に先立ち、生徒の健康調査を行う目的で生徒の保護者宛てに本件大会への参加の可否や、生徒の健康状態に関する質問事項を記載した書面を発出した。原告Aはこれに対し、Fの本件大会への参加を承諾するとともに「心臓疾患で定期的に検診・診察を受けている」、「2～3年以内に喘息やけいれんの発作を起こしたことがある」、「喘息で内服薬や吸入器を使っている」、「心臓疾患、喘息以外で現在治療中のケガや病気がある」、「健康上心配なことや相談したいことがある」などの質問事項にいずれも「いいえ」を丸で囲んで回答した。

イ 体育授業での事前練習とその際の出来事

(ア) 本件高校は本件大会に向けて平成27年9月1日から同年10月14日までの間に体育の授業で25分間または30分間走（以下「30分間走」）を合計11回実施しており、参加する生徒は練習のつど個々の「持久走カード」に走行距離、評価・体調を記録した。

(イ) Fは平成27年9月14日、朝から頭痛があったものの30分間走に参加した。Fは15分程度走ったところで胸に痛みを覚え、突如意識を失い倒れた。体育教諭が駆け付けた際、口から泡を吹き意識が混濁していたが、その後、呼びかけによって意識が戻ったため体育教諭はFを担架で保健室に運んだ。養護教諭は学校医に電話で相談をしたところ心臓については一度検査を受けたほうがよいとの指導を受けたため、原告Bに連絡して来校した同原告に対し、状況の説明をしたうえで医療機関への受診を促した。

　(ウ)　F は平成 27 年 9 月 15 日、越谷市立病院の内科を受診し、医師に対してこれまでにも長距離を走ると時々胸が苦しくなったり胸痛があったこと、同月 14 日は朝から頭痛があったが体育の授業で 20 分程度走ったところで胸が痛くなって意識を失ったこと、1 分以内に意識が戻ったところその際には胸痛はなかったが後頭部が痛かったこと、意識を失ったのは今回が初めてであることを説明した。医師は F を診察したが胸部の心雑音や動悸に異常な所見はなく、血液や心電図の検査の結果でも特段の異常は認められなかった。そこで、医師は F に対し、胸に痛みを感じたときは運動を中止すること、頭痛が持続するようであれば神経内科を受診することを告げて経過観察とした。

　(エ)　F は受診後、同日の昼休みに体育教諭、養護教諭および担任に対し、心電図および血液検査の結果に異常はなく、医師からは胸が痛むときは運動を中止するよう指導を受けた旨を報告した。

　(オ)　F は平成 27 年 9 月 15 日の体育の授業は欠席したが、それ以降に行われた全 6 回の 30 分間走にはすべて参加し、それぞれ 3900 m から 5000 m の距離を走った。なお、F は前年の平成 26 年度の強歩大会に参加した際は同じコースを 1 時間 25 分 3 秒のタイムで完走しており、549 人中 355 位の順位であった。

　ウ　緊急時の対応方法と健康上の要注意生徒の周知

　(ア)　本件高校は本件大会実施に備え「平成 27 年度 第 38 回強歩大会職員必携」と題する冊子を作成し、教職員に配布した。冊子には緊急時の対応方法としておおむね以下の内容が記載されていた。

　A　緊急時マニュアル

　心肺停止・意識障害・骨折・多量の出血・全身けいれんの場合には、〔1〕救急車の要請、〔2〕スタート・ゴール地点に設置してある本部に状況連絡、〔3〕管理職に状況連絡をすること（〔3〕には二重線でアンダーラインが引いてある）。

　B　役割分担

　教職員は移動監察、走路指導、救護・輸送の役割を分担する。移動監察（なお、自転車を用いた先導者も先導終了後は移動監察の任に就くものとされている）は、50 cc オートバイ（以下「バイク」）を使用し、コースでの観察・指

導および傷病者の発見・連絡を主な仕事とし、緊急の傷病者が発生した場合
には本部・入間大橋のうちいずれか近い場所に連絡し、救護依頼をする。移
動監察はG、HおよびJ教諭の3名が担当し、必要物品はバイク、救急用品、
携帯電話である。走路指導は交通事故防止、競技者のコース誘導、体調異常
な生徒の確認および給水を主な仕事とし、各ポイントに最低2名が常駐する。
ゴール地点には看護師1名が待機する。

　C　一次救命処置

　傷病者が発生した場合には反応がなければ大声で応援を呼び、119番通報
およびAEDの手配をする。さらに、正常な呼吸をしていない場合にはただ
ちに胸骨圧迫および人工呼吸を繰り返し、AEDが届き次第AEDによる心
電図の解析を開始し、必要であれば電気ショックを行う。その後、救急隊に
引き継ぐまでの間、AEDによる電気ショック、胸骨圧迫および人工呼吸を
繰り返す。なお、これが記載された頁の欄外上部に「AEDは・決勝（本部）・
上江橋にあります」とペン字で手書きされて全体を囲い、すぐに目に付くよ
うになっていた。

　(イ)　本件高校は本件大会前の事前打合せにおいて「強歩大会前　健康調査
結果」と題する冊子を教職員に配布し、健康状態に留意する必要のある生徒
の情報を共有した。冊子には対象となる生徒ごとに「病名」、「現在の状況」、
「医療状況」、「特記事項」の項目に分けて、個別の情報が具体的に記載されて
おり、Fについては平成27年9月14日の体育の30分間走中に胸に痛みを
感じ倒れたこと、心電図および血液検査の結果に異常はなく胸が痛む時は運
動を中止するよう医師から注意を受けたことが記載されていた。

　(ウ)　なお、本件高校では平成18年度から平成27年度までの10年間に開
催された強歩大会において参加した生徒が救急搬送された事例が15件あり、
うち熱中症が6件、脱水症が6件であり、その他も心疾患を原因とするもの
ではなかった。

　エ　消防署員による救急法講習会の開催

　本件高校は平成27年10月9日、新転任者、本件大会においてP1ないし
P8の走路指導を担当する教諭のなかから代表者1名および希望者を対象に
AEDを使っての救命法の講習を内容とした消防署員による救急法講習会を
開催した。講習会において配布されたさいたま市消防局作成の資料には心肺

蘇生法につき、傷病者の肩を叩き大きな声で呼びかけても反応がなければ大きな声で助けを求め、119番通報およびAEDの運搬を行う者をそれぞれ指名して依頼する必要がある旨が記載されていた。

(3)　本件大会の開催

ア　本件高校のK教頭および体育科教師は平成27年10月16日午前6時頃、天気予報によると本件大会実施時間中には雨が降らない予報であることや例年より最高気温の予測が低いといった気象条件を考慮し、本件大会の実施を判断した。校長は同日午前9時頃、コースの状況、気象状況、職員および生徒の集合状態を含め、教頭らの判断が妥当であるとしてこれを承認し、本件大会の開催を決定した。

イ　本件大会は予定通り同日午前10時30分頃に開始した。その際の天候は霧雨であったが、その後も雨は降り続け、生徒がゴールする頃にはずぶ濡れになっていた。本件大会では男子619名、女子550名が完走した。

ウ　AEDはスタート・ゴール地点である西遊馬公園に設けられた大会本部と同地点と折り返し地点の中間にある上江橋給水所の2か所に配置されていた。

(4)　本件事故の発生と教職員の対応状況

ア　本件大会に参加したFは平成27年10月16日の午前10時30分頃、スタート地点である西遊馬公園を出発し、入間大橋で折り返し、午前11時45分頃、復路のP4を通過したところ、その約10秒後にP4から約50m進んだ地点（ゴールの約1600m手前）で突然倒れた。その瞬間を目撃した生徒がP4まで戻り、同所の走路指導担当として待機していた教諭に報告した。担当であったL教諭、M教諭およびN教諭はすぐにFのもとへ駆けつけ、L教諭がFの呼吸、意識および脈を確認したがいずれもなかったため午前11時48分、N教諭に救急車の要請を依頼する一方、Fに心臓マッサージを開始した。そして、L教諭はしばらくしてM教諭とマッサージを交代し、救急隊に事故現場を説明するためにN教諭から電話を替わり救急隊員に道順を説明した後、救急車が事故現場まで入ってこられるか確認するためにN教諭とともに自動車で付近の土手まで向かった。残されたM教諭は午後0時4分頃にP教諭が到着するまで一人で心臓マッサージと人工呼吸を繰り返し

たがFの反応はなかった。

　イ　M教諭は午前11時50分頃、大会本部で待機するK教頭に対し、女子生徒が倒れる事故が発生し、救急車を要請した旨を携帯電話で報告した。K教頭は大会本部付近にいたP教諭に対し、P4地点で女子生徒が倒れ、意識がなく救急車を要請した旨を伝え、現場に急行するよう指示した。

　ウ　P教諭は午前11時51分頃、事故現場の状況を確認するためにゴール付近の駐車場に止めてあったバイクを運転してP4地点に向かったが、コースを逆行していたためゴールに向かって走行してくる生徒の集団と遭遇し、思いのほか前へ進むことができなかった。そこで、コースを外れて別の道を使ったが途中で道に迷ってしまい、事故現場へ到着したのは午後0時4分頃であった。

　エ　Q教諭は午前11時52分頃、ゴール周辺で到着する生徒の対応をしていたところ、ゴールした生徒から女子生徒が倒れたことを知らされ、すぐに同所にいたR教諭に対し、女子生徒が倒れたが場所がわからないためコースを逆走して現場へ向かうよう依頼した。R教諭は状況確認のために駐車場にあった自転車に乗ってコースを逆走して現場へ向かった。

　オ　S教諭およびT教諭は午前11時57分か58分頃、最後尾の女子生徒とともに事故現場を通り過ぎたところ、救命措置を一人で行っていたM教諭から「AEDを急がせてくれ」と指示を受けたが、携帯電話を所持していなかったため、他の教職員を見つけ次第その旨を伝えようと急いだ。S教諭およびT教諭は午後0時頃、事故現場へ向かうR教諭と出会い、AEDが事故現場に到着していない旨を伝え、同教諭は携帯電話で大会本部のU教諭にその旨を連絡した。

　カ　大会本部付近にいたU教諭は大会本部の救護テントにあるAEDを持ち出し、駐車場にあった自転車に乗ってコースを逆走して現場へ向かった。同じく午後0時頃、P2地点付近にいたG教諭はS教諭およびT教諭から事故の発生およびAEDが現場に到着していない旨を聞いて、AEDの運搬を助けるためバイクに乗って上記の地点からゴールへ向かった。G教諭はゴールから200m程度手前の地点で自転車に乗ったU教諭と出会い、同教諭からAEDを受け取るとバイクでコースを逆走して事故現場へ急いだ。

　キ　R教諭は午後0時3分頃、事故現場に到着し、倒れた生徒がFであることを確認した。続いて午後0時4分頃、P教諭が到着してM教諭と交代

して心臓マッサージを実施した。さらに午後0時5分頃、G教諭が現場に到着し、運んできたAEDをP教諭に手渡した。

　ク　P教諭は午後0時7分29秒にAEDの電源を入れ、心電図解析が開始されたが午後0時7分59秒には除細動適用外と判断された。その後も午後0時10分および午後0時12分と2度にわたってAEDによる心電図解析を試みたが、いずれも除細動適用外と判定されてAEDを使用することができなかった。なお、解析開始時の心電図の波形はほぼ平坦であり心臓はほとんど動いていなかった。

　ケ　救急隊員は午後0時10分頃、現場に到着し、午後0時30分頃、埼玉医科大学総合医療センターへの搬送を開始した。Fは午後0時40分頃、同センターに到着して治療が施されたが同月17日午後9時20分に死亡した。同センターの医師が作成した死亡診断書ではFの直接の死因は不詳とされている。

　コ　なお、本件大会での女子の部では第一位が49分59秒を記録し、完走者の最下位であった第550位のタイムは1時間59分56秒であり制限時間内に完走していた。

⑸　一般的な知見

　ア　長距離走に関する一般的な知見

　文部科学省が作成した平成21年7月当時の高等学校学習指導要領においては長距離走の指導に関し、「走る距離は1000ないし5000m程度を目安とするが、指導のねらい、生徒の技能・体力の程度や気候等の状況に応じて弾力的に扱うようにする」とされている。

　また、マラソン大会や学校での体育活動で心肺停止が起こり得ることは広く一般に知られている。

　イ　心停止およびAEDに関する一般的な知見

　㋐　心停止を引き起こす致死的不整脈には心室細動、心室頻拍、心静止および無脈性電気活動（PEA）の4つがあり、心停止に至った場合、約3分程度で脳に不可逆的ダメージが生じるため可及的速やかに蘇生措置を施す必要がある。そして、心室細動および心室頻拍については電気的除細動が唯一の治療法であるが、心静止および無脈性電気活動（PEA）については電気的除細動による治療に効果がなく、薬剤投与のほかには胸骨圧迫（心臓マッサー

ジ）しか蘇生方法がない。なお、<u>心静止または無脈性電気活動（PEA）が生じている要救護者に AED による除細動を試みても AED が「除細動適用外」と判定し、電気ショックの始動許可を与えないように設定されている。</u>

　(イ)　厚生労働省は平成 25 年 9 月 27 日、AED の設置場所や配置に関する基準を提示することによって AED の効率的で円滑な利用を促し、病院外心停止の救命を促進することを目的とした一般財団法人日本救急医療財団作成の「AED の適正配置に関するガイドライン」を公表した。ガイドラインにおいて<u>マラソンは心臓突然死が起こりやすい種目</u>として報告されており近年、市民参加型のマラソン大会で数多くの心停止が報告されていることから AED の設置・配備が求められる状況の一つとして大規模なマラソン大会が挙げられている。また、<u>AED の配置にあたって考慮すべきこととして心停止から長くても 5 分以内に AED による除細動ができる体制が望まれ、AED をアクセスしやすい場所に配置することが望ましい</u>旨が指摘されている。また、AED により電気ショックが行われた患者のうち救命されたのは 45％であり、AED による除細動が 1 分遅れると社会復帰率は 9％減少するとされている。

　(ウ)　埼玉県教育委員会教育長（以下「教育長」）が各県立学校長宛てに発出した「体育活動時における事故防止について（通知）」には、校外活動においては可能な限り AED を携行することや心肺停止状態の疑いのある状況では<u>躊躇することなく AED を使用すること、「体育授業・運動部活動における事故防止の 5 則について」</u>をすべての職員の目に触れるところに掲示するなど一層の安全指導の徹底を図ることに留意して体育授業・運動部活動における事故防止に万全を期すよう記載されていた。そして、「体育授業・運動部活動における事故防止の 5 則について」には<u>事故発生時の迅速かつ適切な対応として AED の使用など初期対応に万全を期すことが記載されている。</u>

(6)　埼玉県立高等学校の強歩大会実施状況

　埼玉県内の県立高等学校では平成 27 年度には合計 20 校が、平成 28 年度には合計 17 校が強歩大会を実施しており、そのうち女子生徒の走行距離の平均はいずれも約 15 km であった。

2　各争点の検討

⑴　争点 1（本件高校の校長や教諭らの注意義務違反の有無）について

　ア　安全配慮義務について

　教育活動を行う学校では教育指導にあたる教諭は教育活動に際して生徒を指導監督し、教育活動により生ずるおそれのある危険から生徒の生命および身体を保護すべき注意義務を負うところ、長距離を一定の速度を保ちながら移動する強歩は継続的に身体に負荷がかかるものであるから体調に変調を来して場合によっては心停止や熱中症による生命に危険が生ずる重大な事故が生じる可能性を内包する身体活動であり、全校生徒が参加する強歩大会となると日頃から部活動で運動をしている生徒だけではなく、参加生徒によってその健康状態や体力の程度に大きな隔たりがあることからすると、学校行事として強歩大会を開催する場合には開催内容や運営方法の十分な検討、生徒の体調や能力に応じた適切な指導、事故が発生した場合の対応策、参加する生徒へ起こりうる危険を防止して、その安全を確保するための措置を講ずるべき一般的な注意義務を負うものというべきである。

　そこで、このような注意義務を踏まえて本件事故に関し、本件高校の教諭らによる具体的な注意義務に違反する行為の有無を検討する。

　イ　本件大会を開催したことについて

　学校行事として強歩大会の開催を決定し、その内容を策定する校長や担当教諭らは強歩という競技の性質上、想定される危険性に照らせば強歩大会の開催にあたり参加する生徒にとって身体に過度の負担をかけることのないよう、その内容を吟味し、計画を策定すべき注意義務を負っていると解することができる。

　そこで、本件についてみるに本件事故当時の高等学校学習指導要領では長距離走の距離は 1000 から 5000 m 程度を目安とするとされているが、本件大会はこの倍以上の距離を走行させるものであった。さらに、本件大会の成績が体育の成績に反映されるだけでなくクラスの順位にも反映され、棄権した場合にはクラスの点数が減点され、通常の体育の授業に比して生徒はより速いタイムでの完走をめざす動機づけがなされる条件が備わっていたことに照らすと、本件大会は生徒にかなりの心身への負荷を課すものであったといえる。しかしながら、学習指導要領においても示された距離は目安であって指

導のねらいに応じて弾力的に扱うことができるとされていることや、本件大会での走行距離は強歩大会を開催している埼玉県内の他の高等学校と比較すると女子の平均である約 15 km を下回る 13 km であって、そのコースも荒川堤防上のサイクリング道路を利用して平地を走行するもので基本的に起伏の激しいものではなく、本件大会では完走者は全員が制限時間内に到着していたから、本件大会が格別に生徒に危険を招来するようなものであったとは言い難い。そうすると、本件大会を開催すること自体はただちに注意義務に違反するとはいえない。また、本件高校ではあらかじめ体育の授業で 10 回程度 30 分間走を実施し、本件大会に備えて生徒の走力や持久力の向上を図り、さらには生徒の健康状態を事前に調査し、本件大会に参加できる心身の状況にあるかを把握するよう努めており、生徒の健康状態や体力に比して過度に負担とならないような計画を策定していたということができるから、この点からみても本件大会を開催することに注意義務の違反があるとはいえない。

　なお、原告らは本件大会当日、雨が降っていたにもかかわらず半袖ハーフパンツでの大会参加を強制したことが注意義務違反にあたると主張するが、雷や強風、高温といった屋外での運動をすることによってその生命・身体にただちに危険を及ぼすような気象状況であれば別だが、本件大会当日は霧雨程度であったというのであるからその気象状況に照らし、本件大会を中止する義務があったとはいえない。また、春季から秋季にかけては熱中症の危険が考えられ、実際に従前の大会では熱中症や脱水症により救急搬送される事例があったことからすると、10 月中旬の開催であった本件大会において半袖ハーフパンツの着用を指示したことが注意義務に違反するとはいえず、ジャージ上着を着用することを許可しなければならなかったとは言い難い。

　　ウ　Fを本件大会に参加させたことについて
　強歩という運動に内在する危険性に鑑みれば、本件大会を主催する学校の教諭は健康状態の理由から本件大会に参加することによって危険性が顕在化するおそれのある生徒に関しては走行距離や制限時間を軽減し、場合によっては参加をさせないという措置をとる義務をも負っているというべきである。なお、本件大会が自由参加ではなく体育授業の一貫として行われるものであり、欠席した場合には追走が課されることとなっていたことに鑑みれば、

生徒や保護者が参加の意思を示していたとしても学校側の義務は免除される
ものではない。

　そこで本件についてみるに、F は本件大会の約 1 か月前に行われた体育で
の 30 分間走の最中に突然胸に痛みを感じて意識を失って倒れており、何ら
かの病的因子を抱えていたおそれがあった。そして、強歩大会が心身に負荷
のかかる競技であり、事実、近年の市民参加型マラソン大会では参加者に少
なからず心停止の事例が報告されていることからすると F の本件大会への
参加の許否について担当教諭らは慎重に判断する必要があり、結果論として
は事故発生の危険を回避するという観点から参加をさせないという判断が望
ましい措置であったといわざるを得ない。しかしながら他方において、倒れ
た当日に受診した病院での心電図や血液検査で特段問題は見つからず心雑音
や動悸もなく、医師からも胸に痛みを感じたときは運動を中止するよう指導
を受けたものの本件大会への参加を止められた事情はないことに加え、F は
前年度の強歩大会に参加して完走を果たした経験があったことや、その後も
全 6 回にわたり 30 分間走に参加して何ら身体的な異常を訴えることはな
かったし、異常の兆候も特段報告されていなかったことからすると、F が本
件大会に参加した場合には心停止の重大な結果が生じることについて担当教
諭らに具体的な予見可能性があったとまでは認められない。また、本件高校
では本件大会に先立ち健康状態に留意をすべき生徒の情報を全教職員で共有
しており、F についても体育の授業中に倒れた経緯やその後の医師の指示に
ついて情報共有したうえで本件大会に参加させていることに鑑みれば、F を
本件大会に参加させたことについて注意義務に違反があるとはいえない。

　　エ　AED の設置について
　強歩には心停止による事故の発生の危険性が少なからず内在しており、心
停止による傷病者には AED による救命法が有効であることは一般的に周知
されている。また本件事故当時、本件学校は被告から各学校へ支給された 1
台と本件高校が購入した 1 台の合計 2 台の AED を保有しており、教育長が
各県立学校長宛てに発出した「体育活動時における事故防止について（通知）」
において校外活動には AED を携行することや事故発生時には AED による
迅速な初期対応が求められていたことからすると、13 km という長距離を走
ることになる本件大会を開催するにあたり本件高校の教諭らは保有する 2 台

のAEDをコース上の適切な場所に配置すべき注意義務があるということができる。

　他方で、一般財団法人日本救急医療財団が作成したガイドラインをみると、AEDの配置にあたっての考慮すべき事項として指摘されていたのは5分以内に除細動を行えるようにAEDを設置することが望ましいとされているだけで学校の限られた財務事情にも鑑みれば、生徒が倒れてから5分以内にAEDによる除細動を行えるような距離にAEDを設置することが期待されるものではあっても原告らが主張するような具体的な注意義務の内容となっていたとはいえず、スタート・ゴール地点の大会本部とスタート・ゴール地点と折り返し地点との中間である上江橋給水所にそれぞれAEDを設置し、生徒が合計4回AED設置場所を通過するようなコースを設定したうえバイクや自転車を用意して移動監察担当の教諭がAEDを速やかに運搬できる体制を事前に構築していたという事情に鑑みると、本件高校のAEDの設置方法に不適切な点があるとはいえない。実際に、本件事故においてはFが倒れた場所からAEDが設置されているスタート・ゴール地点との間の距離は約1600mであってバイクや自転車を用いればAEDを速やかに現場へ搬送できる距離であり、現にR教諭が大会本部へAED搬送を要請してから約5分でAEDが現場に到着している。

　したがって、本件高校のAEDの設置方法に注意義務違反があったとは言い難い。

　オ　AEDの使用に関する講習や救護体制、本件事故時の対応について
　㋐　AEDの使用に関する講習について
　心停止の傷病者に対してはAEDによる除細動が有効な治療法である。また、教育長発出の「体育活動時における事故防止について（通知）」には心肺停止状態の疑いのある状況では躊躇なくAEDを使用することや事故発生時の迅速かつ適切な対応としてAEDの使用など初期対応に万全を期すことが記載されていることに照らせば、AEDを設置している学校においては教職員らがAEDを使用した応急手当ができるような体制を整備する注意義務があるというべきであって、具体的にはAEDを使用することが想定される教職員に対してAEDの使用に必要な講習を受講させ、さらにはAEDを迅速に傷病者のもとに運搬するためにAEDの設置場所の情報共有を事前に整備

しておく注意義務があり、また、実際に傷病者の対応にあたる各教職員においては事前の講習に従ってその場の状況に応じて迅速かつ適切な救護活動をする注意義務が課せられているというべきである。

　そこで本件についてみるに、本件高校では本件大会に先立ち全教職員に対してAEDの設置場所や各教職員の役割分担、傷病者が生じた場合の対応（119番通報およびAEDの手配をし、管理職に状況連絡をすること）を記載したマニュアルを配布しており、AEDの迅速な運搬のために必要な情報共有は一定程度行われていたといえる。また、本件高校では本件大会においてP1からP8までの各地点で走路指導を担当する教諭のなかから代表者1名および新転任者を対象としてAEDを用いた救命法の講習を内容とする消防署員による救急法講習会を開催している。このような事情に照らせば、本件高校においてはAEDを迅速に運搬し、適切に使用できるよう最低限度の情報共有や講習会の開催が行われており、教職員によるAED使用のための事前準備はおおむね怠りなく実施されており、注意義務に違反しているとはいえない。

　(イ)　救護体制の構築とこれに従った救護活動について

　マラソン大会や体育授業の運動中に心肺停止が起こりうることは広く一般に知られているところ、AEDによる除細動が1分遅れるごとに社会復帰率が9％減少する旨のデータが公表されており、教育長発出の「体育活動時における事故防止について（通知）」には心肺停止状態の疑いのある状況では躊躇なくAEDを使用することを求めているといった事情に照らせば、本件学校は本件大会で参加生徒に心肺停止が疑われる状況が起これば一刻も早くAEDを使用できる救護体制を整えておかなければならない。具体的には、突然の事態が生起した場合に個々の教職員は動転し、その場で適切な状況判断ができないおそれがきわめて高いため、〔1〕AEDの手配を指揮する指揮監督者を決めたうえでその連絡先を周知し、〔2〕現場で事態を覚知した教職員は速やかに指揮監督者に連絡をするよう徹底するとともに、全教職員に携帯電話の携帯を義務づけて連絡手段を整えておき、〔3〕連絡を受けた指揮監督者は事故発生場所および生徒の状況をただちに聴取したうえでAEDの搬送の必要性が少しでもうかがわれる状況であれば2か所の設置場所のうちより事故発生現場に近いほうに常駐している教職員に連絡をし、事故現場にAEDを搬送するよう指示することができるような指揮連絡体制を事前に構

築し、〔4〕さらには、本件大会のコースは長距離であるうえに一般道路とは異なる荒川堤防上のサイクリング道路であって一部舗装されていない場所や道幅が狭い場所もあったのであるから、そのようなコースで多数の生徒が走るなか AED を移動監察用のバイクや自転車を用いて速やかに搬送するためにコース外の一般道路を走行することも想定して各設置場所からの AED の搬送ルートを事前に決めておくといった準備を整え、迅速に救護活動を行うことができる救護体制を構築しなければならないというべきである。

　ところが、本件事故では AED が設置されていたゴール・スタート地点である本部から F が倒れている現場までわずか 1600 m であったにもかかわらず肝心の AED が現場に到着するまでに F が倒れてから約 20 分が経過しており、その使用を開始したときには除細動適用外と判定されて電気ショックができなかった。その経過を改めてみてみると、〔1〕午前 11 時 45 分頃、F が倒れた直後に駆け付けた L 教諭、M 教諭および N 教諭は F に呼吸、意識および脈がないことを確認してすぐに 119 番通報をしたものの AED の搬送手配をせず、M 教諭が K 教頭に対し、携帯電話で女子生徒が倒れて意識がないので救急車を要請した旨を報告した際にも AED の搬送を依頼しなかったこと、〔2〕午前 11 時 50 分頃、大会本部で M 教諭の報告を受けた K 教頭は P 教諭に対し、P 4 地点で女子生徒が倒れて意識がなく救急車の出動を要請した旨を伝えて現場へ急行するように命じたが、その際 AED の搬送を指示しなかったこと、〔3〕P 教諭はバイクに乗って現場に向かったもののコースを逆走したためにゴールを目指して強歩中の生徒の集団と遭遇し、思うように進むことができずコースを外れて他の道に入ったが途中で道に迷い、午後 0 時 4 分頃にようやく現場へ到着したこと、〔4〕L 教諭および N 教諭が救急車誘導のためにその場を離れた後、L 教諭に代わって M 教諭が F の心臓マッサージと人工呼吸を一人で行っていたが、午前 11 時 57 分か 58 分頃、たまたま最後尾の集団に随伴していた S 教諭と T 教諭が通りかかったので「AED を急がせてくれ」と頼んだが、同教諭らは携帯電話を所持しておらずその場で連絡を取ることができなかったため先を急いだこと、〔5〕これに先立つ午前 11 時 52 分頃、ゴールで到着する生徒の対応をしていた Q 教諭は生徒から女子生徒が倒れたことを知らされると近くにいた R 教諭に現場に向かうよう指示し、同教諭が自転車に乗って現場に向かったところ途中で S 教諭と T 教諭に出会い AED が未着であることを聞かされ、F が倒れてから約 15 分

が経過した午後 0 時頃、携帯電話で大会本部へその旨を通報し、その連絡を受けた U 教諭が自転車に乗って AED の搬送を始めたこと、〔6〕同時刻、P 2 地点付近にいた G 教諭は S 教諭および T 教諭から事故の発生と AED が未着であることを知らされ、バイクに乗ってゴール方向へ向かい、途中自転車で AED を搬送中の U 教諭と出会い AED を受け取ってそのまま事故現場に急行し、午後 0 時 5 分頃に事故現場に到着し、午後 0 時 7 分になってようやく F に AED による心電図解析が行われたというものであった。そうすると、少なくとも〔1〕では、L 教諭らは事故発生直後にその場に駆けつけ F が心停止状態にあることを把握しながら、救急車の出動要請をしただけで AED の搬送手配をしなかったこと、〔2〕では、大会本部で報告を受けた K 教頭は P 教諭に命じて現場へ急行させたがその場に配置された AED の搬送を指示しなかったことがそれぞれ <u>AED 使用に関する緊急対応に落ち度があった</u>ということができるし、〔3〕では、P 教諭はバイクで現場へ向かったがコースを逆走したため強歩中の生徒の集団と対向することになってその進行を妨げられ、コースを外れて別の道を使ったものの途中で道に迷い現場到着が遅れたこと（仮に L 教諭らが AED の搬送手配をし、あるいは K 教頭が AED の搬送を指示したとしても到着が遅れたことになる）といった点で、<u>初動対応に不手際があった</u>ことを指摘することができる。とりわけ〔1〕〔2〕の点は <u>AED 使用が遅延する直接の原因となった</u>と言わざるを得ず、心停止状態が生起したときには速やかに AED の搬送を手配し、到着次第ただちにこれを使用して蘇生措置を講じなければならないという注意義務に違反すると言わざるを得ない。加えて、その他の各教諭らの対応をみても各人がバラバラに行動して相互の連携が十分とはいえず、結果として<u>たまたま現場を通りかかった S 教諭および T 教諭</u>が一人で心臓マッサージをしていた M 教諭から AED 未着を知らされてその旨を本部に伝えるために走り始めたところ、事故現場がわからずコースを逆走していた R 教諭と<u>たまたま出会った</u>ことで F が倒れてから約 15 分経過した後にようやく本部へ AED 要請の連絡が入ったのであって、<u>全体として組織的な指揮統制が機能せず、迅速かつ効率的な救護活動をなしえなかった</u>と評さざるを得ない。また、事前の準備段階においても大会本部からコースをバイクや自転車で逆走する場合、<u>強歩中の生徒の集団と対向することで進行が妨げられることが容易に想定できた</u>にもかかわらず、その対策がなされていなかったことが明らかとなり、<u>緊急時</u>

の対応の検討にも不備があったということができる。このような事情に鑑みると、〔1〕〔2〕の点における具体的な注意義務違反の問題として個人の行為に責任を帰せしめることは事の本質を見誤るものとして相当ではなく、むしろ救護体制の構築にあたっての構造上の問題として捉えて緊急対応を要する心停止状態が生起した場合、組織的な指揮統制の下、機能的かつ効率的な救護活動ができる人的な体制を整えるまでに至っていなかったことに原因があるというべきであって、結局のところ救護体制の構築について注意義務に違反しているというべきである。

　この点、被告は、本件事故はまったく予見しがたい突然の事故であり、各教職員がそれぞれ最善を尽くしたから過失はないと主張するが、予見可能な事故であることはすでに指摘したとおりであるし、各教職員が置かれた状況の下でとりうる最善の行動をとっていたとは言い難く、構築した救護体制が不十分で機能せず、迅速かつ効率的な救護活動を果たしえなかったことはこれまでに説示したとおりであるから、被告の主張を採用することはできない。

　　カ　小　括
　以上によれば、本件学校には本件大会の開催にあたり参加者の心停止状態など緊急対応を要する事態を予見できたのであるから、そのような緊急事態が生起した場合、速やかに救急救命措置を講ずることができるよう緊急事態における指揮監督者をその代理順位を含めて決めたうえで教職員全員に携帯電話の携行など即時の通報手段を確保するよう徹底し、緊急事態を覚知した者がどのタイミングでいかなる情報を通報し、指揮監督者の判断および指示に従って誰に、どのルートおよび方法でAEDを事故現場へ搬送させるかについてあらかじめ具体的に検討してその救護体制を教職員全員に周知し、ひとたび緊急事態が発生したときには速やかに救護活動を展開できるようにしておくべき義務があったということができる。それにもかかわらず、本件学校はそのような検討をした形跡すらないばかりか、緊急事態の予見すら怠っていたのである。そうすると、本件学校は適切な救護体制を構築しなければならない義務があったのにこれを怠った注意義務違反があり、過失が認められると言わざるを得ない。

(2)　争点 2 （因果関係の有無）について

　医師の診断によれば、F の直接の死因は不詳であるとされており、いかなる機序で死に至ったのかが明らかになっていない。ただ、本件事故ではこれまで既往症がなかった高校生が心身に負荷がかかる強歩中に突然倒れて心停止状態になり、約 23 分後には AED の除細動適用外と判定されていた事情からすれば、強歩による身体への継続的な負荷によって心機能に何らかの異常が発生して心停止に至った可能性があることは否定できず、このことは循環器内科の専門医が意見書で指摘するところである。他方において、心停止の原因となる致死的不整脈として心室細動、心室頻拍、心静止および無脈性電気活動の 4 つがあり、前 2 者の場合には電気的除細動が唯一の治療法とされるが、後 2 者の場合には電気的除細動による治療の効果がなく、薬剤投与の他には胸骨圧迫しか蘇生方法がないとされているところ、F は異変を知って駆けつけた教諭らによって呼吸、意識および脈がなく心停止状態にあることが確認されるとただちに心臓マッサージと人工呼吸が施され、約 20 分後に AED が到着するまでの間、施術者が交代しながら継続して措置が行われたものの呼吸が回復することはなく、蘇生に至らなかったものであり、さらに、AED を使用して電気除細動を施しても救命できる者は 45％に止まる旨の報告があることを考えると、仮に救護体制が完全に整えられていて迅速に AED が搬送され、F に AED を使用できたとしてもその生命を救うことができる可能性が高かったということまではできないから、死亡という結果との間に因果関係があるとは認められない。

　本件高校には救護体制の構築に不十分な点があり、また初動対応に種々の不手際があったことは否定できず、AED 到着後の心電図解析において「除細動適用外」と判定されたのも結局のところ本件高校のこれらの不手際で AED の到着が遅れたことが原因であった可能性も少なからずあるから、迅速に AED が搬送されていれば F の生命を救うことができたのではないかとの思いを原告ら遺族が強く抱くことはもっともであり、被告の責任を問う心情はよく理解できるところである。しかしながら、F の死因が心疾患にあったとしても具体的な心停止に至る機序が明らかではない以上、AED を用いた救命が可能であったか否か、あるいは他の救命手段がありえたのかどうかは判然とせず、過失と死亡の結果との間の因果関係の存在を認定することは困難であると言わざるを得ない。

したがって、この点に関する原告の主張は採用することができない。

14 大津地方裁判所 平成30年12月13日判決（サッカー）

主文

・原告らの請求をいずれも棄却する。
・訴訟費用は原告らの負担とする。

事案の概要

　本件は、Y小学校（以下「本件小学校」）の児童であった原告P1が平成24年3月13日の体育の授業でのサッカーの試合中に転倒した結果、脳脊髄液漏出症を発症し、体幹・上肢機能障害が残り、治療費合計2億1046万7834円の損害を被ったのは本件小学校の教諭らの職務上の注意義務違反あるいは被告の安全配慮義務違反によるものであると主張して、被告に対し、主位的には国家賠償法1条1項に、予備的には安全配慮義務違反に基づき損害金合計2億1046万7834円の支払いを請求するとともに、原告P1の両親である原告P2および原告P3ならびに原告P1の兄である原告P4が被告に対し、国家賠償法1条1項に基づき慰謝料および弁護士費用として、原告P2および原告P3については各自330万円の支払いを、原告P4については110万円の支払いをそれぞれ請求する事案である。

前提事実

(1)　当事者

　ア　原告P1は平成11年生まれの女性であり、平成24年3月13日当時、本件小学校の6年1組に在籍する児童であった。

　イ　原告P2（昭和35年生まれ）は原告P1の父である。

　ウ　原告P3（昭和39年生まれ）は原告P1の母である。

　エ　原告P4（平成5年生まれ）は原告P1の兄である。

　オ　被告は平成24年3月13日当時、原告P1が在籍していた本件小学校の学校設置者である。

　同日当時、同校の学校長はP6（以下「P6校長」）であり、原告P1の担任

教諭は P 7（以下「P 7 教諭」）、同校の養護教諭は P 8（以下「P 8 教諭」）および P 9（以下「P 9 教諭」という。また、P 8 教諭と合わせて「養護教諭ら」ということがある）であった。

⑵　平成 24 年 3 月 13 日の体育の授業での事故の発生

　原告 P 1 が在籍していた本件小学校 6 年 1 組における平成 24 年 3 月 13 日の 2 時間目の体育の授業のカリキュラムはサッカーであり、同校運動場において男女に分かれ 2 つのコートでそれぞれサッカーの試合が行われていた。
　このうち、女子の試合（以下「本件試合」）において原告 P 1 は転倒した（以下「本件事故」）。

⑶　本件事故当日の本件小学校における対応

　ア　P 7 教諭は本件小学校 6 年 1 組の担任教諭として本件事故当日のサッカーの授業を監督していたが、同授業中には本件事故の発生には気づかず、原告 P 1 が自ら転倒したことを申告することもなかったことから、P 7 教諭が何らかの救護の措置をとることはなかった。
　イ　原告 P 1 がサッカーの授業終了後、保健室に行き、在室していた P 9 教諭にサッカーの授業中に転倒して頭を打った旨を申告したところ、P 9 教諭は保冷剤を渡し、頭部を冷やすように指示した。
　ウ　原告 P 1 のクラスの 3 時間目の授業は学級イベントの時間であり、運動場と中庭で鬼ごっこをするというものであったが、原告 P 1 はこれに参加した。
　エ　P 7 教諭が 4 時間目の終了後、原告 P 1 の様子がおかしいことに気づき何かあったのかという旨の声かけを行ったところ、原告 P 1 は体育の時に転倒して頭を打って痛いと答えた。これに対し、P 7 教諭が特段の対応をとることはなかった。
　オ　原告 P 1 が昼休みに再度保健室を訪れたところ、P 9 教諭が対応し、保冷剤を交換した。
　カ　原告 P 1 は下校する前に保健室を訪れ、P 8 教諭および P 9 教諭に対し、保冷剤を返還した。その際、P 8 教諭らから 1 人で帰ることができるか尋ねられたところ、頭は痛いが帰ることは可能である旨を回答し、そのまま下校した。

⑷　本件事故後の通学状況

　原告P1は本件事故日の翌日である平成24年3月14日の朝になっても強い頭痛が持続していたことから同日の授業を欠席した。その際、原告P3はP7教諭に対して電話で原告P1が学校を欠席する旨を伝えるとともに、本件事故の状況について説明に来ることを求めた。

　同日夕方P7教諭およびP8教諭が原告らの自宅を訪れ、原告P2および原告P3に対し、本件事故についての説明を行った。

　その後、原告P1は同月16日まで学校を欠席したが同月19日は登校し、本件小学校の卒業式に出席した。

⑸　本件事故後の病院の受診状況

　ア　原告P1は本件事故日の翌日となる平成24年3月14日の日中、済生会滋賀県病院（以下「済生会病院」）の脳神経外科および整形外科を受診したが頭痛の原因は不明であった。その後、同月27日まで同病院に通院し、その間、頭部MRI・MRA検査、脊椎・腰椎MRI検査が実施されたものの異常所見は認められなかった。

　イ　原告P1は平成24年3月28日から同月31日までの間、滋賀医科大学医学部付属病院（以下「滋賀医大病院」）に入院して検査を受けたが、病名や頭痛の原因を特定することはできず不明のままであった。

　ウ　原告P1は滋賀医大病院を退院した後、病名や原因は不明のまま済生会病院での通院治療を続けた。

⑹　脳脊髄液減少症（漏出症）の診断について

　ア　原告P1は平成24年6月4日、明舞中央病院脳神経外科を受診してP11医師の診察を受け、同月16日から同年7月7日まで同病院に入院して検査および治療を受けた。その結果、原告P1は同病院において起立性頭痛、脳脊髄液減少症の疑いと診断された。

　イ　原告P1は平成25年3月8日、うちだクリニックにおいて症状固定の診断を受け、同病院のP12医師により障害名を体幹・上下肢機能障害、原因となった疾病・外傷名を脳脊髄液漏出症、疾病・外傷発生年月日を平成24年3月13日、場所を学校とし、身体障害の等級を2級とする身体障害者診断書・意見書が作成された。

　ウ　原告 P1 は平成 30 年 1 月 11 日から同月 29 日までの間、国立病院機構福山医療センターに脳脊髄液減少症（漏出症）の精査加療目的で入院し、同病院における検査の結果、脳脊髄液漏出症について厚生労働省研究班の画像診断基準における「確実」所見があるとされた。

(7)　身体障害者手帳の交付

　原告 P1 は平成 25 年 3 月 27 日、事故による両上肢機能障害（2 級）および事故による体幹機能障害（坐位または起立位保持困難）（2 級）による身体障害者等級 1 級第 1 種と認定され、身体障害者手帳の交付を受けた。その後、原告 P1 は平成 26 年 4 月 23 日および平成 28 年 3 月 7 日にも同内容の身体障害者手帳の再交付を受けた。

(8)　脳脊髄液減少症（漏出症）の周知状況

　ア　平成 19 年 5 月 31 日、文部科学省から「学校におけるスポーツ外傷等の後遺症への適切な対応について」と題する事務連絡（以下「平成 19 年事務連絡」）が発出され、スポーツ外傷の後に起立性頭痛やめまいの症状を呈する脳脊髄液減少症と呼ばれる疾患が起こりうることが報告されていること、この指摘を踏まえ事故が発生した後、児童生徒に頭痛やめまいの症状がみられる場合には安静を保ちつつ医療機関を受診させたり、保護者に連絡して医療機関の受診を促すなどの適切な対応を行ってほしいこと、脳脊髄液減少症により通常の学校生活を送ることに支障が生じている児童に対しては適切な配慮が必要であることが指摘されている。被告においてもこの事務連絡については市内の各小中学校への周知が行われた。

　イ　滋賀県では平成 21 年度以降、県のホームページにおいて脳脊髄液減少症の診療が可能な病院についての情報提供が行われている。

　ウ　被告教育委員会は平成 24 年 1 月 12 日、「子どもの脳脊髄液減少症」と題する脳脊髄液減少症に関する冊子（以下「本件冊子」）を市内の幼稚園、小学校および中学校に各一冊を配布した。これ以降、本件小学校においても同冊子 1 冊が保管されている。

　エ　平成 24 年 9 月 5 日、文部科学省から「学校におけるスポーツ外傷等の後遺症への適切な対応について」と題する事務連絡（以下「平成 24 年事務連絡」）が発出され、平成 19 年事務連絡と同旨の内容に加え、脳脊髄液漏出症

の治療に関して硬膜外自家血注入療法（いわゆるブラッドパッチ療法。以下「EBP療法」）が先進医療として開始されたことが指摘されている。被告においてもこの事務連絡について市内の各小中学校への周知が行われた。

[争点]

・本件事故の態様（原告P1の転倒の原因）（争点(1)）
・P7教諭の職務上の注意義務違反（争点(2)）
・P9教諭およびP8教諭の職務上の注意義務違反（争点(3)）
・P6校長の職務上の注意義務違反（争点(4)）
・原告P1に対する被告の安全配慮義務違反（争点(5)）
・脳脊髄液減少症（漏出症）の発症および因果関係の有無（争点(6)）
・原告P1の損害の発生および額（争点(7)）
・原告P2、原告P3および原告P4の損害の発生および額（争点(8)）
・損益相殺（争点(9)）

[当裁判所の判断]

・認定事実

証拠によれば以下の事実が認められる。

(1) 本件小学校におけるサッカーの授業の実施状況

ア 文部科学省作成の小学校学習指導要領（平成20年3月）においては第5学年および第6学年の体育の授業の内容につきボール運動のゴール型の競技としてバスケットボールおよびサッカーを主として取り扱うものとされていた。

イ 小学校学習指導要領に従って作成された本件小学校の平成23年度第6学年の年間指導計画で3学期の体育においてサッカーが5時限計画されていた。そして、本件小学校の第6学年における平成23年度の体育科評価規準には3学期の3月にサッカーを実施することが記載されており、単元目標としてルールやマナーを守り、友達と助け合って練習やゲームをしようとする、ゴール型やネット型、ベースボール型の楽しいゲームの行い方を知り、プレーヤーの数、コートの広さ、プレー上の制限、得点の仕方などのルールを選ぶといった内容が定められていた。

ウ 本件小学校における平成23年度の第6学年のサッカーの授業は次の

ような内容で実施され、P 7 教諭も 6 年 1 組のサッカーの授業をそのとおり
に実施した。

　㋐　1 回目の授業

　教室で第 5 学年におけるサッカーの授業を振り返った後、運動場でドリブ
ル、シュート、パスといったサッカーの基本的な動作を繰り返す練習を実施
した。

　㋑　2 回目の授業

　授業当日の朝、教室で基本ルールが記載されたプリントを配布し、ゲーム
を行う際の基本ルールを説明するとともに、第 6 学年では児童らが自らルー
ルを考えることも課題になっていたことからクラス独自のルールを確認し
た。そして、体育の授業時にも配布プリントに記載された基本ルールの確認
を行ったうえ小グループでドリブル、パス、シュートの基本的な動作の実技
練習を実施した。

　㋒　3 回目以降の授業

　3 回目の授業からサッカーの試合を実施した。なお、授業開始時にこれま
での授業の振り返りを行い、分からないことがないかを確認したうえでコー
トの広さ、チームの人数、ルールを確認した後、ウォーミングアップを行い、
試合を実施した。

　エ　サッカーの 3 回目以降の授業で試合を行った。具体的には、男子と女
子が各 3 チームに分かれ、運動場全体に 2 つのコートを用いて男女に分かれ
て試合が行われており、1 回の試合時間は約 7 分であった。試合に参加しな
い残る 1 チームの児童は審判係あるいはボールキーパーを担当し、それ以外
はコートの周囲に立って試合を観察していた。審判係の 2 名には電動ホイッ
スルが配布され、試合中にルール違反が発見された場合はホイッスルを鳴ら
し試合を中断させることとなっていた。

(2)　本件事故当日の経緯

　ア　本件事故当日、原告 P 1 のクラスの 2 時間目の授業は体育でありサッ
カーの 3 回目以降の授業にあたることから、運動場においてサッカーの試合
が行われた。男女各 3 チームが 2 コートに分かれ、それぞれ 1 回約 7 分間の
試合をし、試合に参加しないチームの児童のうち審判係に選ばれた 2 名には
電動ホイッスルが配布され、試合中にルール違反が発見された場合はホイッ

スルを鳴らして試合を中断させることとなっていた。その際、P7教諭はサッカーの試合が行われている間は男子コートと女子コートの間に立って男女それぞれの試合状況を観察していた。

　イ　体育の授業中のサッカーの試合において原告P1は後方に一回転するような態様で転倒したが、P7教諭は本件事故が発生したことには気づいていなかったほか、本件事故の発生により本件試合が中断されることもなかった。

　ウ　本件事故当日の体育の授業（午前9時35分から午前10時20分まで）の際、原告P1以外にも3名の女子が午前10時頃、午前10時15分頃および午前10時25分頃にそれぞれ擦り傷あるいは打ち身を訴えて保健室を訪れた。なお、受傷原因はサッカーをしていて転倒したあるいはサッカーをしていて誰かに蹴られたというものであった。

　エ　P7教諭は授業終了時に児童ら全員を集合させ、授業の振り返りとして授業のめあて、困ったこと、怪我の有無の確認を行ったが、原告P1が本件事故の発生を訴えることはなかった。

　オ　原告P1はサッカーの授業終了後、付添いで同行した同じクラスの友人2名と保健室に向かった。原告P1はその途中、友人の一方から後転するような感じで一回転して転倒したと伝えられたのに対し、ボールを取り合ったのは覚えているが接触した記憶はあまりなく転倒したことも覚えていないと話した。原告P1が午前10時30分頃、保健室に到着した後、在室していたP9教諭に対し、サッカーの授業中に後ろに転倒して一回転して頭を打った旨を申告したところ、P9教諭は原告P1の頭部の擦過傷や腫脹の有無を確認したが特に異常が認められなかったことから、保冷剤を渡し、頭部を冷やすように指示した。このとき同行した原告P1の友人が「けがのきろく」に記載し、原告P1が運動場でサッカー中に後ろに転倒して頭を打撲した旨が記載されたほか、押された・ぶつかった・けんかなど相手のいる怪我か否かという質問に対しては「いいえ」と回答された。

　カ　原告P1のクラスの3時間目の授業は学級イベントとして運動場および中庭で鬼ごっこをするというものであり、4時間目は音楽の授業であったが、原告P1はいずれにも参加した。

　キ　P7教諭は4時間目の授業の終了後、給食の前に原告P1の様子がおかしいことに気づき、何かあったのか尋ねた。これに対し、原告P1が体育

のときに転倒して頭を打って痛いと答えたところ、P7 教諭は原告 P1 がすでに保健室で診てもらったことを確認したうえで、また痛くなってきたり様子がおかしくなったりすれば改めて保健室に行くようにと指示するにとどまり、それ以上に特段の対応をとることはなかった。

　ク　原告 P1 は昼休みに再度保健室を訪れた。このとき、保健室には P8 教諭および P9 教諭が在室していたが、P8 教諭は他の児童の対応をしていたため P9 教諭が原告 P1 に対応した。原告 P1 は特に症状増悪の訴えをすることもなく、P9 教諭に保冷剤を新しいものに交換してもらった後、退出していった。P8 教諭は原告 P1 が退出した後、P9 教諭から原告 P1 がサッカーの授業において頭を打ったこと、頭を確認したが異常はなかったことについて報告を受け、原告 P1 の顔色不良や症状増悪の訴えも認められなかったことから保冷剤を渡しておくだけでよく、病院の受診までは不要であると考えた。

　ケ　原告 P1 は 6 時間目の授業の終了後の帰りの会において五行日記（各児童が 1 日の終わりにその日を振り返って記載し、担任の教諭に提出するもの）に「今日、体育でサッカーがありました。サッカーでは前から来た友達がけっていたサッカーボールをけったところ、そのまま友達が止まれずぶつかり、友達はけがはありませんでしたが、私は後ろにこけて、そのいきおいで後ろに一回転してしまい、体のそこらじゅうが痛いです」と記載して提出した。なお、この五行日記の記載に対しては遅くとも本件事故の翌日である平成 24 年 3 月 14 日の朝までには P7 教諭が目を通したうえで「傷だらけになったんやね」とのコメントを付した。

　コ　原告 P1 は帰りの会が終わった後、再度保健室を訪れた。このとき保健室には P8 教諭および P9 教諭が在室しており、原告 P1 は P9 教諭に対し、保冷剤を返却し、頭以外の場所も痛くなってきたと申告した。P8 教諭が原告 P1 に対し、歩いて帰ることができるか、保護者に迎えに来てもらわなくてよいかと尋ねたところ、原告 P1 は帰ることができる旨を答えた。その後、原告 P1 は帰路に着いた。

　サ　原告 P1 は帰宅した後、原告 P3 に対し、体育の授業中に転んでから頭が痛い、めまいがすると伝えたところ、原告 P3 から何があったのか詳細を尋ねられ、サッカーの試合中に相手チームの P13 とぶつかって転び、後ろに一回転したと伝えた。その後、原告 P1 はすぐに就寝し、入浴すること も

夕食をとることもなかった。

　シ　原告P3は午後11時30分頃に帰宅した原告P2に対し、原告P1から聞いた本件事故の話を伝えた。

(3) 本件事故翌日の経緯

　ア　原告P3は本件事故の翌日となる平成24年3月14日の午前8時頃、P7教諭に対して同日については原告P1を欠席させる旨の連絡をした。この際、原告P3はP7教諭に対し、原告P1が体育の授業中にP13にぶつかられて頭を打って、頭が痛いといっているが学校から連絡がなかったことについて原告P2が故意の暴力やいじめがあったのではないかと心配しており、何があったのか説明してもらいたいと希望している旨も伝えた。これに対し、P7教諭はクラスの児童らに確認すると答えた。

　イ　P7教諭は電話を受けた後、当時の本件小学校の教頭であったP16教諭に原告P3からの架電内容を報告したうえで6年1組の女子児童に声をかけ、昨日のサッカーの時間に原告P1が転倒したのを見た人はいないかと尋ねた。これに対し、6、7名程度の児童が見たと答えたことからP7教諭はこの児童らおよびP13から聞き取りをしたところ、その結果は原告P1が尻餅をついた後、立ち上がろうとした際にふらついて後ろに転倒して一回転したというものであり、P13が原告P1を押した事実やぶつかった事実は確認されなかった。

　ウ　P7教諭は児童からの聞き取りを終えた後、原告P3に架電し、児童からの聞き取り内容を伝えた。

　エ　原告P3はP7教諭からの報告を受けた後、原告P1を連れて済生会病院脳神経外科および整形外科を受診させた。その際、レントゲン検査も行われたが特に異常は認められなかった。なお、問診については原告P3が原告P1から聞き取った内容について医師に伝える形で行われた。

　オ　P7教諭およびP8教諭は平成24年3月14日午後7時頃、原告らの自宅を訪問した。このときP7教諭は原告P2および原告P3に対し、児童らに原告P1の転倒時の状況を確認したところ、ぶつかったという児童はなく、原告P1が尻餅をついた後、立ち上がろうとした際にふらついて後ろに転倒して一回転したところを見たという児童がいる旨を伝え、P8教諭は原告P2から原告P1が頭を打って保健室に行っているのになぜ学校から何も

連絡もなく病院に行くようにとの指示もなかったのかとの疑問を呈されたの
に対し、下校前に保健室に訪れた原告Ｐ１に歩いて帰ることができるか、保
護者に迎えに来てもらわなくてよいかと尋ねたところ、原告Ｐ１が帰ること
ができると答えたことから保護者への連絡までは不要と判断した旨を回答し
た。

⑷　**原告Ｐ１の済生会病院の受診状況**

　ア　原告Ｐ１は平成24年３月14日午前10時56分頃、原告Ｐ３の付添い
により済生会病院脳神経外科を受診した。

　その際、原告Ｐ３は医師に対し、原告Ｐ１が同月13日午前11時頃にサッ
カーをしていて人とぶつかり尻餅をつき、その後、立ち上がったが転倒して
一回転した旨、原告Ｐ１自身は一連の出来事を覚えていない旨を説明した。
なお、その際の原告Ｐ１の主訴は首が痛くてしんどいというものであった。

　これに対する医師の所見としては、明らかな外傷はなく何らかの頭部打撲
があってそれに伴う健忘症状と考えるのが妥当ではないかとの見解が示され
たほか、受傷１日が経過した段階で明らかな神経学的異常所見を認めないた
め、緊急を要する状態ではないものの、念のため頭部MRI・MRAを予定し
ておくというものであった。

　イ　原告Ｐ１は平成24年３月14日午前11時21分頃から原告Ｐ３の付添
いにより済生会病院整形外科を受診した。

　その際、問診においては、同月13日にサッカーをしていて人とぶつかり頭
から転倒し、その後、頭部、左頚部に痛みが出ており、痛みで右側を向くこ
とができないと説明した。また、診察にあたり脊椎および頚椎のレントゲン
画像も撮影された。

　これに対する医師の所見としては頚椎捻挫というものであり、治療計画と
しては経過観察・安静指示というものであった。

　ウ　原告Ｐ１は平成24年３月16日午後１時34分頃、原告Ｐ３の付添い
により済生会病院脳神経外科を受診し、MRI・MRA検査を受けた。同検査
の結果報告として頭部MRI・MRAについては頭蓋内に出血や脳挫傷など明
らかな外傷性変化を認めず、拡散強調像で明らかな異常信号は認めず、脳室
の拡大は見られない旨、MRA上、主幹動脈に有意な狭窄閉塞や瘤を認めず、
SASとの乖離は認めない旨のほか特記すべき所見を認めない旨が記載され

たうえ、明らかな外傷性変化を認めないとの診断がされた。

　原告P1は同日午後2時4分頃、脳神経外科医師の診断を受けたが、その際の主訴は先日より痛みはましになっているもののまだ首が痛いというものであった。これに対して医師は何かがあれば再診をするようにと指示するとともに猫背を治すようにとの指示をした。

　エ　原告P1は平成24年3月22日午前11時4分頃、めまいを主訴として原告P3の付添いにより済生会病院脳神経外科を受診した。同科医師の所見は眼振なく内耳震盪の疑いというものであり、耳鼻科へ紹介することとされた。

　原告P1は同日午前11時53分頃、同病院小児科を受診した。その際の診察記事には受傷のエピソードとして、同月13日にサッカーをしていてぶつかり頭から後ろ向きに倒れ一回転した。意識消失があり前後の記憶がない旨が記載されており、レントゲン、頭部MRI・MRAを撮影しても異常はないものの、ぶつけた後からめまいが出現し、体勢を大きく変えるとふわふわする旨、30秒程度で治まることから学校には行くことができる旨、嘔吐はなく頭痛は少しあるがぶつける前から痛かったと申告している旨が記載されている。また、客観的な所見として歩行には問題がないが閉眼直立ではふらついて倒れそうになる旨の記載、視力低下なし、視野障害なし、眼球運動問題なし、眼振なし、構音障害なし、嗅覚異常なし、聴覚異常なし、顔面運動左右差なし、知覚左右差なし、舌突出で偏位なしとの記載のほか、継ぎ足歩行については正しく継げるがふらつきがあり支えがないと倒れそうになる旨の記載がある。同科における治療計画としては、耳鼻科受診のうえ診断がつかず症状が持続する場合には小児神経外来を紹介することとされた。

　原告P1は同月22日午後0時51分頃、同病院の耳鼻咽喉科を受診した。その際の診察記事には主訴として、同月13日サッカー中に後ろ向きに倒れ一回転した旨、意識消失があった旨、起き上がったりするとふらふらする旨、歩いていると途中で良くなる旨、増悪・軽快を認めない旨が記載されているほか、客観的所見として耳・鼻・咽頭について異常なし、聴力について正常、重心動揺検査において外周面積、単位面積軌跡長、Y方向動揺平均中心変異で異常、シェロングテストについて陰性との記載がある。これらに基づく医師の診断としては、内耳性めまいは否定的であり小児科で精査予定というものであった。

　オ　原告 P 1 は平成 24 年 3 月 23 日午後 0 時 6 分頃、原告 P 3 の付添いに
より済生会病院小児神経外来を受診した。その際の診察記事には小児科医師
からの紹介状の内容として、同月 13 日にサッカーをしていてぶつかり一度
尻餅をついて自分で立ち上がった直後に後ろへ反り返るように倒れて頭頂か
ら後頭あたりを地面にぶつけて一回転した旨、その後すぐに立ち上がれたが
30 秒程度ふらふらしており、そのままサッカーを続けた旨、その前後の記憶
がなく同日は頭痛、頚部痛が続き、ふらつきも続いていた状態であった旨、
夜は眠れないくらい痛みが続いていた旨、同月 14 日に同病院の脳神経外科
を受診し、頚椎のレントゲン撮影をしたものの問題なく経過観察とされた旨、
痛みは改善してきたがめまい・ふらつきが残り、同月 16 日の頭部 MRI・
MRA 検査によっても異常を認めなかった旨、急に立ち上がると目がぼやけ
ることがあり、指先に異常を感じることがある旨が記載されているほか、同
月 22 日に脳外科を再診し、小児科と耳鼻科へ紹介となったが、耳鼻科診察で
は内耳性のめまいは否定的であったとの記載がされている。また、客観的な
異常所見の記載としては、坐位から立位の際ふらつき強く、閉眼立位不可、
ゆっくり立てば独歩も可能であるとの記載がある。これらを受けた医師の診
断は歩行障害とされ、脊髄腫瘍・外傷は除外済みとの記載があり、筋力低下
なく、坐位での症状も軽微とされたほか、転倒時のエピソードからすれば統
合失調症の可能性もあるとされた。同科における治療として脊髄 MRI、脳波
検査が計画された。
　カ　原告 P 3 は平成 24 年 3 月 26 日午前 11 時 54 分頃、済生会病院小児科
に架電し、医師に対し、原告 P 1 について前回の受診時より徐々にふらつき
が強くなり週末から座っていてもふらつくようになった旨、昨日より周囲が
見えにくい感じがするとの訴えがある旨、食事はとれており嘔吐もないが頭
痛が軽度ある旨を伝えた。これを受けて、同科の医師は神経症状悪化傾向と
判断し、検査を早め、同月 27 日に脳波検査および MRI 検査を行うこととし、
小児神経外来を受診するよう指示した。
　キ　原告 P 1 は平成 24 年 3 月 27 日午前 10 時 5 分頃から済生会病院小児
神経外来を受診し、順次、脳波検査および MRI 検査を受け、同日午後 3 時 56
分頃から同科医師の診察を受けた。脊椎・腰椎 MRI の結果として脊髄の信
号がやや不均一であるが脳脊髄液の流れによる虚像による可能性がある旨、
今回の画像上、脊髄や脊柱管内に腫瘤影は明らかではなく、そのほかスキャ

ン内に明らかな異常を認めない旨の所見が記載されたうえ、脊髄や脊柱管内に腫瘤影は明らかではないとの診断がされている。また、受診の際の診察記事には主訴として、だんだん座っていてもふらふらするようなっている旨、頭痛（後頚部、後頭部）を訴えることが多くなっている旨、目が見えにくい（遠くのものが見えにくい、ぼやける）旨、排泄、着衣は自力でできるものの入浴は介助でしている旨が記載されているほか、原告P3からの訴えとして、学校ではいじめはないといわれているがサッカーでぶつかったエピソードも少し不自然で相手の名前が本人からも学校からも教えてもらえていない旨が記載されている。また、客観的所見の記載としては、車椅子上ではきはき会話でき表情も悪くない旨、四肢筋力低下、指鼻試験の異常、脳波異常もない旨、脊髄MRIについてT1強調画像においてC7付近に高信号所見があるもののT2強調画像における所見はなく虚像の可能性がある旨が記載されている。そして、これらを受けた医師の診断として、坐位では理学所見としてまったく失調症はなく、訴えの程度と矛盾する旨が記載されたうえで炎症性疾患・変性疾患の除外が必要であるが心身症の可能性もある旨が記載されている。なお治療計画として、症状は進行していることから翌日から滋賀医大病院に入院し、精査予定とされた。

　ク　原告P1は平成24年4月20日午前10時23分頃、原告P3の付添いにより済生会病院小児神経外来を受診した。その際の診察記事には主訴としてこの間、滋賀医大病院においてMRI検査、髄液検査を施行するも異常所見なしとされる旨の記載があるほか、立っていて前後に揺れることがなくなったが夜に疲れてくると座っていることも含めて揺れが大きくなる旨、調子が良いときと悪いときの差が激しく休むと改善する傾向にある旨、頭痛は軽度のものが続いており手は重いものを載せたままのような感覚、足はピリピリした感覚がある旨、中学校には遅刻しながら通っており、車椅子で移動している旨、青色や赤色の何かが見えることがある旨が記載された。客観的所見の記載として、診察時はしっかり話ができて独歩も可能だが、退室時は母にサポートされて歩いている旨が記載された。これらを受けた医師の診断は失調および心身症疑いというものであり、器質的疾患は可能な検査で除外済みとされた。

⑸　原告 P 1 の滋賀医大病院の受診状況

　原告 P 1 は平成 24 年 3 月 28 日、滋賀医大病院小児科に歩行障害の精査目的で入院し、同月 29 日に腰椎穿刺検査を、同月 30 日に脊椎 MRI 検査をそれぞれ受けた。その際、原告 P 1 は担当医に対し、本件事故について、同月 13 日にサッカーをしていてぶつかり記憶が消失した、周囲の話によると、ぶつかり尻餅をついて自分で立ち上がった直後に後ろへ反り返るように転倒し、頭頂部から後頭部の辺りをぶつけ一回転したと説明した。

　これらの検査の結果としては、腰椎穿刺検査については髄液より悪性を疑う細胞はみられないというものであり、脊椎 MRI 検査については T1、T2 ともに脊髄に異常信号を認めず、狭窄や圧迫されているような部位もなく腫瘍もないというものであった。

　原告 P 1 の入院中の診療録には検査結果および前医における検査を踏まえた同病院の医師の診断として、原告 P 1 の症状について原因部位として内耳、小脳、筋肉および末梢神経は否定的であり、脊髄についても MRI で異常を指摘できず、身体所見で深部知覚に異常もない旨の記載がされた。

　原告 P 1 は同月 31 日に滋賀医大病院を退院した。

⑹　原告 P 1 の明舞中央病院の受診状況

　ア　原告 P 1 は平成 24 年 6 月 4 日、明舞中央病院脳外科を受診し、P 11 医師の診察を受けた。申込みの際に作成した病歴には本件事故について、同年 3 月 13 日に体育の授業で友人とぶつかり気を失い、尻餅の後、頭から後ろへ 1 回転して倒れたと記載した。また、診察において、起立性頭痛の症状および LUP test（仰臥位にした患者の腰仙部を挙上し、急激に頭蓋内圧を上昇させて頭痛の変化を観察する身体診察技術）を受け、陽性所見が確認されるとともに硬膜外生理食塩水注入処置によって頭痛をはじめとする症状について著明な改善がみられた。

　イ　原告 P 1 は平成 24 年 6 月 16 日から同年 7 月 7 日までの間、症候性頭痛の傷病名で明舞中央病院に入院し、硬膜外チューブを挿入したうえで持続生理食塩水注入処置を数日行い、その後、約 3 週間にわたって安静臥床および点滴治療を受けた。また、原告 P 1 には入院期間中の同年 6 月 20 日に RI 脳槽シンチグラフィー検査が行われたところ、その結果は、〔1〕髄液初圧：11 cm 水柱、〔2〕RI 早期膀胱内集積なし、〔3〕漏出所見なし、〔4〕23 時間後

RI 残存率 20.8％というものであった。

　ウ　原告 P 1 は平成 24 年 10 月 20 日、明舞中央病院の P 11 医師から脳脊髄液漏出症疑いの診断を受けた。なお、診断の理由としては、〔1〕同年 3 月 13 日の外傷後より起立性頭痛その他の症状が出現していること、〔2〕硬膜外生理食塩水注入が症状改善に奏功したこと、〔3〕同年 6 月 20 日の RI 脳槽シンチグラフィー検査において漏出部位は不明瞭であるが 24 時間後、残存率が 20％とやや低値であることが挙げられた。

　エ　原告 P 1 は平成 24 年 10 月 29 日から同年 11 月 2 日までの間、脳脊髄液漏出症（疑）の傷病名で明舞中央病院に入院した。この入院期間中の同年 10 月 30 日に RI 脳槽シンチグラフィー検査および CT ミエログラフィー検査が行われているところ、その結果は、〔1〕髄液初圧：14 cm 水柱、〔2〕RI 早期膀胱内集積：2.5 時間軽度、〔3〕漏出所見なし、〔4〕23 時間後、RI 残存率 22.5％というものであった。

　オ　原告 P 1 は平成 25 年 1 月 7 日から同月 10 日までの間、脳脊髄液減少症の傷病名で明舞中央病院に入院し、EBP 療法を受けた。

(7)　原告 P 1 のうちだクリニックの受診状況

　ア　原告 P 1 は平成 24 年 5 月 28 日、胸部の苦痛を訴え、うちだクリニックを受診した。その際の診療録には原告 P 1 の現病歴として脳脊髄液減少症との記載があった。

　イ　原告 P 1 は受診の後、継続的に一月あたり 1 ないし 2 回程度うちだクリニックを受診していたところ、平成 24 年 8 月 9 日から脳脊髄液漏出症を傷病名とする治療が開始された。その後、原告 P 1 は平成 25 年 3 月 8 日、うちだクリニックにおいて症状固定の診断を受け、P 12 医師により障害名を体幹・上下肢機能障害、原因となった疾病・外傷名を脳脊髄液漏出症、疾病・外傷発生年月日を平成 24 年 3 月 13 日、場所を学校とし、身体障害の等級を 2 級とする身体障害者診断書・意見書が作成された。

(8)　原告 P 1 の症状固定の診断・後遺障害等級の認定

　原告 P 1 は平成 25 年 3 月 27 日、事故による両上肢機能障害（2 級）および事故による体幹機能障害（坐位または起立位保持困難）（2 級）による身体障害者等級 1 級第 1 種と認定され、身体障害者手帳の交付を受けた。その後、

平成26年4月23日および平成28年3月7日に同内容の身体障害者手帳の再交付を受けた。

(9) 本件事故を目撃した児童の供述状況

本件事故に関して、原告P1が転倒するところを目撃したとする原告P1のクラスメイトである児童ら8名の供述内容はおおむね以下のとおりである。なお、これら供述はいずれも平成25年3月頃から同年5月頃にかけて滋賀県守山警察署において行われた原告P1被害に関する傷害触法容疑事件の捜査において担当警察官らが児童らから聴取したものである。

ア 児童P17

ある児童が蹴ったサッカーボールが原告P1に当たったことにより、原告P1が前のめりか横向きに倒れた。その後、原告P1が立て膝を突く姿勢で起き上がろうとした際、立て膝になったところで急に後転をした。この状況については何が起こったのか不思議に思ったこともあり、いまだにこのことだけははっきりと記憶している。なお、原告P1が転倒する際に人とぶつかったということはなかったと記憶している。

イ 児童P19

私は原告P1が試合をしていたときはコートの外で試合を見学していたが、その試合の途中、原告P1が突然尻餅をついてそのまま勢いよく後転したところを見た。原告P1が急に後転したことが不思議であったことからとても驚いたので後転をしたことはよく覚えているが、その前の状態は覚えていない。そのため、原告P1が誰かに押されて尻餅をついたのかどうか、転倒する前にボールに当たったかどうかは分からない。なお、原告P1は後転した後、首のあたりを手で押さえながら数秒間しゃがんだままの姿勢でその場所にいたが、その後、立ち上がってボールのほうに駆け寄ってそのまま試合を続けていた。

ウ 児童P20

原告P1が転倒した試合は私が審判をしていた。原告P1が相手チームの誰かとのボールの取り合いを制し、ボールを取った後に相手チーム方向へ右足でボールを蹴ろうとしたところ、ボールを蹴ろうとした右足がボールの上をかすめて後ろ向きに一回転した。その際、誰かとぶつかったということはなかった。原告P1はしばらくして起き上がると試合に参加した。

エ 児童P21

私はコートの外から原告P1が転ぶところを見た。原告P1は自身にパスされたボールを蹴ろうとして空振りをしてしまい、その勢いで上向きに転倒し、そのまま後ろに一回転していた。原告P1が転倒したときには近くに誰かがいたと思うが、原告P1が誰かとぶつかったりするようなことはなかった。私が原告P1に駆け寄って大丈夫かと尋ねたところ、原告P1は、大丈夫と答え、その後も試合を続けていた。

オ 児童P22

私はコートの外から原告P1が転ぶところを見た。原告P1は手を突かずに後転するような形で後ろ向きに一回転していた。その様子が不思議であったことから一回転したことはよく覚えているが、なぜ一回転したのか、その前の瞬間のことはまったく記憶になく見ていなかったと思う。原告P1が転んだ後もサッカーの試合が続いていたかどうかも覚えていない。

カ 児童P23

原告P1が転倒した試合では私は原告P1の相手チームでプレーしていた。原告P1は私がボールを蹴りながらゴールに向かってコートの右側を走っていたときに突然回転しながら転倒していた。原告P1がなぜ転倒したのかはまったく分からないが、視界に原告P1が回転する姿が見えた。

キ 児童P24

私は原告P1が転倒した試合では原告P1と同じチームでゴールキーパーをしていた。その試合中、私がゴールキックで原告P1にパスを出したところ、相手チームの児童2名が原告P1からボールを奪おうと接近してきて、ボールをキープしようとする原告P1との間で引っ張ったり振り払ったりするようなプレーがあった。その後、相手チームの児童らにボールを取られてしまった原告P1が同児童らを追いかけようと少し前のめりになったところ、原告P1の体がふらついたようになり次の瞬間、真後ろに勢いよく倒れていき、その勢いのまま後頭部をグラウンドの地面に打ちつけ、さらに首だけで後転するような態様で一回転した。原告P1がボールを取られてから転倒するまで一瞬の間があったように感じたことから児童らが押したようには見えなかった。なおこの後、原告P1はすぐに立ち上がっており、大丈夫かと声をかけたところ大丈夫だと答え、何事もなくプレーを再開していた。

　ク　児童 P 18

　原告 P 1 が転倒した試合では私は原告 P 1 の相手チームでプレーしていた。試合中、原告 P 1 がボールをもっていたことからチームの他のメンバーとともにボールを取ろうと接近していった際、原告 P 1 が突然一回転した。原告 P 1 がなぜ一回転したのかは分からないが、前回りか後ろ回りかの一回転をしていた。その後、原告 P 1 に大丈夫かと声をかけたが、そのまま原告 P 1 が立ち上がるまで待っていたのか、すぐにプレーに戻ったのかははっきり覚えておらず、はっきりと言えることは原告 P 1 が 1 人で転倒したということである。

⑽　被告における脳脊髄液減少症（漏出症）についての周知状況

　ア　平成 19 年 5 月 31 日、文部科学省から「学校におけるスポーツ外傷等の後遺症への適切な対応について」と題する事務連絡（平成 19 年事務連絡）が発出され、スポーツ外傷の後に脳脊髄液が漏れ出し、減少することによって起立性頭痛やめまいなどの様々な症状を呈する脳脊髄液減少症と呼ばれる疾患が起こりうることが一部の研究者から報告され、医学的解明が進められており、いまだ定まった知見や治療法が確立しているわけではないが、専門家の間で科学的研究が進められていること、これらの指摘を踏まえ事故が発生した後、児童生徒に頭痛やめまいの症状がみられる場合には安静を保ちつつ医療機関を受診させたり、保護者に連絡して医療機関の受診を促すといった適切な対応が行われるようにされたいこと、脳脊髄液減少症により通常の学校生活を送ることに支障が生じている児童に対しては適切な配慮が必要であることが指摘されている。被告においても平成 19 年事務連絡について市内の各小中学校への周知がなされた。

　イ　滋賀県では平成 21 年度以降、県のホームページにおいて脳脊髄液減少症の診療が可能な病院についての情報提供が行われている。なお、同ホームページには平成 24 年 1 月末の時点における脳脊髄液減少症の診療が可能な病院として滋賀医大病院が掲げられていたのに対し、済生会病院が掲げられたのは平成 26 年頃からであった。

　ウ　滋賀県においては平成 21 年 8 月 11 日に同県内の養護教諭および関係職員を対象とし、平成 21 年滋賀県養護教諭研究会第 1 回研修会が開催され、そのなかで脳脊髄液減少症に関わる内容の周知が伝達事項とされ、平成 22

年6月25日に同じく同県内の養護教諭および関係職員を対象とし、平成22年滋賀県養護教諭研究協議会が開催され、そのなかで脳脊髄液減少症の正しい理解、学校に求められている対応、診察可能病院についての同県ホームページの紹介の周知が伝達事項とされた。

　エ　被告教育委員会は平成24年1月12日、「子どもの脳脊髄液減少症」と題する脳脊髄液減少症に関する啓発冊子を被告市内の幼稚園、小学校、および中学校に各一冊配布した。これ以降、本件小学校においても同冊子1冊が保管されている。本件冊子には脳脊髄液減少症の主な原因として転倒事故（尻餅をついた、転んで頭を強く打った、学校の廊下で転倒した）、スポーツ外傷（ボールが頭に当たった（野球のボール、バレーボール）、テニスのラケットが頭に当たった、練習中に生徒同士が激突した）が記載されているほか、発症の原因となる事故が起きた場合、発症から半年以内であれば水分を多めにとることと横になることによる安静が有効であり、早い段階でできれば2週間程度休校し、安静にして食事、排せつ、入浴以外は横になることで髄液の漏れが少なくなり、漏れの部分が自然にふさがることが期待され、症状の悪化防止につながる旨、症状として一番多い症状は様々な痛みが出ることであり、頭痛（起立性頭痛、締めつけられるような頭痛、拍動性の頭痛）、記憶障害、睡眠障害、集中力・記憶力低下、回転性のめまい・ふらつき、目の奥の痛み、視力低下、のどの奥の違和感、声枯れ、飲み込みの困難、頚部・背部の痛み、動悸、息苦しさ、腹痛、腰痛が現れる旨、記載されている。

　オ　本件事故の直前に滋賀県が主催した滋賀県脳脊髄液減少症勉強会では、厚生労働省研究班において本件診断基準が公表されたことからこれを紹介するとともに、国際医療福祉大学熱海病院脳神経外科P25教授による講演が行われたが、この講演の最後に「今後に向けて」として脳脊髄液減少症は治る病であること、この病をもっと知ってもらうことが大切であること、不定愁訴に目を向ける必要があること、この病を研究することで脳の働きが分かるようになること、病の本質を追及することが大切であること、一日も早くEBP療法に保険が適用される必要があることが述べられた。

　カ　平成24年9月5日、文部科学省から「学校におけるスポーツ外傷等の後遺症への適切な対応について」と題する事務連絡（平成24年事務連絡）が発出され、平成19年事務連絡と同旨の内容に加え、脳脊髄液漏出症の治療に関してEBP療法が先進医療として開始されたことが指摘されている。被告

においても平成 24 年事務連絡について教育委員会健康教育主管課長を通して市内の小中学校長への周知が行われ、これを受けた小中学校長は教職員に対し、周知することとされた。

⑾　脳脊髄液減少症（漏出症）についての議論状況

　ア　脳脊髄液減少症研究会ガイドライン作成委員会（なお、同委員会の委員に P 11 医師が含まれている）が平成 19 年 4 月 20 日に発行した「脳脊髄液減少症ガイドライン 2007」によれば、脳脊髄液減少症とは脳脊髄液腔から脳脊髄液（髄液）が持続的ないし断続的に漏出することによって脳脊髄液が減少し、頭痛、頚部痛、めまい、耳鳴り、視機能障害、倦怠・易疲労感を主要な症状とする様々な症状（これらの症状は坐位、起立位により 3 時間以内に悪化することが多い）を呈する疾患であるとされている。また、同ガイドラインによれば脳脊髄液減少症は従来、低髄液圧症候群と称されていた病態と類似した病態であるが多くの症例で髄液圧は正常範囲内であり、原因は髄液圧の低下ではなく脳脊髄液の減少によると考えられることから脳脊髄液減少症をより適切な疾患名として採用したとしている。そのうえで、同ガイドラインは脳脊髄液減少症の画像診断として最も信頼性が高いものは RI 脳槽・脊髄液腔シンチグラフィーであるとしており、（〔1〕早期膀胱内 RI 集積、〔2〕脳脊髄液漏出像、〔3〕RI クリアランスの亢進（脳脊髄液腔 RI 残存率が 24 時間後に 30％以下）の 1 項目以上を認めれば髄液漏出と診断する）、頭部 MRI および MR ミエログラフィーについてはあくまで参考所見とするとしているほか、治療法としては保存的治療および硬膜外自家血注入（EBP 療法）を推奨している。

　イ　ガイドラインに対しては RI 脳槽・脊髄液腔シンチグラフィーにより一定の診断基準を満たせば脳脊髄液減少症と診断できるとしているが、その診断基準を満たせば髄液漏と診断できる根拠は示されておらず、かつ髄液漏ではない人であっても診断基準を満たす人がいることは知られているとして、ガイドラインの診断基準によれば多くの髄液漏ではない人を髄液漏と診断してしまうことになっているとの批判が存在する。

　ウ　厚生労働省研究班は平成 23 年 10 月、疾患名として脳脊髄液減少症ではなく脳脊髄液漏出症を採用して、脳脊髄液漏出症画像判定基準・画像診断基準（本件診断基準）を発表した。ここでは、低髄液圧症の診断は脳脊髄液

漏出症診断の補助診断として有用であるとして脳脊髄液漏出症とは別に低髄液圧症の画像判定基準と診断基準を定め、参考として掲載している。

　本件診断基準においては、疾患概念について脳脊髄液減少症という病名が普及しつつあるが、現実に脳脊髄液の量を臨床的に計測できる方法はなく、脳脊髄液が減少するという病態が存在することは是認できるとしても、現時点ではあくまでも推論であるとし、画像診断では低髄液圧、脳脊髄液漏出、RI循環不全を診断できるにすぎないとして、脳脊髄液減少症ではなく脳脊髄液漏出症の画像判定基準・画像診断基準を作成したと説明されている。

　また、同研究班が平成23年6月頃に発表した厚労省研究班総括研究報告書の脳脊髄液漏出症診断フローチャート（案）によれば、起立性頭痛の症状を呈する患者が脳脊髄液漏出症疑い患者となり、この患者については頭部・脊髄MRI検査を行い、両方あるいはいずれかが陽性であれば脳脊髄液漏出症と診断し、いずれも陰性であればさらに脳槽シンチグラフィー・CTミエログラフィー検査を行い、陽性であれば脳脊髄液漏出症と診断し、陰性であれば他疾患と診断するとされているが、本件診断基準においては脳脊髄液減少症ガイドライン2007で提唱されているRI脳槽シンチグラフィーによる髄液漏の診断基準（早期膀胱内RI集積およびRIクリアランスの亢進）は採用されなかった。

　エ　脳脊髄液減少症を提唱する医師による文献によれば、比較的軽微な交通事故や転倒、スポーツで脳脊髄液が漏れるとされている一方、従来の医学界の見解としては軽度の外傷を契機として低髄液圧症候群が発生すること（髄液漏れを発症すること）は報告例はあるものの稀であるとされており、厚労省研究班による総括研究報告書の内容はこれを支持するものとなっている。

　もっとも平成28年4月、厚生労働省研究班において脳脊髄液減少症の非典型例および小児例の診断・治療法に関する研究が開始された。その背景として、従来から指摘されている診断基準を満たさないが「疑いあり」とされる非典型例に関してはその存在を含めて未解決のままであることが指摘されている。また、小児の脳脊髄液減少症に関しては近年、学会発表、論文発表が相次ぎ注目されているが、まだ病態は明らかではなく、適切な診断方法、治療方法は確立されていないところ、成人例と異なり学校内での体育の授業、クラブ活動によるスポーツ外傷、学校内での転倒、転落、傷害、通学中の交

通事故が発症原因に挙げられ、起立性調節障害や難治性片頭痛、心身症と診断される例も多く不登校の原因となっていることも少なくないと言われるが、本件診断基準は主に成人についての研究から導き出された診断基準であるため小児にあてはまるかどうかは検討されていないということも指摘されている。なお、この研究については P 11 医師および P 14 医師が研究協力者として参加している。

・争点⑴（本件事故の態様（原告 P 1 の転倒の原因））について

　原告らは本件事故の態様について、本件試合に参加していた原告 P 1 がボールを蹴ろうとした際に前から向かってきた相手チームの P 13 に両手で両肩を押されたことから後方に転倒し、そのまま後方に一回転したと主張する。

　しかしながら、こうした態様による転倒を裏づける証拠は原告 P 1 の陳述のみであり、その内容は原告 P 1 がボールに向かって走っていたところ、前から P 13 が走ってきて原告 P 1 の体の近くまで両手を伸ばしてきたこと、次に頭の上に足があったこと、気づくと立ち上がっていたことを覚えているが押された瞬間は覚えていないというものであって、このような陳述のみをもって原告らが主張する P 13 の故意行為による転倒を認定することは困難である。本件事故が発生した体育の授業では、原告 P 1 以外の女子児童 3 名が保健室を訪れてサッカーによる怪我を訴えているが、この事実から本件試合が荒れていたことを推認すること自体困難であるし、身体的接触が激しくなっていたという状況だけから当然に P 13 の故意行為に結びつくわけでもない。

　かえって、本件試合が行われた体育の授業に参加し、原告 P 1 の転倒を目撃した児童らによる本件事故翌日の P 7 教諭に対する説明、あるいは本件事故から約 1 年経過後の警察官に対する供述において、原告 P 1 が他の児童に押されて転倒した、あるいは他の児童とぶつかって転倒したと供述する児童は一人もおらず、P 13 自身も原告 P 1 との接触を否定している。これに加え、原告 P 1 自身、保健室に向かう途中の友人への説明のいずれにおいても他の児童とぶつかって転倒したと述べていたにとどまり、P 13 に押されたと説明した様子はうかがわれない。したがって、これらの供述と整合しない原告 P 1 の陳述は採用できない。

　この点、原告らは原告P1がP13をかばっていただけであると主張するが、そもそも医療機関にP13に押されたことを伏せる理由はない（受傷状況を正確に伝えないことは医師による正確な診断およびこれに基づく治療方針の検討の観点から問題がある）し、少なくとも本件小学校との関係においても卒業式が終了した時点でP13をかばう必要はなくなったはずであるが、記録上、第三者に押されたとの訴えが最初に現れるのは本件事故から約半年後に原告P2および同P3が被告市長に宛てた手紙に「相手チームの児童にぶつかられ（上半身を強く押され）」との記載が最初であり、この間にどのような経緯で原告P1の説明が変遷したのかまったく明らかにされていない。そして、このような説明内容の変遷経過も原告P1の陳述の信用性を減殺する方向に作用する。

　原告P1がP13の故意行為によって転倒したことが認められないのは明らかであるが、本件事故直後の原告P1の説明、児童らのP7教諭や警察官に対する供述によれば、いずれについても原告P1が後方に一回転した旨を供述する点は一致しており、この事実自体は認めることができるところ、複数の児童が原告P1が自ら転倒したのを目撃したと供述していることからするとその可能性も否定できない。いずれにせよ、何の原因もないまま原告P1がこのような態様で転倒することは通常では考え難いから、結局のところ本件事故の態様としてはサッカーの試合中に起こりうる偶発的な事故として、原告P1が他の児童と接触したり、ボールを蹴ろうとして空振りしたりするなどの何らかの原因により後方に一回転する態様で転倒するに至ったとの限度で認定するほかない。

　したがって、本件におけるP7教諭の職務上の注意義務違反の有無を判断するにあたっては、本件事故がサッカーの試合中に起こりうる偶発的な事故として発生したものであることを前提として、この事故の発生を抑制するために担任教諭として職務上、通常求められる指導・監督を尽くしていたか否かという観点から判断することになる。

・争点(2)（P7教諭の職務上の注意義務違反）について
(1)　サッカーの試合を実施する前の注意義務違反について
　ア　原告らは、P7教諭にはサッカー授業を実施するにあたって、〔1〕身体的接触が発生して児童が怪我をする危険性が高いサッカーを体育の授業で行

うために、学習指導要領の趣旨に即し、児童らの健康状態や体力の差異を考慮した具体的な計画を作成する義務および〔2〕児童に対して身体的接触がファウルであること、ファウルがあった場合、試合を中断すること、悪質な場合には出場停止になるといったルール、サッカーにおける受傷の可能性を十分に指導し、周知を徹底すべき義務があったところ、これらをいずれも怠った旨を主張する。

　イ　この点、サッカーについては一定の広さのコート内で複数人が２つのチームに分かれ、主として足のみを使って１つのボールを取り合い相手チームのゴールをめざすというものであるから、その性質上、プレーをする者の間で一定の身体的接触が生じることが想定される。したがって、一般的に小学校の教諭であるＰ７教諭において体育の授業でサッカーを実施する場合には、当然、児童らがルールやマナーを守り安全にサッカーをプレーできるようにサッカーの基本的なルールやマナーについて十分に指導するほか、児童らが適切かつ安全に試合を実施できるようサッカーの基本的な技能についても指導を行うべき義務を負っていたものと解される。

　他方で、サッカー競技の危険性としては接触による転倒やボールを蹴ろうとした足が他者に当たること、蹴られたボールが身体に当たることであると考えられるが、これらの危険は小学校において行われるゴール型競技をはじめとする体育・運動に通常付随する範囲内のものというべきであって完全に防止することは困難なものといえる。そして、サッカー競技が小学校学習指導要領においても第５学年および第６学年の体育の授業におけるボール運動のゴール型の競技として取り扱うことが定められていることからすれば、サッカー競技は避け難い一定の危険があることを踏まえつつも教育上の効果という観点から小学校第５学年および第６学年の児童が体育の授業で行ううえで適切・妥当なものとして位置づけられていると解される。

　そうすると、サッカー競技がことさらに危険な競技であるとする原告らの主張は採用できず、Ｐ７教諭の職務上の注意義務違反の有無を判断するにあたっては小学校第６学年における一般的な体育の授業に際しての担任教諭の指導として不適切な点があったか否かという観点から判断すべきものと解するのが相当である。

　ウ　これを本件についてみるに、本件小学校においては第６学年のサッカーの授業を計５回行うことが計画されており、１回目の授業では教室で第

5学年におけるサッカーの授業を振り返った後、サッカーの基本的な動作の練習を行い、2回目の授業では教室で配布されたプリントを使って基本ルールを確認し、児童自らがクラス独自のルールを考える作業を行ったうえでサッカーの基本的な動作の練習を行い、3回目の授業以降からサッカーの試合を実施するものと計画されており、原告P1が所属していた6年1組の担任であるP7教諭もこの計画に則って授業を行った。

　この点、原告らはこの事実を否認し、原告P1もこれに沿う陳述をするが、P7教諭が当時使用した基本ルールの記載されたプリントのもととなったものが証拠として提出されていること、小学校の教諭であるP7教諭があえて指導計画に従わなかったということは想定し難いことを踏まえると、P7教諭において指導計画に則ったサッカーのルールの説明や基本的な動作の指導を行っていたことが推認され、これを覆すに足りる的確な証拠はないから、これと異なる原告P1の陳述のみをもってこの推認を覆すには足りない。

　そうすると、第6学年の児童にあっては第5学年の授業によりサッカーの基本的なルールや技術はすでに習得しているとの前提のもと、より発展的に自らルールを考えることが獲得目標とされこの内容の授業が行われたのであるから、基本的なルールの確認や基本的な動作の指導としては1回目および2回目の授業で行われた程度をもって必要十分ということができる。

⑵　サッカーの試合の実施時の注意義務違反について

　ア　原告らは、P7教諭にはサッカーの授業において試合を実施するにあたって、〔1〕児童自身が身体の安全を確保できるように事前練習を十分に行わせるとともに、試合を実施するにあたってはルールを守りファウルをすることがないように指導する義務および〔2〕試合中は児童にルールを守らせファウルを起こさせないようにして児童に負傷の危険が発生しないように試合の様子を注視し、監督する義務があったところ、これらをいずれも怠った旨を主張する。すなわち原告らは、P7教諭は自らが審判を務めることも児童が審判を実施できるように指導することもせず、漫然と男子と女子のそれぞれをチーム分けして、審判も児童に任せてサッカーをさせていたにすぎず、自らは別々のコートで行われていた男子の試合と女子の試合を行ったり来たりして見ていたのみで、反則行為に対して注意をしたり指導をすることもなかったとしており、原告P1もこれに沿う陳述をする。

　イ　これを検討するに、まず原告らの主張にある〔1〕の注意義務違反については、P7教諭が原告らの主張するような注意義務を負っていたことはそのとおりであるとしても、サッカーの試合を実施するにあたって通常必要とされるルールの説明や基本的な指導を怠っていたとは認められず事前練習も十分に行っていたことは(1)のとおりであり、当日の事前練習が不十分であったこともうかがわれないから、原告らの主張は採用できない。

　また、原告ら主張の〔2〕の注意義務違反についても、P7教諭が原告らの主張するような注意義務を負っていたことはそのとおりであるとしても、これの違反があったとは認められない。すなわち、担任教諭1人が監督して行われる小学校の体育の授業において運動場いっぱいに2つのコートを用いて男女に分かれて試合が行われる以上、試合に参加しない児童に審判を行わせつつ教諭自身は男子コートと女子コートの間に立ち、それぞれのコートを観察するというP7教諭の本件試合における指導・監督方法は適切かつ妥当なものであったと評価すべきである。

　この点について原告らは、小学校第6学年の児童が審判役を務めることは不可能であるし、ゲームを止めるための電動ホイッスルが配布されることもなく審判とされた児童は実質的には得点係にすぎなかったと主張し、原告P1もこれに沿う陳述をするが、審判役とされた児童に対し、試合の中断の合図をするための道具（ホイッスル）が配布されないということはおよそ考え難く、小学校第6学年の児童が審判役を務めることができるかという点についても、小学校第6学年ともなれば小学校の体育の授業で行われる程度の簡易化された競技の審判を行うに足る能力は十分に備えていると考えられるし、児童自身では対応できない事態が生じた場合に担任教諭に報告するという判断も当然に可能であるというべきであって、むしろ小学校高学年の体育の授業にあっては児童自らが審判役を務めることを通して競技のルールに対する理解を深めることが予定されていたものというべきであるから、原告らの主張および原告P1の陳述は採用できない。

　ウ　以上によれば、本件においてP7教諭がサッカーの授業において試合を実施するにあたって適切な指導・監督を行う義務を怠ったと認めることはできない。

⑶　本件事故発生後の注意義務違反について

　ア　原告らは、P7教諭には児童が転倒する事故が発生した場合には、ただちにその状況を把握し、児童の負傷状況を確認したうえ適切な救護措置をとったり保護者への連絡をとる義務があったところ、P7教諭は本件事故の発生に気づいておらず、本件事故の発生直後に事故の状況を把握したり、原告P1の負傷状況を確認したりすることもなく、適切な救護措置をとることもなければ保護者に連絡をとることもなかったのであり、注意義務違反が認められる旨を主張する。

　イ　この点、担任教諭とはいえ運動場いっぱいに2つのコートを用いて男女に分かれて試合が行われるサッカーの授業中に生じたすべての出来事を詳細に把握することは到底不可能なのであって、小学校第6学年の児童においては転倒事故の発生や体調不良があった場合にその児童自身や周囲の児童による報告があることを十分期待できることも踏まえると、原告P1やその友人からの申告がない状況においてP7教諭が本件事故の発生を把握していなかったこと自体はやむを得ないものと言わざるを得ず、P7教諭が職務上の注意義務を怠ったと評価することは相当ではない。

　また、小学校において児童が転倒して頭を打ったことを認識した担任教諭の対応としては、ひとまず保健室に向かい養護教諭に診てもらうよう指示することが通常であると解されるところ、原告P1はP7教諭に指示されるまでもなく本件事故後すぐ自ら保健室を訪れたのであるから、P7教諭が本件事故の発生を把握していなかったことはその後の因果の経過を左右するものということはできない。

　ウ　原告らは、P7教諭が本件事故当日4時間目の授業終了後、給食の前に原告P1に声かけを行い、本件事故の発生を知ったものの必要に応じて保健室に行くように指示するにとどまり、保護者に連絡するなど特段の対応をとらなかったことを捉えて、P7教諭は本件事故の発生を知った際には脳脊髄液減少症の発生を念頭に置き、原告P1に対して安静を保ち、医療機関で受診することを指示し、保護者に連絡して医療機関の受診を促すなどの適切な対応をとるべき注意義務があったにもかかわらず、これを怠った旨を主張する。

　もっとも、P7教諭において原告P1からすでに保健室において養護教諭に診てもらっていることを把握した以上は、転倒による怪我については養護

教諭において適切な対応がなされていると考えても無理からぬところであり、養護教諭から医療機関を受診させ、あるいは保護者への連絡をとるべきであるなどの特段の申し送りがない状況であえてそういった対応をとる必要はないと判断したことが不合理であるとはいえない。なお原告らは、P7教諭は脳脊髄液減少症の発生を念頭に置くべきであったとするが、脳脊髄液減少症についてP7教諭に養護教諭以上の知見を期待することは相当ではなく、脳脊髄液減少症の可能性があったからといってこの結論を左右するものではないというべきである。

エ　そうすると、本件事故発生後のP7教諭の対応について職務上の注意義務違反を認めることはできない。

(4)　小　括

以上によれば、原告らが指摘するP7教諭の職務上の注意義務違反はいずれも認められないから、P7教諭の職務上の注意義務違反に基づく国家賠償法1条1項の損害賠償請求をいう原告らの主張には理由がない。

・争点(3)（P9教諭およびP8教諭の職務上の注意義務違反）について
(1)　P9教諭およびP8教諭において脳脊髄液減少症の可能性を考慮しなかったことについて

ア　原告らは、平成19年事務連絡において脳脊髄液減少症に対して適切に対応することが求められていることや、この事務連絡を受けて滋賀県内の各小中学校において脳脊髄液減少症の周知が図られている状況、本件冊子が被告市内の各小中学校の保健室に配布されていることを指摘して、養護教諭らにおいては本件事故後の対応として原告P1が転倒事故による頭痛を訴えている以上は脳脊髄液減少症の可能性を念頭に置き、医療機関受診の指示や保護者への連絡を行い、かつ脳脊髄液減少症について診断をすることが可能な病院を紹介すべき職務上の注意義務を負っていたにもかかわらず、これを怠った旨を主張する。

イ　この点を検討するに、平成19年事務連絡においてはスポーツ外傷の後に起立性頭痛やめまいの様々な症状を呈する脳脊髄液減少症と呼ばれる疾患が起こりうることが報告されていることや、事故が発生した後、児童生徒らに頭痛やめまいの症状がみられる場合には安静を保ちつつ医療機関を受診

させたり、保護者に連絡して医療機関の受診を促したりする適切な対応が行われるようにされたいことが記載されている。さらに、平成21年8月11日および平成22年6月25日には滋賀県において県内の養護教諭を対象として脳脊髄液減少症に関わる内容の周知を伝達事項とする研修会や研究協議会が開催されたことも認められる。

　他方で、平成19年事務連絡が発出された年は脳脊髄液減少症研究会ガイドライン作成委員会が「脳脊髄液減少症ガイドライン2007」を発行した年であるが、その後、医学界ではガイドラインに対する疑問が呈され一定の批判が加えられるなど、脳脊髄液減少症研究会が提唱する脳脊髄液減少症という疾患概念が必ずしも医学界において無条件に受け入れられていた状況にはなかった。そして、平成23年10月に厚生労働省研究班から発表された脳脊髄液漏出症画像判定基準・画像診断基準においては脳脊髄液減少症という疾患概念は採用されず、あくまで現に髄液漏が確認されることを前提とした脳脊髄液漏出症という疾患概念の限度における画像判定基準・画像診断基準とされており、小児の脳性髄液減少症については平成28年にようやく厚生労働省研究班における研究が開始されたところであって、被告において脳脊髄液減少症の周知が図られていた本件事故当時、脳脊髄液減少症という疾患についてはいまだ十分な医学的な裏づけを有するものではなく、さらに小児のそれについては診断基準自体がいまだ確立されていない状況であったといえる。

　そうすると、原告らが指摘する平成19年事務連絡や本件冊子配布の趣旨は一部の医師から新しい疾患概念として脳脊髄液減少症というものが提唱されていることを受けて、教育関係者らに脳脊髄液減少症という疾患の概要をいわば啓蒙的に周知することを目的としたものであり、そのような疾患に対して適切な対応をとることまで義務づけるものではないと解するのが相当である。このように本件事故当時、脳脊髄液減少症についてはいまだ啓蒙段階にすぎなかったことは本件事故直前の滋賀県脳脊髄液減少症勉強会の講演の最後に「今後に向けて」として、この病をもっと知ってもらうことが大切であるとされていたこと、本件事故後となる平成24年事務連絡でもEBP療法についての情報が付加されたほかは平成19年事務連絡以上の内容を付け加えるものではなかったことからも裏づけられている。

　このように、脳脊髄液減少症の周知が啓蒙目的であったことに加え、その

周知内容において発生原因につき「スポーツ外傷」、「転倒事故（尻餅をつい
た、転んで頭を強く打った、学校の廊下で転倒した）、スポーツ外傷（ボール
が頭に当たった（野球のボール、バレーボール）、テニスのラケットが頭に当
たった、練習中に生徒同士が激突した）」程度の一般的な記載にとどまってい
ること、症状についても多彩な症状が列記されているだけであることからも
明らかなとおり、養護教諭をはじめとする教育関係者に対し、脳脊髄液減少
症についての正確な知見を獲得し、事故発生後に頭痛やめまいの症状を訴え
るすべての児童から的確にその発症の可能性を鑑別して適時に対応すること
まで要求するものでないことは明らかである。また逆に、何らかの事故発生
後に上記の症状を訴える児童すべてについて脳脊髄液減少症の可能性を前提
に機械的に安静、医療機関への受診の措置を義務づけるものであったわけで
もない。結局のところ、学校事故後、児童が頭痛、めまいを訴えていること
に加え、養護教諭が脳脊髄液減少症を特に想起すべき契機に接した場合に限
り、その児童について脳脊髄液減少症を疑い、その対応として安静を保ちつ
つ医療機関を受診させたり、保護者に連絡して医療機関の受診を促したりす
る適切な措置を講じるべき職務上の注意義務を負っていたにとどまるものと
解される。

　以上を前提に本件について検討するに、原告Ｐ１がサッカーの授業中に後
ろに転倒して一回転して頭部を打撲したと訴えたこと、Ｐ９教諭が確認して
も擦過傷・腫脹の異常が認められなかったこと、原告Ｐ１の症状は頭部打撲
に起因すると考えられる頭部痛が持続していたのみであり、本件事故当日に
はめまいの他に特徴的に脳脊髄液減少症に結びつく症状の訴えもなかった以
上、脳脊髄液減少症を特に想起すべき契機が存在したとはいえないのであり、
養護教諭らが原告Ｐ１について脳脊髄液減少症の可能性を疑って安静確保、
医療機関への受診の措置を講じなければならない職務上の注意義務を負って
いたとは認められない。

　ウ　また本件においては、原告Ｐ１は本件事故の翌日となる平成 24 年 3
月 14 日に済生会病院脳神経外科および整形外科を受診したが、脳脊髄液減
少症の可能性を示唆されることはなく、その後、同月 16 日に同病院脳神経外
科を受診して MRI・MRA 検査を受け、同月 22 日に同病院脳神経外科、小児
科および耳鼻咽喉科を受診して各種検査を受け、同月 23 日および 27 日に同
病院小児神経外来を受診して脳波検査および MRI 検査を受けたものである

が、いずれの段階においても脳脊髄液減少症の可能性は示唆されることがなかった。

さらに、原告P1は平成24年3月28日から滋賀医大病院小児科に歩行障害の精査目的で入院し、腰椎穿刺検査および脊椎MRI検査をそれぞれ受けているが、そこでも脳脊髄液減少症の可能性を示唆されるには至っていない。なお、滋賀医大病院は同年1月末の時点で滋賀県ホームページにおいて同病院の脳神経外科が脳脊髄液減少症の診療の可能な病院として挙げられている。

その後、原告P1は平成24年6月4日に明舞中央病院を受診し、同月16日からの同病院への入院を経て同年10月20日に脳脊髄液漏出症疑いの診断を受けるに至ったところ、原告P1についてはこの時点で初めて医師により脳脊髄液の減少を病態とする疾患の可能性を示されたものということができる。

このような経緯によれば、原告P1が本件事故により脳脊髄液減少症（漏出症）を発症していたとしても、本件事故の翌日以降に原告P1が受診した済生会病院および滋賀医大病院において脳脊髄液減少症の可能性すら示唆されておらず、高次医療機関に勤務する医師においても原告P1の説明する受傷の契機や同人の訴える症状から脳脊髄液減少症の可能性を考慮することはきわめて困難であったことになる。この点については、傷病名を脳脊髄液漏出症とする原告P1の身体障害者診断書・意見書を作成したP12医師自身、脳脊髄液減少症ないし漏出症は一般に知られている病気ではなく頭部打撲に伴う頭痛を訴える患者についてまずこの病気を疑ってかかるということはありえないこと、当初のCT検査で異常が見られなければそのまま患者を帰す可能性は十分にあること、その後一定の期間の経過のなかで起立性頭痛の典型的な症状が出てくるという状況になって脳脊髄液減少症ないし漏出症を疑う必要性が生じ、その段階で専門の病院を紹介することを証言しており、このことからも医師であったとしても本件において原告P1についてただちに脳脊髄液減少症ないし漏出症の可能性を疑うことはきわめて困難であったことが示されている。

エ 以上のように、本件事故当時においては滋賀県内や被告市内の教育関係者に脳脊髄液減少症の周知が図られていたとしてもいまだ啓蒙段階を脱していなかったと認められること、原告P1について本件事故直後の時期に脳

脊髄液減少症の可能性を疑うことは医師ですら困難なものであったことに鑑みると、医師資格を有して診療に従事しているわけではない養護教諭らにおいて脳脊髄液減少症の可能性を疑って対応することを期待することはおよそ不可能を求めるものであったというべきである。なお、原告らは養護教諭らが脳脊髄液減少性の可能性があることを原告P2および原告P3に伝えなかったことから原告P1が滋賀医大病院小児科に入院した際に脳脊髄液減少症の担当診療科とされていた脳神経外科を受診することができず、医師において脳脊髄液減少症が見落とされることとなったとも指摘するが、結局この主張も養護教諭らに通常の医師以上の知見を求めていることに変わりはなく（通常の医師において脳脊髄液減少症の可能性を疑うことができたのであれば小児科の医師から脳神経外科への紹介が行われていたはずである）、採用できない。

　したがって、養護教諭らにおいて本件事故後の対応にあたって脳脊髄液減少症の可能性を念頭に置いた対応をすべき職務上の注意義務があったとは到底認められない。

(2)　P9教諭およびP8教諭の頭部外傷への対応について

　ア　原告らは、養護教諭には児童が転倒事故による頭痛を訴えている場合にはまず安静にさせ、それでもなお頭痛が持続するのであれば速やかに医師の診察を受けさせるという適切な対処方法をとる義務があったところ、P9教諭およびP8教諭は原告P1がサッカーの授業中に転倒したとして頭痛および頚部痛を訴えていたにもかかわらず、原告P1に対して安静にするようにとの指示をすることもなく保冷剤で患部を冷やすという医学的に無意味な対処方法を指示したのみであって、この点に養護教諭としての職務上の注意義務違反がある旨を主張する。

　イ　しかし、P9教諭は本件事故直後に保健室に来室した原告P1による頭部打撲との申告に対し、同人の頭部に外傷や腫脹がないと確認したことから頭痛の訴えが頭部打撲に起因するもので、ひとまず患部を冷やすことを指示して経過を観察するという判断をしたと認められるところ、原告P1の症状が重篤でなかったことに加え、児童の学習への参加の要請も併せて考慮すれば、その判断が不合理であったとはいい難い。そうすると、この点を捉えてP9教諭が職務上の注意義務を怠ったと評価することは困難である。

　その後、養護教諭らは原告P1が昼休みに保健室に来室した際には引き続き経過観察としたが、原告P1が保冷剤の交換を求めるだけで、その際、顔色不良も認められず症状増悪の訴えもなかった以上、この間に頭部打撲に起因すると考えられる頭部痛が消失しなかったというだけでは、ただちに保護者への連絡や病院への受診という緊急の対応が必要であると判断することは困難であったといわざるを得ず、引き続き、経過観察としたことが不合理であるとはいい難く、この点についても養護教諭らが職務上の注意義務を怠ったとはいい難い（なお、養護教諭の職務マニュアルの「学校での救急事例の取扱い」によっても頭痛が1時間で回復しなかったことをもって、ただちに専門家の指導を受けるため学習への参加を中止して病院を受診しなければならないわけではなく、学校で学習を続けることが児童生徒にとって困難であるかどうか養護教諭を中心に検討するとされているにすぎず、養護教諭らは検討の結果、病院の受診までは不要との判断に至ったのであるから、症状の1時間以上の持続のみをもって経過観察とした養護教諭らに注意義務違反があったということはできない）。

　そして、原告P1が下校前に保健室に来室した際、P9教諭およびP8教諭は歩いて帰ることができるか、保護者に迎えにきてもらわなくてよいかを尋ねるにとどまり、保護者に連絡を行うことまではしていないが、原告P1が当時小学校第6学年の児童であり、養護教諭らに対して自身の体調を伝えることは十分に可能であったと考えられることからすれば、原告P1自身が自分で帰ることができると申告したことを踏まえて保護者への連絡を行うことまでの必要はないと判断したことも不合理であるとはいい難い。そうすると、この点についても養護教諭らが職務上の注意義務を尽くさなかったと評価することは困難である。

　ウ　以上によれば、本件における養護教諭らの本件事故後の頭部外傷への対応についても職務上の注意義務を尽くさなかったということはできない。

　なお、仮に養護教諭らの対応に注意義務違反があったとしても、本件事故翌日に医療機関を受診した際に脳脊髄液減少症の可能性を示唆されていない以上、本件事故当日に医療機関を受診することによってその後の経過が変わったとは考え難い。

　また、本件冊子に示された安静保持による回復機序は、ある程度の期間、横になって安静を保持することで髄液の漏出部分が自然にふさがっていくと

いうものであり、原告P1も本件事故当日に帰宅した後は済生会病院への通院や卒業式出席以外は安静にし、本件冊子やP11医師の意見書において示された2週間以上の安静が保持されていたと認められるから、この点からも原告らの主張する注意義務違反が原告P1のその後の経過を左右したとは認め難い。

　この点、原告らは原告P1の場合、事故直後から安静にしていれば自然治癒し、あるいは発症してもより軽い症状であった可能性や治癒に至っていた可能性があると主張し、P12医師の意見書にもこれに沿う内容の見解が示されている。そして、その根拠は要するに、発症直後に安静を保持しないことによって髄液の漏出部位が拡大するというものであるところ、医学的な見地からの一つの可能性を示すものとして傾聴に値する見解であり、その可能性を排斥する医学的知見もないが、他方でこの見解を裏づける的確な医学的知見もいまだ示されているわけではなく、上記の回復機序から逆に、事故発生直後に安静が保持されなければ漏出部位が拡大するという医学的知見まで読み取ることもできないから、原告P1が事故直後の安静によって治癒あるいは軽度の症状にとどまった高度の可能性を認めるに足りず、この点からも原告らの主張は、現在の原告P1の症状および損害との因果関係を有しない義務違反をいうものといわざるを得ない。

⑶　小　括

　以上によれば、原告らが指摘するP9教諭およびP8教諭の職務上の注意義務違反はいずれも認められないから、同教諭らの職務上の注意義務違反に基づく国家賠償法1条1項の損害賠償請求をいう原告らの主張には理由がない。

・争点⑷（P6校長の職務上の注意義務違反）および争点⑸（原告P1に対する被告の安全配慮義務違反）について

　⑴　P7教諭、P9教諭およびP8教諭にはいずれも職務上の注意義務違反が認められないのであるから、P6校長における同教諭らに対する指導監督の怠慢をいう原告らの主張に理由がないことは明らかであり、また同教諭らの職務上の注意義務違反およびP6校長の指導監督の怠慢をもって被告の安全配慮義務違反を構成するとの原告らの主張にも理由がないことは明らか

ある。

(2) 原告らは平成19年事務連絡の内容が被告市内の各小中学校の教師に対して周知徹底されていなかったことがP6校長の職務上の注意義務違反ないし被告の安全配慮義務違反にあたる旨を主張するが、平成19年事務連絡については<u>脳脊髄液減少症という疾患の概要を啓蒙的に周知することを目的としたものと解するのが相当であって、単に周知する以上にその内容を教師らに徹底させることまでは想定されていなかった</u>というべきところ、事務連絡が被告市内の各小中学校に周知されたことは認められるのであるから、原告らの主張は失当である。

・小 括

以上によれば、原告らが主張するP7教諭、養護教諭らおよびP6校長の職務上の注意義務違反は認められず、被告の安全配慮義務違反も認められないから、その余の争点(6)~(9)について判断するまでもなく原告らの請求はいずれも理由がない。

15 東京地方裁判所 平成29年9月29日判決（組体操）

主文

・原告の請求をいずれも棄却する。
・訴訟費用は、原告の負担とする。

事案の概要

本件は、被告の設置する小学校の5年生であった原告が同小学校における組体操の練習中に土台となっている児童の上から落下し、左橈骨遠位端骨折の傷害を負った事故について、組体操の指導および監督にあたっていた小学校の教諭ら（以下「教諭ら」）に安全配慮義務違反があったと主張して、被告に対し、主位的には国家賠償法1条1項に基づき、予備的には債務不履行に基づき、慰謝料および弁護士費用相当額の損害賠償を求める事案である。

前提となる事実

(1) 当事者

　ア　原告は平成 24 年度当時、東京都港区立御成門小学校（以下「本件小学校」）の 5 年 2 組に在籍する児童であった。

　イ　被告は本件小学校を設置する地方公共団体である。

(2) **本件小学校における組体操実施の概要**

　ア　本件小学校では運動会において 5 年生および 6 年生が合同で行う種目の一つとして組体操を例年実施しており、平成 24 年度についても平成 24 年 10 月 13 日に行われる運動会で当時の 5 年生および 6 年生の合計 95 人の児童が組体操を実演する予定となっていた（以下「本件組体操」）。

　イ　本件組体操の演目には 1 人で行う技、2 人で行う技、3 人で行う技および 15 人程度で行う技（タワー）があった。3 人で行う技のなかには 2 人の児童が相互に向き合い、上半身を前屈させながら肩に手をかけ合って土台を作り、1 人の児童が土台となっている児童のそれぞれの背中に片足ずつを乗せて立ち上がる「3 人タワー」と呼ばれる技（以下「本件技」）が含まれていた。

　ウ　本件小学校では平成 24 年度の運動会の約 1 か月前から 1 週間に約 3 回、またはそれ以上の頻度で組体操の練習が実施された。練習においては 1 人で行う技や 2 人で行う技の練習がクラスごとに行われた後、全体での練習が行われた。本件小学校の授業は 1 コマ当たり 45 分間であり、組体操の練習は 2 コマ連続で行われることもあった。

(3) **本件事故発生の経緯**

　ア　原告は身長が 137.6 cm であったところ、身長 140.2 cm の女子児童（以下「児童 A」）および身長 143.9 cm の男子児童（以下「児童 B」）とともに本件技の練習を行うこととなった（以下「原告ら三人組」）。原告ら三人組においては本件技を最初に練習した際には児童 A が土台の上に立つ役割であったが、その後、原告が児童 A と交代して土台の上に立つ役割を行うことになった。

　イ　原告は平成 24 年 10 月 10 日に実施された組体操の練習の際、本件技の練習をする途中で土台となっている児童の上でうまく立ち上がることができず、バランスを崩して後方へと転落し、左腕を強打して左橈骨遠位端骨折および遠位骨端線損傷の傷害を負った（以下「本件事故」）。

　ウ　原告は本件事故の当日、慈恵医大病院において全身麻酔のうえ骨折経皮的鋼線刺入固定術を受け、平成 24 年 10 月 17 日まで同病院に入院し、その後も平成 26 年 2 月 24 日までの間に合計 11 回、同病院に通院した。

争点
・本件小学校の教諭らの安全配慮義務違反の有無（争点 1 ）
　ア　本件技の危険性や習熟度に応じた指導・監督を怠った過失の有無（争点 1-1）
　イ　転落方法について適切な指導を怠ったか否か（争点 1-2）
　ウ　本件事故の前に練習を中断すべきであったか否か（争点 1-3）
　エ　児童に無理をさせないための説明が不十分であったか否か（争点 1-4）
・損害の有無および損害額（争点 2 ）

当裁判所の判断
1　証拠による事実認定
(1)　本件事故以前の練習内容
　ア　本件小学校では平成 24 年 9 月 13 日に本件組体操の練習が開始され、5 年 1 組の担任 F 主幹教諭（以下「F 教諭」）、5 年 2 組の担任 G 教諭（以下「G 教諭」）、6 年 1 組の担任 H 教諭（以下「H 教諭」）、E 副校長および I 主幹教諭が指導および監督にあたった。
　なお、E 副校長は児童に対する個別の指導・援助にあたるほか、副校長として全体の技の習得状況の把握や安全確認を行っていた。
　イ　教諭らは本件組体操の練習の開始に先立ち、技の難易度および児童の身体の発達度を勘案して組体操で取り組む技を選び、平成 24 年度組体操実施計画（以下「本件実施計画」）を策定した。教諭らは本件実施計画の策定にあたり習得が難しいと判断した複数の技の実施を取りやめることとしたが、本件技については技の難易度が高くなく見栄えのする技であると考えていたため取りやめを検討しなかった。
　ウ　本件組体操の練習は 9 月 13 日の 5 校時、同月 14 日の 2 校時、同月 18 日の 6 校時、同月 20 日の 5 校時、同月 21 日の 1 校時および 2 校時、同月 24 日の 2 校時および 6 校時、同月 25 日の 3 校時、同月 26 日の 5 校時、同月 27 日の 5 校時、同月 28 日の 1 校時および 2 校時、10 月 2 日の 3 校時、同月 4 日

の 5 校時、同月 5 日の 2 校時、同月 9 日の 2 校時および 3 校時、同月 10 日の 5 校時、同月 11 日の 5 校時および 6 校時ならびに同月 12 日の 2 校時に行われることが予定され、この日程で実施された。

　エ　9 月 13 日の 5 校時の練習において G 教諭が「全力で組体操に取り組み、運動会で見ている人を感動させよう」、「安全に気をつけて集中して練習に取り組もう」、「大技だけでなくすべての技に真剣に取り組もう」という組体操の心構えについて指導し、同月 18 日の 6 校時の練習においては H 教諭が心構えを確認するとともに「ヘアピンは外し、髪の長い児童は髪を束ねて練習に参加する」、「失敗したら体育座りをして次の技のタイミングを待つ」、「技を組み立てるとき無理を感じたら技に取り組むのをやめる」という注意事項や、真剣に練習に取り組むこと、倒立の練習は子どもだけでは行わないこと、および怪我をしないように準備運動をしっかりと行うことを指導した。

　オ　本件事故以前に行われた本件組体操の練習のうち本件技の練習が行われたのは、〔1〕9 月 24 日の 2 校時、〔2〕同日の 6 校時、〔3〕同月 27 日の 5 校時、〔4〕同月 28 日の 1 校時および 2 校時、〔5〕10 月 2 日の 3 校時、〔6〕同月 4 日の 5 校時、〔7〕同月 9 日の 2 校時および 3 校時、〔8〕同月 10 日の 5 校時であった。

　カ　9 月 24 日の 2 校時には初めて本件技の練習が行われた。この際、組体操に取り組むのが 2 年目である 6 年生が本件技の手本を示した後、教諭らにより技の組み方、乗る位置、崩し方の指導が行われた。教諭らは本件技の崩し方については通常の場合、上に乗る役割の児童は片足ずつゆっくりと後ろに降りること、万が一バランスを崩した場合には視界が広く安全が確保できる方向として主に前方に降りること、前方に降りる際はしっかりと膝を曲げて立ち幅跳びの着地のように両足で着地することを指導した。

　キ　原告ら三人組は 9 月 24 日の 2 校時に本件技を練習した際、原告および児童 B が土台となる役割を担い、児童 A が上に立つ役割を担うことを決めた。

　ク　9 月 24 日の 6 校時には本格的に練習を重ねる前に技の完成について不安を感じている組について役割替えが行われた。この際、原告ら三人組は児童 A ではなく原告が上に立つ役割をするよう役割替えをすることを申し出たため、G 教諭は申し出どおり原告が上に立ったほうが安定して技を完成させることができると判断し、役割替えを指示した。

原告ら三人組は役割替えを行った後、本件事故以前においては安定して本件技を行うことができるようになった。

ケ　9月27日の5校時以降、音楽に合わせた通し練習が開始された。教諭らは音楽を目安として安全を確認しながら技に取りかかったり、次の行動に移ったりすることを指導した。

コ　10月2日の3校時には本件技を含む本件組体操の通し練習が行われた。

サ　10月4日の5校時にはF教諭が技の崩し方についての指導に加え、リハーサルでしっかり演技をしないと本番でも成功させることはできないこと、怪我を防ぐために大技だけでなく一つ一つの技に気を配って演技をするのが大切であること、もし失敗をしたら体育座りで待つこととし、これも演技の一つであることを指導した。

シ　教師らは以上のほか、技の各段階でそれぞれの役割の児童が声をかけ合い互いに安全を確認して技に取り組むこと、技が崩れそうなときには音楽を気にせずすぐに崩して体育座りで待つことを日常的に指導していた。

ス　本件組体操においては本件技について役割の見直しをした後、なお技を完成させることができない組について個別練習を行ったり、3人組自体の組み換えを検討したりしたことはなかった。

(2)　本件事故当日の経緯

ア　10月10日の5校時には教諭ら5名が指導にあたり本件組体操の通し練習が行われた。

イ　本件事故発生前、肩車をする技で上に乗る役割であった児童Cが土台となる児童が立ち上がる際によろめいたためにバランスを崩し、地面に手をつくという事故が発生した。F教諭は児童Cが特に痛がる素振りはせず落ち着いた様子で以前骨折したときの感じと似ていると話したため保健室に行くよう指示した。

ウ　この事故によって他の児童が動揺したということはなく、教諭らは本件組体操の通し練習を続行した。

エ　原告は本件技の練習の際、土台となる児童AおよびBの上に乗ったが、同児童らが立ち上がった際にバランスを崩して後方に落下し、体をかばおうとして左手を地面につき、左腕を強打して左橈骨遠位端骨折および遠位

骨端線損傷の傷害を負った。

・争点 1-1（本件技の危険性や習熟度に応じた指導・監督を怠った過失の有
　無）について
　⑴　本件技は児童が 3 人組を作り、土台となる 2 人の児童の上で 1 人の児
童が立ち上がる技であるところ、土台となる 2 人の児童がいずれも地面に両
足を着けた状態で立ち上がるという点や、上に乗る児童もまずは自分の足よ
りも広い面（土台となる生徒の背中）に足を乗せるという点からすれば<u>比較
的バランスが取りやすく</u>、例年、本件小学校の組体操において実施されてき
ており、教諭らは本件実施計画の策定にあたっても<u>本件技が危険であるとし
て取りやめを検討することはなかった</u>し、一般的な組体操の教則本において
<u>も中程度の難易度の技として取上げられている</u>。そうすると、本件技は<u>一般
に小学校における組体操で行われる技のなかで特に難易度の高いものという
ことはできず、これを行う児童において特に技の完成が困難な様子が見られ
る場合でない限り、児童を支える補助者を付すなど安全を確保するための特
段の措置をとる必要があるとはいえない</u>というべきである。

　⑵　以上を前提に本件において教諭らが原告ら三人組に対し、本件技の危
険性や習熟度に応じた指導・監督を怠ったか否かについて検討する。
　ア　原告は、原告ら三人組において原告が上に立つ役割を担当するように
なったのは 9 月 24 日よりも後である 4 日目の練習時（10 月 2 日）以降であ
り、本件事故当時はいまだ安定して本件技を行うことができておらず習熟度
が低かったと主張し、陳述書においてこれに沿う陳述をする。
　しかしながら、原告の陳述は本人尋問における供述による裏づけがなく反
<u>対尋問も経ていない</u>ものであること、<u>裏づけとなる客観的な証拠や第三者の
証言も存在しない</u>ことからすると、ただちに採用することはできない。
　イ　これに対し、本件組体操の指導および監督にあたっていた E 証人は原
告ら三人組が役割替えを行ったのは 9 月 24 日の 6 校時であると証言する。
E 証人はそのように記憶している理由として 9 月 24 日の 2 校時に初めて本
件技の練習を行い、その日の 6 校時に役割をきちんと固めたからである旨、
具体的な理由を述べている。また、E 証言の内容は本件実施計画の「9 月 24
日㈫6 校時」の欄に「安定して技を完成させられる三人技の役割の見直しを

する」との記載があることと符合するし、その後の練習において「3段タワー」や「全員ピラミッド」のより難易度の高い技の練習や通し練習が開始されたことからしても合理的である（なお原告は、本件実施計画は実施された内容を示す文書として必ずしも高度の信用性を有していない旨を主張するが、証拠によれば本件実施計画はその年度の組体操の練習開始前に作成され、実際に予定していたとおりの練習ができなかった場合には次年度に生かすためにその都度修正される性質の文書であると認められるから、実施された本件組体操の練習内容を示す文書として信用性が認められるというべきである）。そして、E証人の証言と相反する原告の陳述はただちに採用することのできないものであることを考慮すれば、本件組体操における原告ら三人組の役割交代の時期については9月24日の6校時であったと認定するのが相当である。

　ウ　E証人はさらに、原告ら三人組は役割替えを行った後は安定して本件技を行うことができるようになっており、初期を除いて本件技の練習において原告を補助したことはない旨を証言する。このような証言内容に特段不自然な点が見当たらないことに加え、E証人が副校長として本件組体操における児童の技の習得状況を全体的に把握する立場にあったこと、本件技の内容が特に難易度の高いものであるとはいえないことも考慮すれば、E証言も信用することができるというべきである。

　これに対し、原告は陳述書において本件事故当日になっても安定して本件技を完成させることはできなかった旨を陳述するが、その内容をただちに採用することができないことはすでに述べたとおりである。

　エ　よって本件事故当時、原告ら三人組について本件技の習熟度が低かったとは認められず、指導にあたっていた教諭らにおいて児童を支える補助者を付したり、原告が転落した場合に備えてマットを用意したりするなど安全を確保するための特段の措置をとる義務があったとは認められないから、この点に関する原告の主張は採用することができない。

　(3)　以上によれば、教諭らが本件技の危険度や習熟度に応じた指導・監督を怠ったとは認められないから、この点において教諭らに安全配慮義務違反があるとはいえない。

・争点1-2（転落方法について適切な指導を行ったか否か）について

⑴ 原告は、教諭らが本件技の転落方法について上に立つ児童がバランスを崩したときは後方に転落するようにという誤った指導をしたと主張し、陳述書においてこれに沿う陳述をする。

しかしながらE証人は、教諭らは通常技を終えて降りる場合には後方に片足で順番に降りるよう指導していたが、バランスを崩した場合の転落方法として後方に転落するように指導したことはなく、前方に着地するよう指導していた旨を証言しており、そのように指導した理由について、後方に転落すると倒れたときに後頭部または尾てい骨を打つおそれ、および土台となる児童の足を踏んでその児童の足を骨折させるおそれがある一方で、視界が開けている前方に着地すれば下のほうに土台となる児童の足があったらよけることができるし、自らの着地も安定して行えるためであると証言しており、その証言内容は指導内容として合理的である。これに反する原告の陳述は、教諭らが本件技に関して後方に転落するという危険性の高い転落方法をあえて指導していたとは考えにくいこと、原告の陳述については本人尋問による裏づけがなく反対尋問も経ていないところ、原告が通常どおり技を終えて降りる場合の指導と混同して陳述をした可能性も否定できないことに照らし、採用することができない。

したがって、E証人の証言は信用することができ、教諭らは本件技に関し、転落方法としては前方に着地するよう適切に指導していたと認められる。

⑵ 原告は、本件技の練習の際、受け身の取り方の具体的な転落方法を指導しなかったとも指摘するが、本件技の内容に照らせば、転落方法の指導としては前方に着地する方法を指導すれば足りると考えられるから、教諭らが受け身の取り方を指導しなかったとしても転落方法についての指導が不十分であったとはいえない。

⑶ 以上によれば、教諭らが本件技の転落方法について適切な指導を行わなかったということはできず、この点につき教諭らに過失があるとはいえない。

・争点1-3（本件事故の前に練習を中断すべきであったか否か）について

　児童Cは肩車をする技の練習の際に土台となる児童がよろめいたため地面に手をついたが、落ち着いた様子であり他の児童も動揺した様子はなかったと認められる。この点について、原告は陳述書において、児童Cの様子を見て自分まで失敗してはいけないというプレッシャーを感じていた旨を陳述するが、仮に原告が、児童Cの様子を見てプレッシャーを感じていたとしても、そのことと本件事故発生との関係は必ずしも明らかとはいえないし、児童Cの様子に照らせば、教諭らにおいて特別な配慮をすべきであったともいえない。

　よって、教諭らが児童Cの事故を受けて本件組体操の通し練習を中断すべきであったとはいえない。

・争点1-4（児童に無理をさせないための説明が不十分であったか否か）について

　原告は、教諭らが運動会が近づいた時期において児童に無理をさせないための説明を十分に行わなかったと主張するが、教諭らは本件組体操の練習開始当初、安全に気をつけるとの心構えや無理を感じたら技に取り組むのをやめることの注意事項について指導し、10月4日の5校時においても怪我を防ぐための指導を行い、失敗したら体育座りで待つことも説明していたほか、安全を確認して技に取り組むことを日常的に指導していた。

　よって、教諭らは本件組体操の練習を通じて児童に無理をさせないための説明を十分に行っていたといえるから、原告の主張は採用できない。なお、原告の陳述書にはそのような安全面に関する指導が運動会が近づくにつれて行われなくなった旨の記載があるが、同陳述書の記載内容をただちに採用することができないことはすでに述べたとおりであるし、安全面に関する指導の頻度自体が初期の段階に比べて減少したとしても、そのことをもってただちに違法とまではいえないことからすると、先の判断を左右するものではない。

おわりに

　本書を刊行した目的は次の二つである。一つは、学校における体育活動中の事故（中等度以上の傷害・死亡事故）を無くす、もしくは限りなくゼロに近づけるために、裁判所が示す法律論から「教師行動の指針」を読み解くことである。それは、無事故をめざして体育活動を行ったものの万が一の事故が起こってしまったとき、教師が裁判所から「あなたの言動は法的責務を果たしていましたよ」と認定される【可能性】を探し出す作業でもある。

　二つめは、実際の体育活動において実効力を発揮する具体的な「安全確保の要点」を提示することである。これは、教師や部活動指導員が普段行っている安全指導の「実体」、つまり、体育活動中（ないしその前後）の教師（指導者）の【発言内容（タイミング・頻度）】、【立ち位置（巡回・全体目視）】、【子どもの隊形（並ばせ方）】【補助役の有無】【施設・用具の点検】などについて検討できるよい素材となるだろう。（その際、「学習指導要領解説」や「体育実技指導資料」、文部科学省・スポーツ庁が示している安全管理マニュアル、そして各種スポーツ団体がホームページ内に掲出している安全対策の記載内容と照らし合わせれば一層の知識獲得につながるだろう）

　私は体育活動（特に体育授業）の「あり方」を根本から改革すべきだと考えている。以下に示す3つの項目によって、「軽傷は仕方ないとしても重大事故は必ずゼロにする」というテーマを最重要と捉える体育授業は突拍子もないものだろうか。

　①教師は「安全」を徹底的に追求し、一般的にみて危険だと思われる運動のすべてを避ける（行うことをやめる）。

　②体育授業で取り扱う内容は、各種スポーツ（器械運動、陸上競技、水泳、球技、武道、ダンス）の基礎的な技術のみにとどめる（そのスポーツの「表面」にそっと触れさせるだけの授業とする）。

　③「体つくり運動」（「体ほぐしの運動」と「体の動きを高める運動」の運用比率は7：3）を主領域とする。

　私は「体育授業の無事故化」を実現するため、こうした体育授業の形が認

知され、普及してほしいと切に願っている。この考え方は、従来の体育授業の見方には存在しなかった。しかし、私はこれこそが今後の体育授業の進むべき方向ではないかと思う。たしかに、体育授業では活発さが求められるし、それが楽しさにつながっている。だが、事故を無くすことに専念するのは悪いことであろうか。むしろ、子どもや保護者にとってよいことではないか。技能のレベルを上げたい子どもは保護者の判断と合わせて地域のクラブ、あるいは公共の体育館で、自分のやりたいことをやりたいように行えばよい。

　体育活動（特に体育授業）が掲げる目標（健康増進や豊かなスポーツライフの実現など）は、事故が起こらないように教師自らが指導法を入念に検討し、それを実践することによって達成される。教師は無事故であることを常に願っているが、そのなかで不幸にも事故が発生してしまったとき、教師の誰もが「自分に責任があるかないか」を一瞬、頭に浮かべるだろう。教師であれば誰でも、授業中およびその前後の時間帯でどのような行動をとっていれば自分の責任ではないと「法律的に認めてもらえるのか」という点を分かりやすく示してほしいと思うはずである。そこで、本書をより多くの教師（ないし指導者）に読んでもらい、法的知識の一端を獲得してもらえれば、私にとってこれに勝る喜びはない。

　【体育活動を行う際にとるべき教師行動の姿を具体的事例に基づいて詳細に検討できる資料】が本書の性質である。上述の「指針」および「要点」を広く社会に示すことができれば、多くの教師、そして教師をめざす多くの学生が「安心」して行動できるはずだ。その結果、子どもたちも「安全」な体育活動に参加でき、楽しい時間を送ることができるだろう。

　さいごに。

　「安全で安心な体育」（縮めて【安体】と名付けます）の考え方とその実践が多くの学校現場に広がり、子どもたちの笑顔がたくさん、たくさん増えていくことを心から期待します。お読みいただき、ありがとうございました。

　本書籍は、令和4年度科学研究費助成事業（学術研究助成基金助成金）（基盤研究（C）22K02608「体育授業の無事故化実現に向けた教師行動指針の開発と体育安全指導計画の案出」）の交付を受けて刊行されたものです。ここに深く御礼申し上げます。

編著者プロフィール

山口裕貴（やまぐち ゆうき）

1975 年愛知県生まれ。
早稲田大学大学院教育学研究科博士後期課程単位取得満期退学。
成蹊大学大学院法務研究科修了（法務博士・専門職）。
郡山女子大学短期大学部専任講師、桜美林大学専任講師を経て、
2017 年より桜美林大学准教授。東京大学社会科学研究所私学研
修員（2024 年度）。

読んで考える学校体育事故裁判

―教師が知っておきたい法的知識―

2024 年 7 月 1 日　初版第 1 刷発行

編　著　者　山口裕貴
発　行　所　株式会社共同文化社
　　　　　　〒060-0033　札幌市中央区北 3 条東 5 丁目
　　　　　　Tel 011-251-8078　Fax 011-232-8228
　　　　　　E-mail info@kyodo-bunkasha.net
　　　　　　URL https://www.kyodo-bunkasha.net/
印刷・製本　株式会社アイワード

落丁本・乱丁本はお取り替えいたします。
無断で本書の全体又は一部複写・複製を禁じます。
表紙イラスト：ピクスタ

ISBN 978-4-87739-408-0
© YAMAGUCHI Yuki 2024　Printed in JAPAN